北川清一/遠藤興一 監修
シリーズ・ベーシック社会福祉
⑤

高齢者と家族の支援と社会福祉

高齢者福祉入門

小松 啓/春名 苗 編著

ミネルヴァ書房

刊行にあたって

　この度，多くの類書があるなかで，新たに「シリーズ・ベーシック社会福祉」を刊行することとなった。監修にあたって，類書との差別化を如何に実現するか，この点が最大の課題となった。社会福祉の初学者が，本シリーズの各巻を手にすることで，社会福祉の学びに夢と希望を感じ取り，主体的な学びを始める契機となる存在でありたい，このような願いを込めながら，執筆いただいた方々には，以下の点への配慮を要請した。

　①「ベーシック」としたのは，社会福祉の学びに必要な社会や歴史の現実を見すえることのできる基礎的能力や「力（コンピテンス）」を育むこととあわせて，社会福祉の立場から生活課題や社会状況を捉える視点を提示したいためである。したがって，記述する内容は正確に，かつ，可能な限り平易な表現に努めること。

　②担当する章・節タイトルに含まれる社会福祉に関連する生活課題についての考え方（＝分析し，整理する方法等），浮上してきている今日的な社会状況の生成過程，その変化の様相等について取りまとめること。

　③すなわち，私たちの「暮らし」の中に派生する社会福祉に関連する生活課題の存在に気が付き，立場を超えて，共通する基盤に立ちながら，その課題の明確化と解消に向けて主体的に取り組むことの必要性と，その際の基本的な視座の提示に努めること。

　④「理解しやすさ」の工夫として，各巻ともに，コラム欄を設け，社会福祉の制度や実践について，エッセイ風に，あるいは，具体的な事例を用いながらリアリティのある問題提起を試みること。

　本シリーズの企図が，多くの方々に支持され，各々の巻が，社会福祉を学ぶ際の水先案内人のように活用されることを願いたい。

2007年12月

　　　　　　　　　　　　　　　　　　　　　　　　　　　　監　修　者

まえがき

　今日，わが国の高齢者福祉は，さまよっていると言ってもよいだろう。よく使われる表現では，曲がり角というのだろうが，曲がり角というよりは，あてもなくさまよっているという表現が当を得ているようである。
　超高齢社会に突入したといってもよい高齢化率，さまざまな方策が考案され，多方面からの提言や具体策が提示され，政策化され，実践もされ，いかに横たわる課題を乗り切るかの闘いがたけなわといえる。高齢者自身についてもその健康面からはもとより，住の領域をはじめ，その人なりの生き方をその人なりに楽しむための多彩なアイディアが実現もされている。数々の専門職も誕生し，高齢者の生活を支えるべく活動を始めている。また，「生活の質」が，高齢社会において求められるべき第一の目標という論議も行われている。
　しかし，それを享受するための基本的な経済的基盤が確立されていないままであるなら，それらは絵に描いた餅という思いを捨てきれない人も少なくない。他方，整備されつつあるサービスを知るや知らずや，社会的にも精神的にもサービスから隔絶された人たちに手を伸ばすすべも見つからぬままに，相も変わらぬ高齢社会ならではの孤独な悲劇が各地で起こっている。介護保険法の改正も介護報酬の削減を目標としながら，この不公平をとめる方策はないのだろうか。
　これをさまよえる高齢社会，高齢者福祉と呼ばないで，どのように表現したらよいのであろう。われわれの社会を，あらゆる人の生存権を守り，すべての人が自尊の気持ちを失わずに生きていける仕組みに変えていきたい。70年，80年の長きにわたって生きて来られた方が，生きて来られたことを悔やむなどという気持ちに追いやることがないように。

　　2007年12月

　　　　　　　　　　　　　　　　　　　　　　　　　　　　　編　者

目　次

刊行にあたって
まえがき

第1章　超高齢社会と社会福祉問題
　はじめに ……………………………………………………………………… 1
　第1節　超高齢社会とは何か
　　　　　──経済との関係や福祉国家の再編成との関係の中で ……… 2
　第2節　超高齢社会をどう捉えるか──より積極的な高齢社会の捉え方 …… 6
　第3節　超高齢社会をどう支えるか ……………………………………… 10
　第4節　超高齢社会における福祉問題をめぐる今日的課題 …………… 15
　まとめ ……………………………………………………………………… 17

第2章　高齢者の身体と心理の特性
　はじめに …………………………………………………………………… 21
　第1節　発達段階と高齢期 ………………………………………………… 21
　第2節　身体の特性 ………………………………………………………… 25
　第3節　心理の特性 ………………………………………………………… 29
　第4節　高齢者への支援の方法 …………………………………………… 32
　まとめ ……………………………………………………………………… 34

第3章　高齢者と家族を支援する法律の仕組み
　はじめに …………………………………………………………………… 37
　第1節　老人福祉法 ………………………………………………………… 37
　第2節　高齢者の医療の確保に関する法律 ……………………………… 39
　第3節　介護保険法 ………………………………………………………… 45
　第4節　その他の関連法規 ………………………………………………… 48
　まとめ ……………………………………………………………………… 50

iii

第4章　高齢者と家族を支援する制度の変遷

はじめに ……………………………………………………………………… 53
第1節　老人福祉法の制定以前 …………………………………………… 53
第2節　老人福祉法の制定から老人保健法の制定まで ………………… 56
第3節　老人保健法の制定から介護保険法の制定まで ………………… 59
第4節　介護保険法成立と2000年以降の課題 …………………………… 64
まとめ ……………………………………………………………………… 67

第5章　高齢者と家族を支援する施設の体系

はじめに ……………………………………………………………………… 69
第1節　介護保険法による施設サービス ………………………………… 71
第2節　老人福祉法による施設サービス ………………………………… 76
第3節　施設における対人援助サービスの問題 ………………………… 79
第4節　高齢者及び家族と施設をめぐる今日的課題 …………………… 81
まとめ ……………………………………………………………………… 83

第6章　高齢者と家族を支援する在宅福祉サービスの体系

はじめに ……………………………………………………………………… 87
第1節　高齢者の介護問題と生活支援 …………………………………… 87
第2節　高齢者の在宅福祉サービスの実体化と制度化 ………………… 90
第3節　介護保険制度と在宅福祉サービス ……………………………… 93
第4節　在宅福祉サービスの概念と構造 ………………………………… 96
まとめ ……………………………………………………………………… 99

第7章　高齢者と家族を支援する専門職

はじめに ……………………………………………………………………… 103
第1節　専門職とは ………………………………………………………… 104
第2節　ソーシャルワークの専門職 ……………………………………… 108
第3節　ケアワークの専門職 ……………………………………………… 111
第4節　その他の専門職 …………………………………………………… 112
まとめ ……………………………………………………………………… 115

目　次

第8章　高齢者問題とその対応①——認知症をめぐる問題——

はじめに ………………………………………………………………………… 119
第1節　認知症とは何か ……………………………………………………… 120
第2節　認知症をどう捉えるか ……………………………………………… 124
第3節　認知症との向き合い方——施設で支える・在宅で支える ……… 125
第4節　認知症をめぐる今日的課題 ………………………………………… 131
まとめ …………………………………………………………………………… 133

第9章　高齢者問題とその対応②——虐待・孤独死問題——

はじめに ………………………………………………………………………… 135
第1節　今日の高齢者問題 …………………………………………………… 136
第2節　高齢者虐待問題の理解と対応 ……………………………………… 140
第3節　孤独死問題の理解と対応 …………………………………………… 144
第4節　地域における住民の取り組み ……………………………………… 148
まとめ …………………………………………………………………………… 149

第10章　高齢者支援における保健・医療・社会福祉の連携

はじめに ………………………………………………………………………… 151
第1節　高齢者と医療 ………………………………………………………… 151
第2節　在宅サービスとネットワーク ……………………………………… 152
第3節　医療機関から在宅療養へつなぐソーシャルワーカーの役割 …… 155
第4節　在宅療養の実際 ……………………………………………………… 157
まとめ …………………………………………………………………………… 162

第11章　高齢者の生活を支える今日的施策①——地域で支える——

はじめに ………………………………………………………………………… 165
第1節　高齢者が地域において生活すること ……………………………… 166
第2節　高齢者の住をめぐる問題と居住 …………………………………… 169
第3節　高齢者の居住における「空間」「場所」と「居場所」 …………… 175
第4節　高齢者の住生活の再建と地域生活支援 …………………………… 179
まとめ …………………………………………………………………………… 182

v

第12章　高齢者の生活を支える今日的施策②──施設の在宅化──

はじめに ………………………………………………………… 185
第1節　高齢者と施設 …………………………………………… 185
第2節　認知症高齢者にとってのグループホーム …………… 189
第3節　地域の中で暮らすということ ………………………… 191
第4節　施設で看取るとは ……………………………………… 193
まとめ …………………………………………………………… 197

第13章　高齢者の生活を支える今日的施策③ ──人権保障と権利擁護──

はじめに ………………………………………………………… 199
第1節　高齢者の置かれている社会的立場 …………………… 200
第2節　人権保障と権利擁護の考え方 ………………………… 207
第3節　権利擁護の具体的な仕組み …………………………… 212
第4節　専門職の果たすべき役割 ……………………………… 215
まとめ …………………………………………………………… 219

コラム
①ホームヘルプサービス ……………………………………… 102
②地域包括支援センターの役割 ……………………………… 163
③高齢者のためのグループホーム …………………………… 198

索　引 ……………………………………………………………… 221

第1章　超高齢社会と社会福祉問題

 はじめに

　わが国が高齢社会に突入して久しい。全人口を65歳以上の人口で割った高齢化率も20％を超えている。2025年には，日本人の人口の4人に1人は65歳以上になるという推計も，かなり以前から行われている。山間部や過疎の町では，高齢化率が40％を超えているところも少なくない。山間部ではなくても，中都市等でウィークデイの昼間，例えばバスに乗ったりすると，お年寄りが多いことに気が付くだろう。ウィークデイの昼間は，青少年や子どもは学校や大学等へ行き，それ以外の働きざかりの人たちは会社や役所等で働いているので，昼間の交通機関や路上で見かけるのは，どうしても未就学の子どもを連れた女性や高齢者が多くなる。それもこのところ，目に付くようになったのは，かなり高齢で，杖もついて，少し前までは，若い人と一緒に歩いていた高齢者が，1人で行動している姿である。したがって，バスに乗るのも時間がかかるし，降りるに至っては大変なこともある。

　筆者が暮らす地域には，大きな総合病院があり，昼間の高齢者人口は4割くらいかと思われる地域がある。そこではバスも自動車も気を付けてゆっくり走る。コンビニの店員も高齢者や病院通院者に優しく，ゆったりとした，かつ行き届いた対応をしている。その光景は，2025年の先取りかとみまごうばかりである。バスの中では，バスが停まらないうちに立ち上がると，運転手さんに叱られる。「バスが停まってから席を立って下さい，危ないですよ」。バスの最後席に座って

いた高齢者がバスから降りるのに，5分くらいかかることがあった。

　高齢社会では，その時代状況に慣れることが大切である。高齢社会とは如何なるものか，ということに慣れることである。なんでも時間がかかり，使い勝手が悪くなり，危ないことも多い。これが高齢社会なのであり，それを不便がってはならない。

　経済もそのようになる。働く人は少なくなる。社会的な経費もかかる。しかし，仕方がないではないか，そのまま受け止めよう。もちろん，高齢者も人の力を借りずに何でも自分でできるように，定年後も働いたり，心身を鍛えたりする人もあるだろう。しかし，そのような高齢者ばかりではない。運動は大嫌い，人づきあいも大の苦手，1人で勝手に暮らしたい，そういう高齢者もいるだろう。

　高齢者ばかりが心身を鍛えて，丈夫にして元気に暮らさなければならないという法はない。のんびり暮らしたい若者がいるように，のんべんだらりと暮らしたい高齢者もいる。どんなタイプの高齢者も生きる権利があり，どんなスタイルで生きていくかはその人の自由のはずである。

　すべての高齢者がその人の好きな生き方で生きることができる社会を作りたい。そのような高齢社会は活力が無くなると人は言うかもしれない。それは，実現不可能な，しかも活気の無い社会だと。他方，すべての高齢者が快適に暮らせるような環境を作るためには，そのための産業が発展しなければならないので，高齢者産業の未来は明るいのである。

　みせかけの活力ではなく，静かでほんものの活力がある社会はないのか。地球温暖化現象も，もはや後戻りできないところまで来ている。市場競争の原理の失敗は明らかだ。知恵を絞って，人類は後戻りのための方策を考えなければならない。リサイクル産業や高齢者産業，別の市場が形成できる可能性を探りたい。高齢社会は，そのためにも打ってつけの社会ではないのか。辛抱強く，望みを捨てない高齢者とともに，共生と創造の社会を作りたい。

第 1 節　超高齢社会とは何か
　　　　　——経済との関係や福祉国家の再編成との関係の中で——

　超高齢社会について，もっとも平易な表現を見ると次のようになるだろう。生

産人口が少ない，高齢者人口の増大と年少人口の減少の同時進行が人口の高齢化を促進し，それに平均寿命の伸張が輪をかける。高齢化率が7％を超えると高齢化社会と言い，14％を超えると高齢社会と言う。日本は1970年に7％台を超え，1994年に14％台となり，2004年に19.5％，イタリアに次ぐ世界有数の高齢国となった。2015年には26.0％となり，2050年には35.7％になると予想される。

　要介護人口も増加する。他方，65歳以上の高齢者の子との同居率は，1985年に64.6％だったものが，1990年には59.7％となり，1995年には54.3％となった。それが2003年には47.8％と確実に減少し，かつてのように家庭内介護への期待は次第に薄れ，公的介護の必要度が増している。

1）　経済との関連

　超高齢社会の問題は，経済問題を抜きにして考えることはできない。その動向は，資本主義的市場経済の問題と深く関わっているからである。

　ここではまず，基本的な経済と福祉の関係について，概観する。

2）　資本主義経済の下で

　そもそも「資本主義経済においては，資本蓄積のためにできるだけ労働者の賃金を低く抑え，また国民の福祉に回す経費は低く抑えようとする力が法則的に働く」。しかし，このような資本主義的経済の中では，「社会的一般生産手段（鉄道，道路，港湾，空港，ダム等）が優先し，社会的共同消費手段（労働者の共同住宅，上下水道，交通安全施設，公園，医療・福祉施設，学校，保育所，その他の社会施設）が制約されたり，後回しになる」という。医療・社会福祉施設と，そこでの人的な経費のみならず，年金や生活扶助などの給付費に対する公的な支出も同じである。このような中で，人々の基本的人権，とりわけ生命・健康の保持や良好な居住環境が損われ，やがて社会問題化していくという経過をたどる。

3）　産業革命との関係

　特に，イギリスにおいては，早くから発達した資本主義経済を，さらに大きく発展させた産業革命によって出現した労働者階級が，資本主義経済の発展に伴って作り出された社会的貧困や窮乏からの解放を目指し，さまざまな運動を繰り広

げた。その結果，イギリスでは，20世紀に入って一連の社会改良的な社会福祉政策を実現するに至った。

このような状況の中で，近代経済学の領域においても，国民の福祉を積極的に位置づけようとする理論が生まれた。資本主義経済に介入し，修正し，規制していこうという理論である。貧困からの脱出を個人の責任に帰するのではなく，社会的公正の問題として把握しようとする思想である。

つまり，分配の公正を目的とする国家の市場経済に対する規制の正当性の主張（ケインズ経済学にも通じる）であった。市場経済機構が資本主義経済の基本に矛盾する，そのような社会的公正の領域では無力であり，その中で自ら解決発展する力や機能はないという見方である。市場競争のままに放置しておくなら，矛盾が激化することが明らかになってきたからである。

4）　市場の失敗

したがって，人々の貧困や窮乏を防ぎ，基本的人権を守るためには，外部からの規制が必要になる。市場経済の失敗は都市問題，公害や医療の問題など，人類が今日直面する最大の問題を生んだ。地球温暖化のようなグローバルな大問題も，その流れと言って良いだろう。

いずれにしても，資本主義経済がいち早く発達したイギリスで，その資本主義経済が自ら解決できない課題を解決するために，福祉国家（医療や生活の基本を公的に保障）の構想が生まれ，広く各国でコンセンサスを得るに至った。

5）　小さな政府

しかし，1970年半ばの不況と財政危機の時代を迎えて状況は一変する。石油危機も財政危機の勢いを強める一因となった。わが国でも，1980年代の行政改革により，自治体レベルでも福祉行政が大きく後退し，社会的弱者（低所得者，母子家庭，父子家庭，要介護高齢者，病者，障害児者等）への圧迫が起こり，一般国民の負担の増大や公的福祉の後退をもたらす結果となった。経済理論の領域においても効率性を優先する経済理論が台頭する[4][5]。

小さな政府，受益者負担，自己責任，自立支援を標榜する新自由主義が生まれ，勢力を増した。臨調第一次答申にあるように，「真に救済を必要とする者の福祉

の水準は堅持しつつも，国民の自立・自助の活動，自己責任の気風を最大限に尊重し，関係行政の縮減，効率化をはかる」という主張が，大きな力を持つようになった。自立支援路線の幕開けである。

社会福祉と医療に対する公的負担を保障する福祉国家は，国家による経済市場への介入を容認する社会保障制度を持ち，大きな政府を必要とし，きわめて不経済であるという論理から，行政改革への道が開かれ，適正化の嵐が吹き始めた。適正化の名の下に，福祉水準の引き下げ，弱者への圧迫，個人負担の増大，行き泡ぎと思われる，ありとあらゆる生活場面での自立支援という名の放置，サービスの撤退が行われている。

6）税制の問題

このような政策の根本について，中西啓之は税制の問題があると指摘している。1973年の第1次石油危機とそれに続く不況により，国税および地方税の税収を低下させ，財源の大幅な不足に直面した。それが行政改革，産業調整政策，税制改革へと進み，1980年代の日本型新保守主義の政策展開となった。それが社会保障関係費の抑制という，予算の組み方となって表れ，医療保険制度や，年金制度の見直しが並行して進められた。

公的な社会保障制度をできるだけ拡大させず，民間の供給によって，それをまかなっていくという民間活力の方向性が定められ，その基本は，1979年の新経済社会発展計画と，それに続く1980年代の臨調行革路線にある。社会保障関係費の伸び率を抑制するという前提と社会保障，社会福祉の費用を抑制する「活力ある福祉社会論」の考え方である。その後，所得税，住民税の改正，一般消費税の導入をはじめとする増税の時代へ突入していった。消費税は，所得が低くなるにしたがって，税の負担率は高まる。弱者の負担はますます重くなりその被害は甚大となる。

第2節　超高齢社会をどう捉えるか
　　　——より積極的な高齢社会の捉え方——

1）高齢社会の負のイメージ

　超高齢社会をどのように捉えるかということについて，さまざまな表現がある。曰く高齢社会のネガティブなイメージとして，国家破産を招く差し迫った災難であり，高齢化は財政を圧迫する。

　高齢社会への負のイメージを作り出す基は，現役世代の社会保障負担増という年金の世代間不公平化の問題があり，若年層の不公平感がつのり，公平性や効率性に対する国民の意識は敏感になり[(8)]，高齢者への負のイメージを増すという指摘がある[(9)]。

　それだけではなく，高齢者について視覚的な負のイメージがある。高齢者の動きの鈍さ，遅さに表れる身体的，及び動体としての不自由さが社会に溢れるという事態である。これに反して，若者のすべてが，動きが早く速やかで，見た目も美しいと決して言うことはできないが，総体として見れば，高齢者を美しくないとする見方はあり得るだろう。少なくとも，生まれたばかりの輝くような赤ん坊の生命感と比べられては，高齢者が太刀打ちできるところではない。

　また，精神的な領域でも，気が短くてすぐ怒る，くどい，しつこい，不機嫌，ひがみっぽい，同じ話を繰り返す，不安が強い，依頼心や依存心が強い等，負のイメージはいくらでも出てくる。知的領域においても，理解が遅い，新しいことに挑戦しにくい，忘れっぽい等，病的な忘れっぽさを別にしても，記名力の弱さは否定できない。

　しかし，このような高齢者の多様な負のイメージも考えてみれば，確かな根拠があるとは思えない。むしろ，たった一つの根から来るようにも見える。それを一言で言えば，「不安」であろう。若いころには，無限とも見えた時間が無限ではなく，きわめて限られたものであり，残りももうそれほど多くはない，この先どうなるのかという不安，身体や心が不調になったらどうなるのか，誰が面倒をみてくれるのか，また，死ぬことへの限りない不明と不安，死んだらどうなるのか，私という存在は，ただ消えてなくなるのか。

このような根源的な不安に答えてくれるものはなく、若者たちは、そのようなものにまったく無縁で、ただひたすら、おもしろおかしく今を生きている。これで不機嫌にならない訳がない。

2） 高齢社会の正のイメージ

他方、高齢社会に対するポジティブな捉え方として文明の勝利がある。そこで増加する資産として、高齢者、社会貢献、生涯学習、市民活動への参画等があり、今後の高齢者集団は、健康でエネルギーがあり、良い教育を受けている人が多いとも言われている。

加えて、高齢社会は、社会福祉システムの財政負担問題を生む代わりに、高齢者の生活需要に着目した産業の振興の可能性―いわゆるシルバー産業の隆盛が市場を賑わせていることは周知のことであろう。団塊世代の大量退職に代表されるように、高齢とは言えない年齢層の増大をはじめ、高齢者を大量の消費者集団と捉えれば、少なくともこれほど数量的に豊かな集団はほかにない。

3） 高齢者の意識の変化

他方、高齢者の方にも明らかな変化が起こっている。各種の高齢者に対する意識調査がそれを表している。筆者が内閣府調査の資料をまとめて作成した高齢者の意識の変化は表1-1のようになっている。1973年から1999年までの間に、高齢者の意識は明らかに変化している。「介護が必要になったら誰に頼むか」という質問に対し、「将来の身のまわりの世話は子に頼む」が、1973年では回答者の80％を占め、公共の援助を希望しているものは3％に過ぎない。それに対して、1999年では、「在宅で介護を子に頼む」が68％、ホームヘルパー・訪問介護が39.4％（複数回答）となっている。しかし、同居率については、1999年2月の総務庁老人対策室による国際比較調査によると、まだ他国との違いが歴然としている。アメリカ、ドイツと比べて、韓国・日本がはるかに同居率が高く、欧米とアジアの家族の差異が明らかである（表1-2）。

子どもとの同居率に関しては、国民生活基礎調査の資料がある。それによると、65歳以上の者のいる世帯で三世代家族は、2000年で26.5％、2001年で25.5％、2002年で23.7％と漸減しており、2003年では24.1％と漸増しているが、これを

表1-1　介護が必要になったら誰に頼むか（26年間の比較）

1973（昭和48）年	将来の身の回りの世話は，子に頼む 80%	公共の援助希望　3%
1981（昭和56）年	寝たきりになったら家族親族に頼む 男性　90.4% 女性　58.1%	家政婦・ホームヘルパーに頼む 男性　4.7% 女性　11.5%
1983（昭和58）年	1人になったら同居希望　71.5% （息子夫婦と同居　55.1% 娘夫婦と同居　21.1%）	
1994（平成6）年	在宅で介護を子に頼む 平均72.7%	ホームヘルパー・訪問看護に頼む 平均27.1%
1999（平成11）年	在宅で介護を子に頼む 平均で68.0%	ホームヘルパー・訪問看護に頼む 平均で39.4%

出典：筆者作成。

　1975年の54.5%と比較してみると半減していることが分かる。その他の調査統計を見ても，高齢者の意識の中に，従来の子ども依存の気持ちが少しずつでも変化していることは明らかとなっている。

　また，筆者が，2002年と2003年に対面した65歳以上のシルバー大学受講生は，老後の問題として，施設等で過ごすより家族に見てもらいたいと思う人の方が若干多かった。家族の苦労を考えると，良い施設があればそこでも良い，しかし，よくある寂しげな施設は嫌なので，何とか良い施設はないものかと考える人たちであった。そこは，山間部の多い，伝統的な多世代同居家族が比較的多い地域であった。地域の高齢者やボランティアが自主的に運営し，社会福祉協議会がサポートしている高齢者の交流サロンである「いきいきふれあいサロン」に来ている高齢者に直接聞いてみると，次世代の家族とは広い敷地の中に別棟を建てて生活している人もいて，次世代家族，特に孫世代とふれあいが多かった。「孫が高校までだねー」というのが共通した言葉であった。孫や子ども世代に囲まれて生活するのは，このような一応恵まれた人々の中でも昔のこと，「今はそうはいかないよ，それぞれの生活があるし，みんな自分の生活が大事だから」という気持ちが伝わるものであった。その寂しさからか，ふれあいサロンは盛況で，その場所が開くより早く来ている人もいて，そこに参加した大学生たちを大変歓迎し，自分の体験談等，話ははずむし，カラオケ大会の司会を命じられたり，学生たちは

大忙しであった。その中で，学生たちは，80歳代の方たちから第2次世界大戦に従軍したという，自分たちでは想像もできない話を聞き，今日の高齢者が抱えるすさまじい歴史的な背景を知ることができた。[12]

表1-2　三世代世帯に住む高齢者の割合

アメリカ	1.3%
ドイツ	3.3%
日本	31.9%
韓国	38.1%

出典：総務庁老人対策室「国際比較調査」1999年2月。

高齢者も，従来の頼りない，家族依存の暗いイメージから抜け出して，より自立した暮らしを営むべく進化しようとしている。しかし，まだまだ過渡期であり，戸惑いや寂しさと闘っていることは事実であろう。

4）　新しい高齢社会を目指して

そのような現状の中で，家から社会へ出てきつつある高齢者を，どこで迎え，どこで共に過ごし，どこであれば，より楽しく過ごすことができるのだろうか。それが次の課題である。今日いきいきふれあいサロンのような地域の元気高齢者を対象としたプログラムをはじめ，各地でさまざまな試みが行われている。また，地域のボランティアグループ，奉仕活動，児童の登下校の見守り，趣味の会等，多種多様なプログラムも展開されている。

このことを政策的に広げて考えると，地域の実情とニーズに適合した新しい魅力あるまちづくりが必要ということになる。高齢者を含む，全世代からなる新しい地域づくりである。ふれあいサロンでの交流のように，高齢者と若者が共に過ごせる場所を多く設定することが望まれる。

国の施策としては，定年制の延長や廃止，さまざまな所得雇用対策，多様な就業形態（生きがい産業の開設や女性や高齢者が働きやすい職場環境の推進）が望まれる。中でも，国の施策を待つのではなく，高齢者自身の主体的力量の発揮と並んで，高齢者の自己決定を軸とする事業者，行政，地域住民の強力なパートナーシップを進めていくことが重要である。[13]

第3節　超高齢社会をどう支えるか

1）福祉国家の再編成

　福祉国家の実現は，資本主義経済の反映の中で支えられてきたまぼろしであったという理解が深まっている。続いて福祉国家見直し論，福祉国家の再編成論が高まりを見せる。そこでもさまざまな提言があり，日本納税者連盟の「不公平な税制をただす会」の提言は，次のようになっている。直接税中心の税体系，総合累進課税，最低生活費非課税，不労所得重課税，勤労所得の軽課税である。その(14)中での国民的課題として，中西は次のような提言をしている。(15)①生活保護が当然適用されるべき，すべての低所得者に適正に適用され，漏救者をなくすこと，②高齢者のために最低必要生計費（生活保護基準を満たす程度）の老齢年金をナショナルミニマムとして，税を財源として定額で保障し，その上に所得に比例した年金を保障すること，保険料負担が勤労者の大きな負担とならないよう，事業主と国庫の負担を増大させること，③すべての高齢者に対して，北欧並みの社会的，公的な高齢者の介護の体制を確立すること，高齢者の公的な施設を整備すると同時に，在宅医療，在宅福祉のための公的な体制を整えていくこと，④医療の物的・人的な整備のための公的保障と同時に地域の保健の体制の整備，⑤障害者が社会参加できるための公的な保障，⑥女性の労働と社会的活動と，子どもの養育の社会的保障のために公的な保育所の物的人的整備，の6点である。

　これらの実現のためには，国民的な税制改革が必要で，それを実現させるためには，国民的運動が必要と中西は言っている。中西の提言にも見られるように，年金のミニマム保障の考え方は，すべての人に無条件に，一定の所得を保障しようというベーシック・インカムの構想とともに，今後大いに検討されるべき課題であろう。

　基礎年金の公共性を重んじ，生活保護制度を縮減し，年金のミニマム部分の保障を重要視しようという提言は，取り上げられてしかるべきである。(16)最近訪れたデンマークで，基礎年金が一人1ヵ月16万円で，そこから住宅費，食費等必要経費を支払うと2万円の小遣いが残るという話を聞いた。その時，日本の基礎年金の満額が7万9,000円になることを思い出した。基礎年金のミニマム保障は実現

第1章　超高齢社会と社会福祉問題

させなければならない。

2）　ベーシック・インカム

　ベーシック・インカムの構想は，さまざまな論議を呼びつつ，主に欧州等で検討されている。誰にも必要な食費や住宅費等の基礎的な部分を，基本所得としてすべての国民に保障する。その後は働くも良し，無報酬の活動を行うも良しとする。給料を支払う側は，生活の基礎的な部分は支払わなくても良いので，給料支払いの構造も簡略化する。もとより，働くモチベーションの問題とか，まったく働かない人に同額を保証するのか，財源はどうするのかといった議論は多いが，イギリス伝統のナショナルミニマムの思想の継承として尊重すべき構想であろう。

　藤村正之は，わが国の社会福祉政策領域の分権化と民営化に触れ，その中で住民自身の政策参加・参画の可能性の増加と，分権化達成の可能性を示唆している。民営化の内実について，非営利団体や住民参加型サービス提供の活発化を期待し，行政と非営利団体のコラボレーションが求められる時代に入りつつあることを示している。(17)

3）　中間集団論

　さらに，藤村は，今後の福祉国家の展望として中間集団論を取り上げている。分権化と民営化の動向は，そのまま中間集団への大きな期待につながるとしている。社会的な運動も対立抵抗型のそれから，自助・共助型の社会運動に移行せざるを得ないことが多い今日，中間的な集団がその中で行政とも協調関係や，相補的な関係に入りやすいものとして捉えられる。国家と個人の間におかれながら，独自の存在価値を持つものとして中間集団の重要性が浮かび上がってくる。(18)

　そして，藤村は，マクロレベルとミクロレベルの間にメゾレベルを如何に作り出すか，その中間集団の可能性を職業集団ではなく，地方政府や非営利団体にみていく重要性を説いている。マクロとミクロの限界を超えるものとしてのメゾ，中間集団の可能性は大きいが，中間集団がその中間性を有効に発揮するためには，中間集団が重層的に存在すること，また，多くの関係性の中で成立することを藤村は指摘している。(19)その中間的存在の具体的な形として，藤村は明確にしていないが，新しい連帯と人々の自覚的参与と社会構想に基づく中間的な団体，そして

11

そこに安住せず，現在進行しつつある制度構築も，常に捉え直そうとしていく流動性を保った集団をイメージしている．

4） 生活協同組合の役割

そのような柔軟性と流動性を保った中間的な集団については，多くの言及がある．中西は，地域のレベルでの住民の連帯の重要性を取り上げ，地域や自治体のレベルでの試行錯誤を国政に反映させることを提言している．中西は，また一つの例として生活協同組合の活動に注目している．生活協同組合と社会福祉の領域の関係というよりは，自発的な社会福祉活動としての生活協同組合が，如何に日本の社会福祉に重要な位置づけを与えるかについて，朝倉は，自発性に満ちた生活協同組合の社会福祉的な取り組みを，岡村重夫を引用し，社会福祉全体の自己改造の原動力として評価し，法律によらない自発的な社会福祉の中から法律による社会福祉が作られることを期待している．[20] まさに藤村の説く福祉国家再編後に役割を担う中間的集団としての存在であろう．

田中きよむは，福祉国家再編後を視野に入れた提言をしている．先に挙げた年金のミニマム保障論のほかに，特にアマルティア・センの福祉経済思想を引用し，経済成長の持続には，持続的な人間関係が必要なので，両者は相互い補完しあう関係にある．そして，人間の能力が十分に開発され機会をうまく配分すれば，校正な利益配分と成長が可能になる．そのため，人間の潜在能力を発揮できることに重点においた能力開発型成長政策が提起される．しかし，能力開発にのみ目が向けられるのではなく，雇用，教育，社会サービスが保障される支援主導型の保障が確保されなければならないとしている．[21]

5） まちづくり政策と福祉コミュニティ

まちづくり政策も，その流れの中で捉えられ，国民や住民の主体的力量，自発的努力が結集されるものとしての期待が表明されている．[22] そして，福祉国家再編成の糸口は，国民の持つ潜在的な福祉力が主体的に発揮されること，そのことによって新たな相互扶助関係や政策提言，地域に根ざしたビジネスが生まれ，地域の活性化を促す．そのように公共性を保ちつつ持続的な制度構築の可能性と並んで，住民主体の社会福祉システムの可能性を挙げている．[23] 要求型社会福祉だけで

はなく，住民の主体性による創造型社会福祉への転換も，また試行されるべきだという主張である。[24]

このことは，今日の在宅福祉サービス推進の時代にあって，地方自治体はもとより，地域の社会資源を動員し，住民の参加を得て展開が図られる福祉コミュニティの構想として捉えることができる。[25]福祉コミュニティの構想は，福祉国家構想崩壊後の新しい福祉社会の構築に向け，まさに要求型社会福祉から創造型社会福祉への転換として可能性を秘めたものと捉えられる。

他方，今日の市場経済の失敗（都市問題，公害，医療問題，地球温暖化）は明らかである。それらに対して，福祉国家見直し論ではすまないものがある。市場経済の失敗・破綻であり，地球温暖化問題を取り上げても，地球の存在の危機が問われている中で，もはや，このまま市場経済の拡大路線を続けていくことはできない。そのためにも，生産人口より非生産人口の比重が高くなる超高齢社会の効用がある。もとより多くの痛みを伴う改革であり，一面から見れば撤退であろう。しかし，できるだけ痛みを少なくするために，少しずつ高齢社会独自のテンポと方法を具現化し，練り上げられた戦略に基づく歩みを進めたい。

6） 社会保障と社会保険

具体的な社会福祉政策面で高齢者を支える方策を考察する時，高齢者よりも先発領域である障害者の場合を参考にすることができる。

「社会が支える」ということばで，黒澤貞夫が障害者の場合として述べたことが，高齢者にもそのまま当てはまる。黒澤の主張を聞いてみよう。黒澤はおおよそ次のように言っている。人が老いたり，病気になったり，あるいは心身に障害を担った場合，日常の生活に支障をきたすことになる。その時，人はそれらの生活の支障を解決したいと思う。しかし，その起因となる疾病や障害は，多くの場合，いわば不可逆性（治癒や回復が困難）の心身疾患・外傷なので，そのこと自体を解決できるという具体的なニーズを持っているわけではない。そうすれば，それらの生活支障を受け止めて，自己の生活をどのように営むかの課題に向き合うことになる。しかし，このことは1人の努力でできるものではなく，社会的支援との協働が必要である。そして，むしろ生活支障を子細にみれば社会的な要因によって生活支障を生じる側面も少なくない。WHOの示すICF（国際生活機能分

類）報告書にあるように,「障害を主として社会によって作られた問題とみなし」ているとの前提に立てば,解決は社会によって図られなければならない。すなわち,社会の責務と方策を示すことが求められる。[26]

　この言葉は,高齢者における生活支障の問題解決に,そっくり当てはめることができる。高齢化という現象はすべての人に,不可逆的に起こる。もとより個人差は大きく,その表れ方もさまざまである。その人の実年齢で高齢化の度合いを図ることはできないことは,誰しもが体験していることであろう。心身の若さを保つその人自身の努力もあろう。親や先祖からいただいた資質もあろう。

　しかし,早くに高齢化現象に襲われてしまった人に,精進が悪いからだと誰が責めることができるだろう。たとえ,そのような傾向が自分の身体や心を必要以上にケアせず,いわばやりたい放題をしてきたために,老化が進んだと思われる場合においてもである。身体をケアする,しないの気持ち自身が,その人の持って生まれた資質だとしたら,身体をケアすることができないのは,その人の持って生まれた弱さからくるものであり,ケアすることができるのは,その人が持つ強さからくるものだとしたらどうだろう。

7）所得と健康格差

　そして,その中には黒澤が人の障害について言うところの,社会的な要因によって高齢化が早められる側面があったとしたらどうだろう。近藤克則は,「わが国で現在進行している社会経済格差の拡大,それによってもたらされる慢性的・普遍的な社会的・心理的ストレスの拡大により,『負け組』だけでなく,『勝ち組』をも含むすべての人々の健康に悪影響が及ぶ危険」[27]を説いている。

　近藤は自ら実施したさまざまな調査に基づいた検証を行っている。いわく,所得階層別の抑うつ群の割合は,最低所得層と最高所得層の格差は女性で4.1倍,男性で6.9倍の差があること,所得階層と介護度の関係では,最低所得層で要介護者は最も多く,最高所得層の5倍になるという,明らかに健康の不平等があることを説いている。[28]健診受診と社会経済的地位の関係,健診受診と教育年数の関係について,高所得者や高学歴者に受診する者が多く,社会的地位の低い者に運動量が低かったり,喫煙者が多い等,社会経済的格差が健康格差に影響していることを近藤は実証している。[29]

第 4 節　超高齢社会における福祉問題をめぐる今日的課題

1) 介護の意味

　今日，介護の意味が問われている。2005（平成17）年の介護保険法改正において，過剰な介護は人を怠けさせ，自立心を損い，廃用症候群を増進させるとの通知があり，要支援者や要介護度1の利用者への生活援助が減らされ，共にする援助として，利用者とともに行う生活援助以外は，家事代行的な援助は要支援・介護度1の利用者には廃止された。

　従来の介護についての見解によれば，これら生活援助も広い意味での介護であり，訪問介護の重要な部分を占めている。これらの国家的方向性を踏まえて，今一度介護の意味について考えてみたい。

　小笠原祐次は，介護の意味を，特に特別養護老人ホームにおける介護を例に取り上げている。小笠原は，介護は人の生命の維持や生命活動，あるいは生活活動を維持，発展させるための行動が，心身の障害等のために自用できなくなった場合，その行動を他の人（職員）が代替して，生活上のニーズを充足し，獲得する援助と規定している。行動が自用できなくなった場合の状況は，要保護的・依存的状態を意味している。その程度に虚弱な人への援助が介護である」としている。

　そして，その介護の本質は，人間が生存する上で人間らしさの追及と考え，介護を通して人間らしい生活が可能になるように，主体性を尊重し，自立心を損うことなく行うことを強調している。また，介護の視点としては，自立性の尊重について，介護の実施に当たっては，自立の強調と混同してはならず，行動が自由にできなくなった人の立場を十分理解し，まず，保護的援助によって生活の安定を図り，その上で自立へのステップを踏むことの重要性を挙げている。行動が自由にできなくなった時の不安や混乱を理解して，生活の安定やすらぎを提供することは，虚弱な人にとって何より重要な支援ではなかろうか。後述する認知症の初期高齢者のたまらぬ不安感を思う時，まず，最初に提供されるこれらの保護的な援助の有効性は揺るぎないものと思われる。

２） 生活支援の意味

　また，孤立無援で外部から支援を受けることができないまま引きこもっている高齢者及びその家族についても，介護や支援を受けとるところからすべてが始まり，人は介護を受けることが可能になった時に，初めて自立の一歩を踏み出すことができる。

　これらは，筆者が長年共同研究を行ってきたホームヘルパーの事例からも明らかで，きっかけは，手の届かないところにあるがままであった電話機を手の届くところに動かしてもらう支援であったり，夏でも暖房になっていたエアコンのリモコンを見つけてもらい，冷房にすることであった。そのような支援のきっかけを受けることにより，高齢者は，次第に生活の中心部まで支援を受けることができるようになり，やがて社会的なつながりへと生活の幅が広がっていく。(32)

　そのように考えると，小さなきっかけから始まった支援を受けた時，その人が歩み始めるのは，それまで夢想だにできなかった，はるか遠くの自立に向けて踏み出す第一歩であったと言うことができる。

　このような意味において，介護は，保護的なものでも，自立を促進するものであっても，基本は介護の目的である生存権を基盤とした主体性の尊重であり，その意味で介護が保護的であるか，自立尊重的であるかの違いは，どうでも良いのではなかろうか。人は保護されて安心すれば，気持ちよく自分の生活を受け入れることができるのであり，その時，人は自立への一歩を踏み出すことができる。ここまでは保護しても良いが，あとは自立させなければならない，保護と自立の線引きは不要だし，支援を必要とする人の生活の中では無用な詮索であろう。

　過剰な支援は人を怠けさせるという決めつけは，農民は生かさず，殺さずとした江戸時代の人間観を思わせる。それより，そのような施策により保護的援助を必要とするどれだけ多くの人々が，保護的援助を受けられず，また，介護地獄に陥ることになるのではと気が重くなる。

　何よりも高齢者を含むすべての国民の生存権保障・基本的人権の保障を基盤とする介護を原点とするならば，過剰な介護を心配するより，必要なところに十分な支援がゆきわたっているか心配することが先決である。自立も大切であるが，必要なところに必要な基本的支援を提供することが，より大切である。

第1章　超高齢社会と社会福祉問題

 まとめ

　わが国の高齢社会の問題は，わが国の社会福祉政策を根底から揺り動かした社会福祉改革とほとんど一体となって捉えられているため，いやがうえにも負のイメージがつきまとう。しかし，高齢社会は，はたして負の社会なのだろうか。高度成長期の喧騒や付和雷同の落ち着きの無さに比べ，静かで安定した社会が想像できないだろうか。高齢者の先見やものの本質を見通す力を信じて，それらを活用することはできないものだろうか。

　我々は，今日さまざまな市場原理の失敗や官僚制度や社会構造の問題等，課題山積の社会に生きている。その問題はさまざまな分野での格差の問題，教育現場の問題，果ては地球規模の温暖化の問題，南北問題等，枚挙のいとまがないほどである。いずれも抜本的な解決法はなく，社会はさらに内向きとなり，人々は小さな自分の幸せのみを見つめて満足しようとしている。責任はすべて高齢社会にあると言わんばかりな風潮もある。

　その中で，逃れられない現実問題としての高齢社会に正面から取り組み，うわべの華やかさを追い求めるのではなく，すべての格差を無くし，すべての人が等しく幸せを求めることができるための地道な歩みを始めることが必要であるし，それが可能なのが高齢社会と考える。介護保険法でうたわれている押し付けがましい相互扶助や社会連帯ではなく，一人ひとりが主体的に取り組む相互扶助や社会連帯が求められている。

　高齢者自身の意識の変化も著しく，これまでのひたすら我慢し耐えるだけの人生ではなく，より積極的に社会の中で発言し，活動していこうという方向性も見える。高齢者同士の助け合いや情報の交換ももっと活発化して良いし，世代間の交流や交換もお互いに対する理解を深め，足りないところを補い合う社会の構築に貢献できると考える。高齢社会へのよりポジティブな取り組みが，この閉塞化された社会を変えていくことを期待したい。

●●●●●●●●●●●●●

▶注

(1) 田中きよむ『少子高齢社会の福祉経済論』中央法規出版，2006年，2頁。
(2) 中西啓之『福祉と医療の経済学』大月書店，1990年，232頁。
(3) 同前書，229-230頁。
(4) 同前書，210頁。
(5) 同前書，233頁。
(6) 同前書，208頁。
(7) 同前書，30-37頁。
(8) 田中きよむ　前掲書，5頁。
(9) 同前書，9頁。
(10) 朝倉美江編著『高齢社会と福祉』ドメス出版，2004年，142頁。
(11) 田中きよむ　前掲書，132頁。
(12) 同前書，142-143頁。
(13) 同前書，8頁。
(14) 中西啓之　前掲書，219頁。
(15) 同前書，220-221頁。
(16) 田中きよむ　前掲書，39頁。
(17) 藤村正之『福祉国家の再編成』東京大学出版会，1999年，225-234頁。
(18) 同前書，235頁。
(19) 同前書，237頁。
(20) 朝倉美江『生活福祉と生活共同組合福祉』同時代社，2002年，12-13頁。
(21) 田中きよむ　前掲書，190-191頁。
(22) 同前書，205頁。
(23) 同前書，「あとがきにかえて」。
(24) 同前書，205頁。
(25) 同前書，38頁。
(26) 黒澤貞夫「障害者の自立に向けた生活支援―総論として障害者の自立を問いなおす―」『介護福祉』冬季号　No. 64, 2006年，7 -21頁。
(27) 近藤克則『健康格差社会』医学書院，2005年，ⅲ-ⅳ頁。
(28) 同前書，5 - 6頁。
(29) 同前書，7頁。
(30) 小笠原祐次「社会福祉施設における処遇と介護の実践構造」大坂譲治・三浦文夫『高

齢化社会と社会福祉』中央法規出版，1993年，89頁。
(31) 同前論文，90頁。
(32) 小松啓・小川栄二『在宅支援の困難事例と対人援助技法』萌文社，2007年，145-146頁。

▶参考文献

中西啓之『福祉と医療の経済学』大月書店，1990年。
大坂譲治・三浦文夫『高齢化社会と社会福祉』中央法規出版，1993年。
藤村正之『福祉国家の再編成』東京大学出版会，1999年。
芝田英昭編著『福祉国家崩壊から再生への道』あけび書房，2001年。
朝倉美江『生活福祉と生活共同組合福祉』同時代社，2002年。
古川孝順『社会福祉原論』誠信書房，2003年。
朝倉美江『高齢社会と福祉』ドメス出版，2004年。
近藤克則『健康格差社会』医学書院，2005年。
田中きよむ『少子高齢社会の福祉経済論』中央法規出版，2006年。
小松啓・小川栄二『在宅支援の困難事例と対人援助技法』萌文社，2007年。

第2章　高齢者の身体と心理の特性

はじめに

　高齢者の身体と心理の特性はどのようなものか。ここでは，加齢に伴い高齢者の心身にどのような変化が現れるのかを，身体と心理の両面から考える。高齢期になると，身体機能が低下することで，日常生活への影響も出てくる。心理的にも，環境の変化による影響を受けやすくなり，そのことも，日常生活にさまざまな影響を与える。

　しかし，高齢期は心身機能が低下する等の否定的な面だけでなく，達成感を味わう等の肯定的な面もある。今までの人生を振り返り，その集大成の時期とも言える。

　その一方，高齢期は広い意味でのターミナルケア期とも言える。そのことは高齢者の生活にどのような影響を与えているのか。高齢期は，他の年代に比べ，個人差が大きい時期でもある。個々の身体と心理の特性を見極め，それぞれのニーズに対応した支援をすることが重要である。

第1節　発達段階と高齢期

1）発達段階

　年をとるということは，一般的にどのように捉えられているのか。2006年6月には全国の高齢化率は20.4%[(1)]となった。日本には2,600万人もの高齢者がいるこ

表2-1　エリクソンの発達段階

段階	危機（葛藤）	活力（徳）
幼児期	信頼 対 不信	希望
児童初期	自律性 対 恥・疑惑	意志
遊戯期	自発性 対 罪悪感	決意
学童期	勤勉性 対 劣等感	才能
思春期	同一性 対 役割の混乱	忠誠
成人前期	親密性 対 孤立	愛
成人期	生殖性 対 停滞	世話
老年期	統合 対 絶望	英知

出典：日本老年行動科学会監修『高齢者の「こころ」辞典』中央法規出版，2000年，15頁。

とになる。今後，高齢者人口は増え続け，団塊の世代が高齢期を迎える2015年には高齢化率が26％を超える見込みである。

　人は誰しも年齢を重ねることで高齢期を迎える。高齢期というと，定年退職やそれに伴う経済的不安，配偶者や人間関係の喪失，体力の低下など否定的なことを多くイメージしやすい。しかし，現実の高齢者の姿はどうだろうか。高齢期を迎えたからといって，すべてがマイナスの方向に向くわけではない。高齢期になっても働き続けたり，社会での役割を担う人も多い。悠々自適やゆとり，円熟など肯定的なイメージで語られる場面も多い。また，高齢者自身が自分の意見を持ち，自分なりの生き方を実現する人も増えている。

　個人差はあるが，人は死を迎えるその時まで成長・発達し続ける存在であると言える。

　人の成長には発達段階があり，それぞれの段階には固有の発達課題があることを示したのがエリクソン（E. H. Erikson）である。エリクソンは人間の発達段階を表2-1のように八つに分けて説明している。

　高齢期は子育てや退職など何らかの役割をやり遂げ，今までの人生を振り返る時期である。その時の発達課題は統合感の獲得であり，人生に対して積極的な意義を見出し，それが受け入れられた場合には英知が働く。しかし，自分の人生を受け入れられなかったり，取り返しがつかないと後悔や焦りがあった場合は，絶望をもたらす。

このエリクソンの発達段階から考えると、人は65歳を迎えたある日、突然に高齢者になるのではない。人は生まれ落ちた日から発達し続け、幼児期から児童初期を経て、成人期へと成長・発達する中で迎えるのが高齢期である。継続した人生の続きが高齢期となるため、それまでどのような人生を送ってきたかという人生観や価値観が、高齢期の生き方に大きな影響を与える。高齢期はその人固有のそれまでの人生が反映されているため、他の時期と比べてきわめて個人差が大きい。それゆえ、高齢期だけを見てその人を理解するのは困難である。高齢者を支援する際、これまでの生活歴を聴くことの意味は、ここにある。

2) 高齢期の特性

前項で述べたように、高齢期では個人差がより大きく出やすい特徴がある。しかし、一般的な傾向を踏まえて、それぞれの高齢者がどのような状況にあるのか見極め、支援していくことが必要である。

また、65歳以上75歳未満の前期高齢者と75歳以上の後期高齢者の特徴について把握しておきたい。比較的元気な前期高齢者に比べ、後期高齢者は心身の障害や疾病に罹患しやすく、介護を要する状態になりやすい。国民健康保険中央会発表による2005年4月の年齢別の要支援・要介護認定者の割合を見ると、65～70歳未満では3.0%、70～75歳未満でも7.0%である。しかし、後期高齢者になると、75～80歳未満で14.7%、85歳以上では56.1%と急激に増えている。

加えて、身体機能や認知能力の低下等により、さまざまな被害にも遭いやすいと言える。2003年に実施された「家庭内における高齢者虐待に関する調査」（財団法人医療経済研究機構）では、虐待を受けていた高齢者の割合は、後期高齢者が80%以上を占めている。[2]

高齢期を迎えるということは、喪失体験が増えることを意味している。人は人生を生きていく中でさまざまな場面に出会うが、同じようにさまざまなものを失っていく。高齢期に迎える危機として、①引退の危機（仕事や役割の喪失）、②身体的健康の危機（心身機能の低下）、③死の危機（自我の超越、配偶者等の死の克服）等をペック（R. Peck）が指摘している。[3]

多くの人が定年退職により、仕事や社会的役割を失う日がやってくる。それと同時に身体機能の低下を自覚することが多くなり、健康に不安を覚えたり、ある

いは実際に病気にかかることも増える。そして、配偶者や身近な人の死、最終的には自分の死をも意識せざるを得なくなる。

このように高齢期は、若い頃以上にさまざまな危機を迎える時期と言える。しかし、このことがすなわち高齢期の存在価値を低下させるものではない。多くの危機に出会い、一時的にはダメージを受けるかもしれない。高齢者の多くはそこにとどまらず、今までの経験や知恵を活かしながら、引退の危機に新しい役割を見つけ、身体的健康の危機に病気と折り合いを付けながら、やがて死の危機も受け入れていくものである。

高齢期における特徴を知っておくことは重要であるが、それは、すべての人に当てはまるわけではない。その人の人生経験や人生観、価値観により同じ状況でも否定的に受け止めやすい人もいれば、そのことを意味のあることと捉え、肯定的に対応していける人もある。今まで生きてきた人生を尊重し、その人の人生観や価値観に合わせて支援する必要がある。

3） 高齢者とターミナルケア

高齢期を迎えるということは、死を意識せざるを得ない状況におかれるということである。高齢期になると、配偶者や身近な人の死を経験することが多くなる。また、疾病等により自分自身の死を意識する場合も多くなる。

高齢期は広い意味で、人生のターミナル期と言える。ターミナル期にあるということは、その人にとってどのような意味があるのか。我々が、生きている実感を持てるのは「今を生きている実感」もそうだが、それ以上に「将来への希望」があるからではないだろうか。村田久行はハイデガー（M. Heidegger）の理論を基に、日常の生の時間的構造は「既在（過去）と将来に支えられて現在が成立する[4]」と表現している。つまり、私たちは過ぎ去った時間と、これから確実に来るであろう将来に支えられて、現在を生きている。このことは、死を実感している者にとっては将来の展望を失い、今を生きる意味が無くなったり無意味に感じたり、生きる意味の消滅につながるものでもある。

高齢者と接していると「これ以上長く生きていても…」「早くお迎えに来てほしい」等と口にすることがあるが、このように言うことと、死の受容ができていることは同じではない。また、このようなことを口にするからと言って、すべて

の人が本当に早く死にたいと思っているわけでもない。

　死の過程については，キューブラー・ロス（E. Kübler-Ross）が，①否認，②怒り，③取り引き，④抑うつ，⑤受容という五つの段階(5)を示している。高齢者のすべてが死に直面しているわけではないが，自覚しているかどうかにかかわらず，遠からぬ将来に死が迫っているのが高齢期である。高齢者を支援することは，ターミナルケアの意味もあることを支援者が認識する必要がある。高齢期を生きている人々が，死をどのように受け止めようとしているのか，そのためのアプローチとしては，どのような方法があるのか，高齢者に関わる者は十分吟味する必要がある。

　また，ターミナルケアを実践する場合，高齢者自身の人生観や死生観だけでなく，支援者側の人生観や死生観も問われる。支援者自身が「自分の死」を如何に受け止め，それを受け入れるかという課題をよく考えておかないと，適切な(6)ターミナルケアは実践できない。

第 2 節　身体の特性

1）加齢に伴う身体の変化

　それでは，高齢期における身体の変化とは，どのようなものか。一般的には加齢により，視力が低下して目が見えにくくなり，聴力も低下してくる。運動機能については，筋力が低下し瞬発力や持久力も低下する。このことは，移動動作に影響を与え，少しの段差でつまずいたり，転倒しやすくなる。

　口腔に関しては，単に歯が抜けてくるだけでなく，全身への影響が現れる。歯が抜けるとしっかり嚙めないため，食べる楽しみが低下し，場合によっては低栄養をもたらす。口腔ケアが行き届かない場合，誤嚥性肺炎を引き起こすこともある。

　また，予備力が低下することにより，回復力に影響が出やすくなる。このような生理的な現象は，加齢に伴い誰にでも起こる現象である。さらに，疾病に罹患した場合，その回復に時間がかかり，後遺症が残ったりすることで自分自身の身体の変化を実感するかもしれない。

　生命あるものの運命として，このような現象は避けられない。高齢者自身は，

このことをどのように捉えているのだろうか。多くの人々が加齢とともに、身体機能が衰えていくことを喜ばしくないものと自覚しつつも、それは緩やかに現れることが多いため、日常生活と何とか折り合いを付けながら日々を暮らしている。

また、身体機能の低下は個人差が大きく、同じ年齢でも体力等には大きな差が現れる。若い頃から運動に親しみ、継続している人は、持久力において、若い世代に引けを取らない人さえいる。このように、加齢に伴う身体の変化といっても、運動習慣やライフスタイルにより大きく違ってくるのが高齢期である。

高齢期の健康は、身体機能や病気の問題だけでは簡単に片づけられない。その質が問われている。現在、WHO（世界保健機関）の健康の定義が見直されようとしている。今までは「身体的にも精神的にも社会的にも完全に良好な状態であり、単に病気がないとか病弱でないということではない」と定義されたが、ここにスピリチュアル（spiritual）[7]という言葉を加えるかどうかの議論がされている。

このように、特に高齢者にとっての身体の特性は、健康か病気かという問題だけでなく、現在の身体の状況をその人自身がどのように受け止め、どのようにありたいと望んでいるかによって、その生活に大きな影響を与えている。

2）高齢者に多い病気

それでは、高齢者に多い病気はどのようなものがあるのか。わが国の65歳以上の死亡原因としては、悪性新生物、心疾患、脳血管疾患が上位3位を占めている。これらは生活習慣病と呼ばれ、食事内容や長年の生活習慣等が蓄積されて、その結果発症しやすいと言われている。

また、65歳以上の要介護の原因としては、脳血管疾患や高齢による衰弱、骨折転倒等があり、死亡原因とは若干異なっている。要介護高齢者の状態像として、脳卒中等を原因疾患とし、急性的に生活機能が低下する脳卒中モデル、骨関節疾患等のように、徐々に生活機能が低下する廃用症候群モデル、認知症等を原因疾患とする認知症モデルの三つのモデルがある。これまでの取り組みは、脳卒中モデルが主流であったが、今後は廃用症候群モデルや認知症モデルへの取り組みが進んでいくと思われる。[8]

この他に高齢期に多い病気として、肺気腫や気管支炎等の呼吸器の疾患や腎不全や糖尿病、関節リウマチ、骨粗鬆症、変形性膝関節症がある。

第2章　高齢者の身体と心理の特性

表2-2　特定疾病の条件と特定疾病の名称

特定疾病の条件
・心身の病的な加齢現象との医学的関係がある疾病であること ・65歳以上の高齢者に多く発生しているが、40歳以上65歳未満でも発生がみられる等、罹患率・有病率等について加齢との関係が認められ、医学的根拠が明確に定義できること ・継続して要介護状態となる割合が高いと考えられること
特定疾病の名称（16疾病）
①がん（医師が一般に認められている医学的知見に基づき回復の見込みがない状態に至ったと判断したものに限る）、②慢性関節リウマチ、③筋萎縮性側索硬化症、④後縦靱帯骨化症、⑤骨折を伴う骨粗鬆症、⑥初老期における認知症、⑦進行性核上性麻痺、⑧脊髄小脳変性症、⑨脊柱管狭窄症、⑩早老症、⑪多系統萎縮症、⑫糖尿病性神経障害、糖尿病性腎症および糖尿病性網膜症、⑬脳血管疾患、⑭閉塞性動脈硬化症、⑮慢性閉塞性肺疾患、⑯両側の膝関節または股関節に著しい変形を伴う変形性関節症

出典：介護支援専門員テキスト編集委員会編集『三訂介護支援専門員基本テキスト第1巻』長寿社会開発センター、2006年、122頁。

　高齢者の場合、疾病の予後は家族の状況や環境によって、大きく異なると言われている。我々は症状や経過ばかりを見てしまいがちだが、高齢者を支援するものは、疾患だけを見るのではなく、その疾患が生活にどのような影響を与えているのかを見極め、その人の全体像を通して、どのような支援がふさわしいか判断する必要がある。

3）　要介護状態・要支援状態

　2000（平成12）年4月の介護保険法施行により、介護サービスを受けようとする高齢者は、要介護認定を受けることになった。この要介護認定・要支援認定とは介護を要するようになった原因に関係なく、その状態にあるものを認定するものである。ただし、40歳以上65歳未満の第2号被保険者については、表2-2にあるような特定疾病によって生じたものであることになっている。

　介護保険法における要介護状態とは、「身体上又は精神上の障害があるために、入浴、排せつ、食事等の日常生活における基本的な動作の全部又は一部について、厚生労働省令で定める期間（6カ月〈施行規則第2条〉）にわたり継続して、常時介護を要すると見込まれる状態であって、その介護の必要の程度に応じて厚生労働省令で定める区分（要介護状態区分）のいずれかに該当するもの」[9]を言う。

　2006（平成18）年4月介護保険法が改正され、従来の要介護1相当にあたる者

表2-3 障害高齢者の日常生活自立度(寝たきり度)判定基準

生活自立	ランクJ	何らかの障害等を有するが、日常生活はほぼ自立しており独力で外出する。 1. 交通機関等を利用して外出する 2. 隣近所へなら外出する
準寝たきり	ランクA	屋内での生活は概ね自立しているが、介助なしには外出しない 1. 介助により外出し、日中はほとんどベッドから離れて生活する 2. 外出の頻度が少なく、日中も寝たり起きたりの生活をしている
寝たきり	ランクB	屋内での生活は何らかの介助を要し、日中もベッドでの生活が主体であるが、座位を保つ 1. 車いすに移乗し、食事、排泄はベッドから離れて行う 2. 介助により車いすに移乗する
	ランクC	1日中ベッド上で過ごし、排泄、食事、着替において介助を要する 1. 自力で寝返りをうつ 2. 自力では寝返りもうたない

出典:「厚生省大臣官房老人保健福祉部長通知(老健第102-2号)」平成3年11月18日。

のうち、状態の維持または改善の可能性のある者については要支援2に認定することになった。その要支援状態とは、①「継続して常時介護を要する状態のうち、その状態の軽減・悪化防止に特に役立つ支援を必要とする状態」、または、②「継続して日常生活(身支度、掃除、洗濯、買い物等)を営むのに支障がある状態」と言える。[10]

　厚生労働省は、障害高齢者の日常生活自立度(寝たきり度)判断基準として、表2-3にあるように生活自立のランクJから寝たきりのランクCまで示している。これらは要介護認定等の参考資料としても用いられている。

　要介護認認定を受けるということは、日常生活において何らかの介護を要する状態にあることを意味する。しかし、このことは、その人の生活すべてに対して介護を要することではない。入浴や排せつ、あるいは家事動作に援助を必要とするかもしれないが、要介護5の認定を受けた高齢者でも、できる部分が残されている場合が多い。できないことに目を向けるばかりではなく、できることが増えるように働きかけることが重要である。

　高齢期では、さまざまな原因により、介護や支援を要する状態になることが多い。しかしながら、その割合を見ると、2006年10月末現在、介護保険の認定の出現率は全国で16.3%であり、残りの8割以上の高齢者は要介護認定を受けておら

ず，介護を要する状態にない。
　ここで重要なのは，介護を要するか要しないか，病気があるかないかよりも，そのことを高齢者自身がどのように受け止め，そのことが人生にどのような影響や支障を与えているかである。同じ75歳の脳梗塞後遺症で右麻痺のある人でも，独居であるか，家族と同居しているか，どのような役割を担っているか，あるいは住環境がどうか，そしてその人自身が，障害がありながらも自らの人生をこれからどのように生きようと思っているかによって，支援の方法は異なってくる。

第3節　心理の特性

1）高齢期における心理の特性

　高齢期における心理の特性とは，一体どのようなものか。外から見える身体の特性と比べ，心理の特性は見えにくいといった特徴がある。また，その人の人生観や価値観と深く関係している面もあり，その人の個性なのか，病的なものなのか捉えにくい状況もある。一般的に高齢期の心理の特性として，円熟という肯定的な面と，頑固という否定的な面など，正反対のことが言われたりする。
　高齢者に共通の心理的特性として，環境の変化による影響を受けやすいことがある。引っ越しによる住環境の変化や，家族内での役割の変化や家族の喪失等による家庭環境の変化，社会的地位の明け渡しによる社会的環境の変化などの影響により，不安や孤独，抑うつ等を引き起こす場合がある。
　しかし，これらは高齢期の人すべてに起きるものではない，高齢期における心理の特性は，身体の特性以上に個人差が大きいと言える。

2）高齢者とストレス

　高齢者の心理的な面に影響を与えるものとして，ストレスが挙げられる。ストレスそのものは，外からの刺激に対する反応であり，適度なストレスは必要と言われ，悪いことばかりではない。しかし，過度にかかると生活への影響が出てくる。
　高齢期になると，定年退職に伴う社会的地位の喪失や経済的な不安，身近な友人や兄弟の死等により，生きがいや自尊心が失われる等，複合的に失うものが増

えてくる。特に配偶者の死は，生きる意欲を見失わせたりする。このように複合的な喪失体験により，人生やアイデンティティの危機へとつながる場合もある。自分というアイデンティティを保つためには，他者の存在が必要である。妻や夫，子どもといった相手が存在することにより，夫であり，妻であり，親であるという自身の存在価値が出てくる。(11)それゆえ，配偶者等の死により自分自身の存在価値が無くなったと感じ，それがストレスとなりうつ状態を引き起こすことがある。

　しかし，これらの経験がすべての高齢者に悪影響を与えるわけではない。身体の特性でも述べたが，心理面においても個人差は大きく現れる。これまでの人生でさまざまな出来事に，どのように対処してきたのか，どのようにして困難な状況を乗り越えてきたのか，そこからクライエントの強さを援助者側が知ることによって，ストレスが与える影響を小さくすることは可能である。

3）認知症

　高齢者の認知機能を低下させるものとして，認知症がある。認知症とは，ICD—10（国際疾病分類第10版）によれば，「通常，慢性あるいは進行性の脳疾患によって生じ，記憶，思考，見当識，理解，計算，学習，言語，判断など多数の高次大脳機能の障害からなる症候群」(12)と定義されている。

　厚生労働省は認知症高齢者の日常生活自立度として表2-4にあるようにランクと判断基準，見られる症状・行動の例を示している。このランクは，要介護認定の参考資料としても使用されている。(13)

　認知症を示す疾患としてはさまざまなものがあるが，代表的なものとしてはアルツハイマー病と脳血管性認知症がある。他の病気と同じように早期診断，早期治療が効果的である。認知症は治らないものだと一般的に思われがちだが，薬物療法や基礎疾患を適切に治療することで，症状が軽くなる場合もある。

　認知症の症状として，中核症状と周辺症状がある。中核症状とは記憶障害や見当識障害等，認知機能低下を中心としたものである。具体的には，何度言っても忘れる，道に迷う，場所が分からない等がある。これらの中核症状のある高齢者が，周りの人間関係の中で起きる不安や心身のストレスが放置されると不眠・睡眠障害や，ものとられ妄想，うつ状態などの周辺症状が起きてくる。

　このことを当事者の側から理解すると，どういう状況にあるのか。認知症にな

第 2 章　高齢者の身体と心理の特性

表 2 - 4　認知症高齢者の日常生活自立度

ランク	判　断　基　準	見られる症状・行動の例
Ⅰ	何らかの認知症を有するが、日常生活は家庭内及び社会的にほぼ自立している。	
Ⅱ	日常生活に支障をきたすような症状・行動や意思疎通の困難さが多少見られても、誰かが注意していれば自立できる。	
Ⅱa	家庭外で上記Ⅱの状態がみられる。	たびたび道に迷うとか、買物や事務、金銭管理などそれまでできたことにミスが目立つ等
Ⅱb	家庭内でも上記Ⅱの状態がみられる。	服薬管理ができない、電話の応対や訪問者との対応など一人で留守番ができない等
Ⅲ	日常生活に支障を来たすような症状・行動や意思疎通の困難さが見られ、介護を必要とする。	
Ⅲa	日中を中心として上記Ⅲの状態が見られる。	着替え、食事、排便、排尿が上手にできない、時間がかかる。やたらに物を口に入れる、物を拾い集める、徘徊、失禁、大声・奇声をあげる、火の不始末、不潔行為、性的異常行動等
Ⅲb	夜間を中心として上記Ⅲの状態が見られる。	ランクⅢaに同じ
Ⅳ	日常生活に支障を来たすような症状・行動や意思疎通の困難さが頻繁に見られ、常に介護を必要とする。	ランクⅢに同じ
M	著しい精神症状や問題行動あるいは重篤な身体疾患が見られ、専門医療を必要とする。	せん妄、妄想、興奮、自傷・他害等の精神症状や精神症状に起因する問題行動が継続する状態等

出典：「厚生省老人保健福祉局長通知（老健第135号）」平成5年10月26日。

ることで、時間や場所等が分からなくなる。このことは、自分の世界と周りの世界がずれていく感覚をもたらす。このことで、自分自身が分からなくなり、不安感や孤独感が増してくる。このようなことが当事者の内面で起きているのではないか。認知症ケアのあり方としては、本人のペースに合わせて、自尊心を傷つけないよう、ゆったり働きかけることが有効である。特に感情面は、比較的最後まで保たれていることが多いため、感情に働きかけるケアが有効である。できないことをしかったり、試す等の、相手の尊厳を傷つける言動は慎むべきである。

　また、認知症の場合、家族へのケアが重要である。認知症高齢者を介護する家族の心理的過程として、①とまどい・否定、②混乱・怒り・拒絶、③あきらめ・

割り切り，④受容の四つの段階があると言われている。

多くの場合，家族は専門職が関わる以前から長期間にわたり高齢者を援助している。また，家族であるがゆえに，現状を受け入れたくない気持ちも作用する。これらを理解した上で，上記の段階を見極め，それぞれにあわせた支援をしていくことが求められる。

現在，認知症に関しては回想法やバリデーション，各種のセラピー等さまざまなアプローチが実践されている。これらのアプローチの効果については，今後，検証がされると思われる。

第 4 節　高齢者への支援の方法

1）高齢者を支援するとは

前述のように，高齢期は身体的，精神的，社会的に変化が訪れる。そのような状況にある高齢者を，支援者はどのように支援していくのか。高齢者といってもその状況は一人ひとり異なる。たとえ同じ年齢，同じ家族構成，同じ障害であっても，それぞれの持つ生活課題は異なってくる。それらをどのように把握し，どのように支援するのか。村田はそれを「苦しみの構造」から説明している（図2－1）。

村田はまず，「援助とは何か」を定義している。「援助とは，苦しみ（あるいは，気がかり）を和らげること，軽くすること，なくすること」と定義した上で，その苦しみはどこから生じているのかを明らかにしたのが「苦しみの構造」である。人々の苦しみは客観的な状況と主観的な想い・願い・価値観とのズレから生じているという。その上で，客観的な状況を変えるものをキュア概念，主観的な想い・願い・価値観が変わるのを支えることをケア概念と位置づけた。

その上で，ケア概念の基点を「老い・病い・死をも含んだ生」であるとしている。そこでは，支援者自身がともに老いるべき者，ともに病むべき者として有限な存在である自己を受容し，苦しみの中にある人の想い・願い・価値観が成長し，変わるのを支えることが「援助」であるといっている。高齢者を支援する場合は，主観的な想い・願い・価値観として表現される個別性に十分配慮することが必要である。

図2-1　苦しみの構造

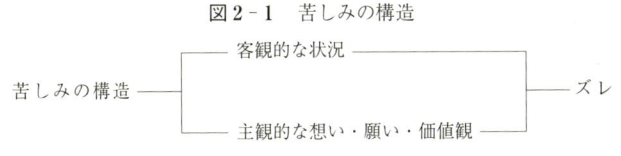

苦しみの構造 ─┬─ 客観的な状況 ─┐
　　　　　　　└─ 主観的な想い・願い・価値観 ─┴─ ズレ

出典：村田久行『改訂増補ケアの思想と対人援助』川島書店，1998年，44頁。

2）存在論によるアプローチ

　それでは，心身機能の低下した高齢者を支援するには，どのような方法があるのか。加齢に伴い，心身機能という客観的な状況を改善するには限界がある。老いや死を高齢者本人が受け入れ，残りの人生を意味あるものとして過ごすためのアプローチが必要である。村田は存在論によるアプローチを提唱している。これは，人間を時間存在，関係存在，自律存在の三つの次元から捉える。

　認知症高齢者を例に考えると，時間存在の次元では，時間の感覚が分からなくなる。過去が分からないことは，その積み重ねの結果である現在も分からなくなる。そして，今自分が何をなすべきか分からなくなり混乱してしまう。

　自律存在の次元では，自分でさまざまなことがコントロールできなくなる。着替えの方法が分からない，トイレの使い方が分からない等，今まで自分でできていたことができなくなってしまう。

　また，関係存在の次元においては，その与える影響が大きい。相手が分からなくなることで，私が分からなくなる。これは，単に私が分からないということではない。相手が息子なのか，夫なのか，兄弟なのか分からないことで，今まで与えられてきた母親や妻，姉・妹としての関係性が壊れ，私の存在価値・役割が失われてしまう。これらの時間性，自律性，関係性を失うことにより，認知症高齢者は自分自身の存在の意味を失い（本人は自覚すらできないかもしれないが），混乱し，それがいわゆる問題行動として表現される。

　この三つの次元に対し，それぞれ将来の回復，自己決定と自律の回復，他者の回復により生きる意味への援助をするものが，存在論によるアプローチである。これは，元々，終末期がん患者に対するアプローチであるが，人生のターミナル期にある高齢者にとっても，十分通用するアプローチである。特に，さまざまな喪失体験により，生きる意味を見失いがちな高齢者に生きる意味を強めるアプローチは効果が期待できる。

■ まとめ

　高齢者は多くの場合，支援者よりも長い人生を生きている。言わば人生の先達である。現在は身体上や精神上の課題を抱え，介護を必要とする存在かもしれない。しかし，だからこそ，支援者は高齢者を支援するにあたって，より一層，相手への尊敬の念を持ち，関わっていく姿勢が求められる。

　そのためにも，高齢期の身体や心理の特性を知ると同時に，それぞれの個別性を見極め，支援していくことが重要である。個別性とは，すなわちその人にとって固有の悩みや苦しみ，生活上の課題と言えるであろう。

　支援する際に大切なことは，対人援助技術を使いこなすことよりも，その技術を通して如何にクライエントの生活を支援するかにあるといえる。

●●●●●●●●●●●●●●●

▶注

(1) 総務省統計局人口推計による。
(2) 性別をみると，男性23.6％，女性76.2％で圧倒的に女性が多い。要介護度では，要介護3以上の人が51.4％を占めているが，自立の人も0.4％見られた。
(3) 福祉士養成講座編集委員会編『老人福祉論』中央法規出版，2003年，16頁。
(4) 客観的に見ると時間は，過去→現在→将来と流れている。しかし，時間を意味あるものとして捉えた場合，過去→将来→現在という流れになる。将来の展望がある人は今の苦しみにも耐えられるが，それが無い場合生きる意味をも失ってしまうと村田は述べている（東海大学健康科学部紀要第6号，2001年）。
(5) キューブラー・ロスは，『死ぬ瞬間』の中で，死の過程の五つの段階を示したが，これはすべての人がこの順番どおりに経験するものではなく，個人差があると述べている。
(6) 村田久行『改訂増補ケアの思想と対人援助』川島書店，1998年，125頁。
(7) この言葉は従来，霊的などと訳されてきた。また，宗教の問題と深く関わりがあると言われてきた。しかし，最近は特定の宗教とは関係なく，すべての人に存在する普遍的なものとして捉えられている。適切な訳語がないため，そのままスピリチュアルと表現されている。村田は，「自己の存在と意味の成立」と表現している。
(8) 厚生労働省老健局『地域包括支援センター業務マニュアル』2005年，137頁。
(9) 介護支援専門員テキスト編集委員会編『三訂介護支援専門員基本テキスト第1巻』長

(10) 同前書, 121頁。
(11) このことをR. D. レインは『自己と他者』(1975年)の中で「アイデンティティにはすべて他者が必要である。誰か他者との関係において, また, 関係を通して自己というアイデンティティは現実化されるのである」と表現している。
(12) 介護支援専門員テキスト編集委員会編『三訂介護支援専門員基本テキスト第3巻』長寿社会開発センター, 2006年, 149頁。
(13) 2006年度より要介護認定の手順が一部改正された。この中で, 要介護1相当と認定された場合, 認知機能・廃用の程度から要支援2と要介護1の認定に分かれる。このときの認知機能の程度を知るための資料として, 認定調査票と主治医意見書にあるこのランクが使用されている。
(14) 長嶋紀一・加藤伸司・内藤佳津雄編著『福祉キーワードシリーズ痴呆ケア』中央法規出版, 2003年, 98頁。
(15) 村田久行　前掲書, 44頁。
(16) 同前書, 97頁。

▶参考文献

F. P. バイステック, 尾崎新・福田俊子・原田和幸訳『ケースワークの原則［新訳版］援助関係を形成する技法』誠信書房, 1996年。

キュブラー・ロス, 鈴木晶訳『続死ぬ瞬間〜死, それは成長の最終段階［完全新訳改訂版］』読売新聞社, 1999年。

山縣文治・岡田忠克編『よくわかる社会福祉』ミネルヴァ書房, 2002年。

黒木保博・山辺朗子・倉石哲也編著『ソーシャルワーク』中央法規出版, 2002年。

白澤政和・中野いく子編著『老人福祉論』ミネルヴァ書房, 2003年。

第3章　高齢者と家族を支援する法律の仕組み

はじめに

　本章では，現代におけるわが国の高齢者福祉を支える法律と関連制度について学びを深める。老人福祉法，高齢者の医療の確保に関する法律，介護保険法のそれぞれの目的と基本理念，仕組みや行政の役割を解説する。また，その他，高齢社会対策基本法，高齢者虐待防止法についても触れる。

第1節　老人福祉法

1）老人福祉法制定と老人の範囲

　老人福祉法は1963（昭和38）年に制定され，施行された。その後，1982（昭和57）年に老人保健法が制定されることにより，高齢者の医療や保健については，その役割が，老人福祉法から老人保健法へと移行した。さらに，2000（平成12）年の介護保険法の制定によって，老人福祉法の範囲が縮小されたものの，高齢者福祉に関する理念と具体的事業等は，この法律によって定められている。

　老人福祉法は老人を対象とした法律であるが，対象となる老人についての明確な定義は無い。これは，老人のさまざまな福祉ニーズの背景にある「老化」については，個人差があり一律の年齢で区分することが困難だからである。しかし，老人福祉法に規定されるサービスについては，個々にその対象年齢が定められている。福祉の措置は，65歳以上の者を対象とするのが原則とされているが，措置

以外のサービスについては，軽費老人ホームのように60歳以上を対象とするものがある。

2） 老人福祉法の目的と基本的理念

老人福祉法は，その基本的理念を明らかにする老人福祉の基本法としての部分と老人のニーズに対応するためのサービス提供について規定する部分から構成されている。

老人福祉法は，第1章「総則」において，目的，基本的理念，老人福祉増進の責務，福祉の措置の実施者等についての考えを示している。

第1条において「老人の福祉に関する原理を明らかにするとともに，老人に対し，その心身の健康の保持及び生活の安定のために必要な措置を講じ，もつて老人の福祉を図ることを目的とする」と，老人福祉法の目的が明示されている。

第2条，第3条には基本的理念が定められている。

①老人は，多年にわたり社会の進展に寄与してきた者として，かつ，豊富な知識と経験を有するものとして敬愛されるとともに，生きがいを持てる健全で安らかな生活を保障されるものとする。

②老人は老齢に伴って生ずる心身の変化を自覚して，常に心身の健康を保持し，又は，その知識と経験を活用して，社会的活動に参加するように努めるものとする。

③老人はその希望と能力とに応じ，適当な仕事に従事する機会その他社会的活動に参加する機会を与えられるものとする。

3） 老人福祉増進の責務

老人福祉法では，第4条において以下のように国や地方公共団体の責務を規定している。

①国及び地方公共団体は，老人の福祉を増進する責務を有する。

②国及び地方公共団体は，老人の福祉に関係ある施策を講ずるに当たっては基本的理念が具現されるように配慮しなければならない。

③老人の生活に直接影響を及ぼす事業を営む者は，その事業の運営に当たっては，老人の福祉が増進されるように努めなければならない。

第3章　高齢者と家族を支援する法律の仕組み

第2節　高齢者の医療の確保に関する法律

1）高齢者の医療の確保に関する法律が成立した背景

　1983（昭和58）年には老人保健法，1984年には退職者医療制度が創設されたが，その背景にあったのは高齢化の進展による老人医療費の増加であった。老人保健法は，その後改正を重ねる。1987（昭和62）年の改正では，一部負担改正，加入者按分率引き上げ，老人保健施設創設がなされ，1991（平成3）年の改正では，一部負担改正，老人訪問看護制度の創設，介護に着目した公費負担割合の引き上げがなされた。1997（平成9）年の改正では，外来一部負担の見直しがなされ，2002（平成14）年の改正では，定率1割負担・一定所得以上は2割の導入等が行われた。

　しかし，高齢化の進展に予想を上回る少子化が加わり，さらなる見直しが求められ，2002（平成14）年の健康保険法等改正法の附則では，新しい高齢者医療制度の創設等に関して，政府として基本方針を策定することが明記されることになる。それを受けて「医療制度改革推進本部」が設置され，2003年には「医療保険制度体系及び診療報酬体系に関する基本方針」が閣議決定される。ここで75歳以降の後期高齢者については，入院が増えるなど医療の必要性が高まることから独立した制度を創設することが打ち出された。こうした経緯により，2006（平成18）年6月に医療制度改革関連法が成立し，老人保健法は全面的に改正されて「高齢者の医療の確保に関する法律」となった。

　これにより，75歳以上の後期高齢者については，心身の特性や生活実態等を踏まえ，2008年度に独立した医療制度が創設されることになった。また，65歳から74歳の前期高齢者については，従前の国民健康保険ないし被用者保険に加入したまま，前期高齢者の偏在による保険者間の医療給付費負担の不均衡を調整する制度が設けられることになった。

2）制度運営

　高齢者医療制度には，①後期高齢者医療制度，②前期高齢者の医療費に関わる財政調整制度の二つの制度がある。現行の退職者医療制度は廃止されるが，2014

図3-1 高齢者医療制度

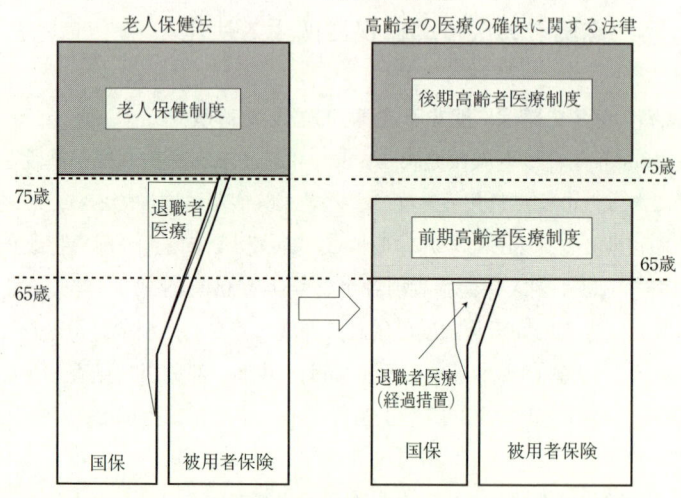

老人保健法
老人保健制度
75歳
退職者医療
65歳
国保　被用者保険

高齢者の医療の確保に関する法律
後期高齢者医療制度
75歳
前期高齢者医療制度
65歳
退職者医療（経過措置）
国保　被用者保険

出典：『介護保険情報』社会保険研究所，2007年2月号，8頁を参考に筆者作成。

年度までは65歳未満の退職者を対象に制度を存続する経過措置が設けられることになった（図3-1）。

　後期高齢者医療制度は，都道府県の区域ごとにすべての市町村が加入する広域連合（後期高齢者医療広域連合）を設立し，その広域連合が保険者になって，保険料の決定，賦課決定，医療費の支給等の制度運営を担う。

　被保険者は，広域連合の区域内に住所を有する75歳以上の高齢者に加え，65〜74歳の寝たきり高齢者を含める。

　広域連合は，各都道府県内の全市町村が加入する。広域連合は，保険料の決定や医療費の支給等の事務等を行う。財政運営は47カ所の広域連合ごとに完結される。診療報酬改定と同じく2年単位で実施され，2年間の保険料額は同一である。

　保険料率は広域連合ごとに均一で，保険料徴収は市町村の業務となる。保険料の算定方法は，頭割りである「応益割」と，所得に比例する「応能割」を50対50と同じ割合で計算する。低所得者には応能負担を免除するとともに応益負担にも軽減措置を設ける。

　財政安定化に関しては，次の二つの仕組みが設けられている。

　一つ目は，国・都道府県・広域連合がそれぞれ3分の1ずつ費用を負担して

「財政安定化基金」を設立して，給付増リスクと保険料徴収リスクに対応する。保険料徴収については，年金天引きを実施することで，ほぼ徴収が確保できるとされている。未納に対するリスクについては財政安定化基金が貸し付けを行うとともに，徴収しきれない場合は未納分の半額を財政安定化基金が交付する。また，給付増に対しては，高額医療費はその2分の1を公費で負担するが，さらに見込み以上の給付増については財政安定化基金から貸し付けることになる。

　二つ目は，低所得者にかかる保険料軽減分については市町村・都道府県が負担する「保険基盤安定制度」を導入する。負担割合は市町村が4分の1，都道府県が4分の3となっている。

3）後期高齢者医療の基本的な考え方

　2007年4月には『後期高齢者医療の在り方に関する基本的考え方』が出された。その内容は大きく，①後期高齢者の心身の特性，②後期高齢者医療の課題，③基本的な視点，④後期高齢者にふさわしい医療の体系の4点に分けられる（図3-2）。

　まず，後期高齢者の心身の特性は，次の三つが挙げられる。

①老化に伴う生理的機能の低下により，治療の長期化，複数疾患への罹患（特に慢性疾患）が見られる。

②多くの高齢者に，症状の軽重は別として，認知症の問題が見られる。

③新制度の被保険者である後期高齢者は，この制度の中で，いずれも避けることのできない死を迎えることになる。

　こうした心身の特性から後期高齢者に対する医療には，三つの視点が必要とされている。一つ目の視点は「生活を重視した医療」である。一般に療養生活が長引くことから，後期高齢者の医療は，高齢者の生活を支える柱の一つとして，生活の中で提供されることが重要である。そのためには，どのような介護サービスを受けているかを含め，本人の生活や家庭の状況等を踏まえた上での医療が求められる。

　二つ目の視点は「後期高齢者の尊厳に配慮した医療」である。自らの意思が明らかな場合，これをできる限り尊重することは言うまでもないが，認知症等により自らの意思が明らかでない場合にも，人間らしさが保たれた環境における生活

図3-2 後期高齢者医療の在り方に関する基本的考え方

後期高齢者の心身の特性	基本的な視点	後期高齢者医療における課題
1. 老化に伴う生理的機能の低下により，治療の長期化，複数疾患への罹患（特に慢性疾患）が見られる。 2. 多くの高齢者に，症状の軽重は別として，認知症の問題が見られる。 3. 新制度の被保険者である後期高齢者は，この制度の中で，いずれも避けることのできない死を迎えることとなる。	1. 後期高齢者の生活を重視した医療 2. 後期高齢者の尊厳に配慮した医療 3. 後期高齢者及びその家族が安心・納得できる医療	1. 複数の疾患を併有しており，合わせて心のケアも必要。 2. 慢性的な疾患のために，その人の生活に合わせた療養を考えることが必要。 3. 複数医療機関を頻回受診し，検査や投薬が多数・重複となる傾向。 4. 地域における療養を行えるよう，弱体化している家族及び地域の介護力をサポートしていく必要。 5. 患者自身が，正しく理解をして自分の治療法を選択することの重要性が高い。

後期高齢者にふさわしい医療の体系

1. 急性期入院医療にあっても，治療後の生活を見越した高齢者の評価とマネジメントが必要
2. 在宅（居住系施設を含む）を重視した医療
    ・訪問診療，訪問看護等，在宅医療の提供
    ・複数疾患を抱える後期高齢者を総合的にみる医師
    ・医療機関の機能特性に応じた地域における医療連携
3. 介護保険他のサービスと連携の取れた一体的なサービス提供
4. 安らかな終末期を迎えるための医療
    ・十分に理解した上での患者の自己決定の重視
    ・十分な疼痛緩和ケアが受けられる体制

出典：『介護保険』法研，2007年9月号，13頁。

を重視し，過度に医療に依存しないとする必要がある。

　三つ目の視点は「後期高齢者及びその家族が安心・納得できる医療」である。いずれ誰もが迎える死を前に，安らかで充実した生活が送れるように，安心して生命を預けられる信頼感のある医療が求められる。

　このような基本的視点に立ち，現行の後期高齢者に対する医療を見ると，次の五つの課題が挙げられる。

　①複数の疾患を併有しており，合わせて心のケアも必要。
　②慢性的な疾患のために，その人の生活に合わせた療養を考えることが必要。
　③複数医療機関を頻回受診し，検査や投薬が多数・重複となる傾向。
　④地域における療養を行えるよう，弱体化している家族及び地域の介護力をサポートしていく必要。

⑤患者自身が，正しく理解をして自分の治療法を選択することの重要性が高い。

後期高齢者の医療は，高齢者の生活を支える柱の一つとして提供されることが重要であり，そのために，どのような介護サービスを受けているかを含め，本人の生活や家庭の状況等を踏まえた医療の提供と介護サービスとの連携が重要である。また，死を前に安らかで充実した生活が送れるように安心して生命を預けられる信頼感のある医療が求められる。

そして，これらの視点に基づいた後期高齢者にふさわしい医療の体系としては次の4点が挙げられている。

①急性期入院医療にあっても，治療後の生活を見越した高齢者の評価とマネジメントが必要

②在宅（居住系施設を含む）を重視した医療
　・訪問診療，訪問看護等，在宅医療の提供
　・複数疾患を抱える後期高齢者を総合的に診る医師
　・医療機関の機能特性に応じた地域における医療連携

③介護保険他のサービスと連携の取れた一体的なサービス提供

④安らかな終末期を迎えるための医療
　・十分に理解した上での患者の自己決定の重視
　・十分な疼痛緩和ケアが受けられる体制

4） 医療体系における具体的な考え方

(1) 入院医療のあり方

急性期入院医療でも，後期高齢者が入院時から退院後にどのような生活を送るかを念頭におき，その生活を実現するための総合的な治療計画を立てるような取り組みを進め，それを基にして入院医療を実施するほか，看護や介護といったサービスとの連携体制を考えることが重要とされている。つまり，入院生活の先に想定される自宅での生活をあらかじめ考えながら医療をはじめとするサービスを提供する考え方である。

また，入院中の在宅サービス関係者との情報共有や，退院後の医療と介護の継続的な提供のためには，ケア・カンファレンス等による情報伝達や共有などの実践も不可欠である。

(2) 在宅医療のあり方

　地域での療養生活を安心して送ることができるようにするためには，信頼感の確保された在宅医療が必要であり，そのためには，患者についての情報を共有し，患者を中心として，地域における医師，歯科医師，薬剤師，看護師等の医療関係者が相互に協力して，チームとして対応する必要があるとされている。

　後期高齢者は，複数の疾患や合併症を持つことが多いことから，外来医療については，主治医が後期高齢者を総合的に診ることを進めなければならない。また，複数の医療機関を受診している可能性があるため，受診時に十分な病歴や受療歴を確認できるようにしていかなければならない。さらに，後期高齢者を総合的に診ることができる医師が医療関係者の連携を調整する役割を担う必要性も指摘されている。

(3) 一体的なサービス提供のあり方

　後期高齢者は介護保険のサービスを受けていることも多いことから，主治医とケアマネジャーが緊密に情報交換を行い，後期高齢者の状態を十分に踏まえたサービス提供を行うなど，医療サービスの枠内にとどまらず，公的な介護・社会福祉サービスや地域との連携を図ることが不可欠とされている。

　多職種が参加したチーム医療に取り組む上では，異なる職種間での十分な情報共有やサービス内容を検討する機会を作ることが必要になってくる。カンファレンスの実施等の多職種の連携のあり方を考えていかなければならない。

(4) 終末期医療のあり方

　終末期医療・終末期ケアの方針の決定手続きとしては，適切な情報提供と説明に基づいて，患者と医療従事者が話し合った上で，患者本人による決定が基本とされている。また，終末期医療における医療行為の開始・中止，医療内容の変更等は，多くの専門職種の医療従事者から構成される医療・ケアチームによって，医学的妥当性と適切性を基に慎重に判断されなければならない。

　在宅で看取りを望む患者や家族は，終末期に現れる症状への対処方法，特に痛みへの対処，急変時の対応等に不安があると言われる。また，終末期に病状が急変した場合に，高齢者本人の意向が不明なまま，治療方針が決定されることもある。したがって，在宅で終末期を迎えられるようにするためには，終末期における適切な診療・看護等，事前の意思確認の実施が課題になるであろう。

(5) 前期高齢者医療に係る財政調整

　65歳から74歳までの前期高齢者については，国民健康保険や被用者保険など従来の制度に加入したまま，前期高齢者の偏在による保険者間の負担の不均衡を75歳未満の加入者数に応じて調整する。前期高齢者の2008年度の加入割合は全国平均では12％だが，国民健康保険は28％，政府管掌健康保険は5％，健康保険は2％と格差が大きい。そのため，全国平均を上回る場合は前期高齢者交付金を受給し，下回る場合は拠出する。この調整は，社会保険診療報酬支払基金が行う。

　現行の退職者医療制度は，いわゆる「団塊の世代」の大量退職を吸収するため，2014年までの間における65歳未満の退職者が65歳に達するまで，経過的に存続させる。

第3節　介護保険法

1）介護保険法の成立

　1997（平成9）年に介護保険法が成立し，2000（平成12）年4月から施行された。介護保険制度のねらいは，①老後の最大の不安要因である介護を社会全体で支える仕組みを創設する，②社会保険方式により給付と負担の関係を明確にし，国民の理解を得られやすい仕組みを創設する，③縦割り制度を再編成し，利用者の選択により，多様な主体から保健医療サービス・福祉サービスを総合的に受けられる仕組みを創設する，④介護を医療保険から切り離し，社会的入院解消の条件整備を図るなど，社会保障構造改革の第一歩となる制度を創設する，というものであった。

2）介護保険法の目的と基本的理念

　介護保険法の目的は，第1条に，「加齢に伴って生ずる心身の変化に起因する疾病により要介護状態となり，入浴，排せつ，食事等の介護，機能訓練並びに看護及び療養上の管理その他の医療を要する者等について，これらの者が尊厳を保持し，その有する能力に応じ自立した日常生活を営むことができるよう，必要な保健医療サービス及び福祉サービスに係る給付を行うため，国民の共同連帯の理念に基づき介護保険制度を設け，その行う保険給付等に関して必要な事項を定め，

もって国民の保健医療の向上及び福祉の増進を図ることを目的とする」と書かれている。
　また，第2条には基本的な理念が書かれている。
①被保険者の要介護状態または要支援状態に関し，必要な保険給付を行うものとする。
②保険給付は，要介護状態・要支援状態の軽減，悪化の防止に資するよう行われるとともに，医療との連携に十分配慮して行われなければならない。
③保険給付は，被保険者の心身の状況，その置かれている環境等に応じて，被保険者の選択に基づき，適切な保健医療サービス及び福祉サービスが，多様な事業者又は施設から，総合的かつ効率的に提供されるよう配慮して行わなければならない。
④被保険者が要介護状態となった場合においても，可能な限り，その居宅において，その有する能力に応じ自立した日常生活を営むことができるように配慮されなければならない。

3）　保険者と被保険者

　介護保険には，制度の運営主体である「保険者」と制度に加入する「被保険者」が存在する。保険者は，介護サービスにおける地域性や，市町村の高齢者福祉，老人保健事業との兼ね合い，また，高齢者サービスへの提供決定権が市町村に一元化されている点などを考慮して，国民に最も身近な行政単位である市町村が担っている。
　介護保険の被保険者は40歳以上の者である。これは，40歳以上になると，初老期における認知症，脳血管障害等の老化に起因する疾病の可能性が出てくること，また，自分の親が介護を要する状態になる可能性が高く，介護保険によって家族としての介護負担が軽減されることが理由であるとされている。
　被保険者は65歳以上の第1号被保険者と，40歳以上65歳未満の医療保険加入者である第2号被保険者に分かれる。第1号被保険者と第2号被保険者との間では，保険料の算定及び徴収の方法が異なる。
　第1号被保険者が負担する保険料は，自ら受ける介護サービスに対応したものであり，介護サービスの水準に応じて市町村単位で保険料を算定する。また，65

表 3-1　被保険者の概要

	第 1 号被保険者	第 2 号被保険者
対象者	65歳以上の者	40歳以上65歳未満の医療保険加入者
受給権者	要介護者 要支援者	左のうち，初老期における認知症，脳血管障害等の老化に起因する疾病によるもの
保険料負担	市町村が徴収	医療保険者が医療保険料として徴収し，納付金として一括して納付
賦課・徴収方法	・所得段階別定額保険料 ・年金額一定以上は年金天引，それ以外は普通徴収	・健康保険組合：標準報酬×介護保険率 ・国民健康保険：所得割，均等割等に按分

歳以上の高齢者が年金受給対象者でもあることから原則として保険料の徴収は年金からの天引きにより行っている。

　第 2 号被保険者が負担する保険料は，自らが受ける介護サービスに対応するだけでなく，老親の介護を社会的に支援するという世代間連帯の性格も持っていることから，市町村単位ではなく，全国一律の単価に基づき算定される。また徴収は職域と地域に分けた方が効率的であることから医療保険者が医療保険料として徴収している。

　保険給付の範囲については，第 1 号被保険者はその原因にかかわらず要介護状態であれば保険給付が行われるのに対し，第 2 号被保険者については要介護状態が初老期における認知症，脳血管障害等の老化に起因する特定疾病によって生じた場合に保険給付が行われることになっている（表 3-1）。

4 ）介護保険改正と介護予防

　介護保険制度施行後，要介護認定者数，介護保険総費用が大幅に増加する状況を踏まえて，介護保険の改正が行われた。この見直しでは，制度の「持続可能性」の確保，「明るく活力ある超高齢社会」の構築，「社会保障の総合化」の 3 点を基本的視点とし，①予防重視型システムの確立，②施設給付の見直し，③新たなサービス体系の確立，④サービスの質の確保・向上，⑤負担の在り方・制度運営の見直し，の五つの改革が行われることになった。

　改革の大きな柱の一つである「予防重視型システムの確立」は，介護予防を重視した新たなシステムへの転換である。2000年 4 月から施行された介護保険制度

は，介護が必要になった人に対して介護サービスを提供する介護給付が中心であった。しかし，介護が必要になってからの給付サービスだけではなく，介護が必要にならないための給付サービスを充実させることで，高齢者がより自分の人生に尊厳を持ち，自立して生活できることを目的としている。介護予防は，介護保険法において国民の努力及び義務として第4条に位置づけられている。

「国民は，自ら要介護状態となることを予防するため，加齢に伴って生ずる心身の変化を自覚して常に健康の保持増進に努めるとともに，要介護状態となった場合においても，進んでリハビリテーションその他の適切な保健医療サービス及び福祉サービスを利用することにより，その有する能力の維持向上に努めるものとする」。

介護保険における介護予防とは，高齢者が要介護状態になることをできる限り防ぐこと，また，要介護状態になっても状態がそれ以上に悪化しないようにするという二つの側面がある。

第4節　その他の関連法規

1）高齢社会対策基本法

高齢社会対策基本法は1995（平成7）年に制定され，1999（平成11）年に改正された。これは，急速に発展する高齢社会に対応する総合的な施策を推進するため，その基本理念や国の責務を明確にしている。構成は，総則，基本的施策，高齢社会対策会議となっている。

第1条には，以下のような目的が書かれている。

「高齢化の進展に適切に対処するための施策（中略）に関し，基本理念を定め，並びに国及び地方公共団体の責務等を明らかにするとともに，高齢社会対策の基本となる事項を定めること等により，高齢社会対策を総合的に推進し，もって経済社会の健全な発展及び国民生活の安定向上を図ることを目的とする」。

第2条には，以下のような基本理念が書かれている。

①国民が生涯にわたって就業その他の多様な社会的活動に参加する機会が確保される公正で活力ある社会。

②国民が生涯にわたって社会を構成する重要な一員として尊重され，地域社会

が自立と連帯の精神に立脚して形成される社会。

③国民が生涯にわたって健やかで充実した生活を営むことができる豊かな社会。

また，国が対応する基本的施策として，「就業及び所得」「健康及び福祉」「学習及び社会参加」「生活環境」を挙げている。その中の「学習や社会参加」に関しては，第11条で次のように示している。

①国は，国民が生きがいを持って豊かな生活を営むことができるようにするため，生涯学習の機会を確保するよう必要な施策を講ずるものとする。

②国は，活力ある地域社会の形成を図るため，高齢者の社会的活動への参加を促進し及びボランティア活動の基盤を整備するよう必要な施策を講ずるものとする。

このように，高齢者の生きがいを保障していくためには，ボランティア活動をはじめとする，活動基盤の整備を通じて社会参加を促進するという基本的な施策方向が示されている。

2） 高齢者虐待防止法

(1) 目的と分類

2005（平成17）年11月に「高齢者虐待の防止，高齢者の養護者に対する支援等に関する法律」が成立，2006（平成18）年4月から施行された。

また，2006（平成18）年4月から施行された改正介護保険制度において，市町村における必須事業として被保険者に対する虐待防止及びその早期発見のための事業，その他被保険者の権利擁護のため必要な援助事業が規定された。地域包括支援センターを中心に高齢者虐待対策の実施が求められている。

高齢者虐待防止法の構成は，総則，在宅における高齢者虐待の防止と支援，施設における高齢者虐待の防止，雑則，罰則となっている。

第1条の目的には，次のように書かれている。

「高齢者虐待の防止等に関する国等の責務，高齢者虐待を受けた高齢者に対する保護のための措置，養護者の負担の軽減を図ること等の養護者に対する養護者による高齢者虐待の防止に資する支援（中略）のための措置等を定めることにより，高齢者虐待の防止，養護者に対する支援等に関する施策を促進し，もって高齢者の権利利益の擁護に資することを目的とする」。

高齢者虐待は次の五つに分類されている。
①身体的虐待
②心理的虐待
③経済的虐待
④性的虐待
⑤世話の放棄，ネグレクト

(2) 高齢者虐待に対する対応

高齢者虐待を発見した場合には市町村への通報すること，もし高齢者の生命または身体に重大な危険が生じている場合は通報が義務であることが示された。

①市町村の対応
　①高齢者，養護者に対する相談・指導等。
　②養護者の負担軽減のための緊急ショートステイの確保。
　③虐待を受けた高齢者を一時的に保護するために必要な居室の確保の措置。
　④地域包括支援センター等の連携協力体制の整備。
　⑤重大な危険が生じている場合の職権による立入調査，警察署長への援助要請，等。

②施設における虐待の防止
　①設置者は従事者に研修の実施や苦情に向けた体制整備を行うこと。
　②虐待者以外の従事者が虐待の事実を発見した場合の市町村への通報義務，等。

まとめ

　高齢者福祉を支える法律は，その時代の社会情勢や社会問題に対応するために成立してきた。その法律を支えている目的と基本的理念は何か，実際の制度では目的と理念を具現化できているのか，高齢者や家族のニーズに十分対応しているのか，社会で生活している高齢者や家族の立場から考えていくことが必要である。

第 3 章　高齢者と家族を支援する法律の仕組み

▶参考文献

角田幸代編『高齢者虐待を防ぐ地域のネットワーク』ぎょうせい，2006年。
小六法編集委員会『福祉小六法』みらい，2006年。
田中元『介護保険で仕事はここが変わる』ぱる，2006年。
『介護保険情報』社会保険研究所，2007年 2 月号。
社会保障審議会・後期高齢者医療の在り方に関する特別部会『後期高齢者医療の在り方に
　関する基本的考え方』2007年 4 月。
『介護保険』法研，2007年 9 月号。

第4章 高齢者と家族を支援する制度の変遷

はじめに

　本章では，社会情勢やその時代の高齢者のニーズを踏まえながら，高齢者と家族を支援する制度の変遷を明らかにする。わが国の高齢者福祉は第2次世界大戦での終戦を機に，性質がまったく異なっている。すなわち，これ以前は「救貧法の時代」であり，以後は「社会福祉法制の時代」である。そして，この社会福祉法制の時代も社会情勢や高齢者のニーズによって大きな影響を受け，変化してきたのである。老人福祉制度を，①老人福祉法の制定以前，②老人福祉法の制定から老人保健法の制定まで，③老人保健法の制定から介護保険法の制定まで，④介護保険法の成立と2000年以降の4期に分けてその変遷を説明する。

第1節　老人福祉法の制定以前

1）第2次世界大戦以前

　わが国の最初の慈善救済は，593年に聖徳太子によって創立されたと伝えられる四天王寺の四箇院であるとされている。四箇院とは，悲田院，敬田院，施薬院，療病院のことで，なかでも悲田院では高齢者も救済の対象とされていた。
　最古の救済制度は，718年に成立した「戸令」が挙げられるが，その救済の対象は「鰥寡孤独貧窮老疾，不能自存者」とし，近親者が引き取ることが規定されていた。ここでいう「老」とは，66歳以上の者とされていた。

江戸時代には，1792年に窮民御救起立が制定された。これは，70歳以上の独身で，かつ長病で飢餓にある者に対して，町内の積みたて金を利用して米を給付するというものであった。また，水戸藩，米沢藩等では独自の救済制度を持っていたとされている。

　明治時代には，1874年に恤救規則が公布された。高齢者に関わる社会的な事業・制度としての本格的な実施である。恤救規則は国家が最初に制定した貧困者救済の制度ではあったが，前文には，「済貧恤救ハ人民相互ノ情誼ニ因テ」とあり，親族や地縁社会による相互扶助が前提とされていた。しかし，その施策として，身寄りがいない70歳以上の重病または老衰で生活に困窮している者に対して，1日当たり米5合分の金銭が国費から支給されるよう規定された。1875年には内務省通達「窮民恤救申請調査箇条」が出され，申請した者には労働能力，資産，親族の有無や近隣周辺の徹底的な調査が行われ，その結果，救済を受けたのはごく少数であった。

　このころ，民間の慈善事業家により，生活困難な高齢者を対象とする救済事業が展開された。1895年にはキリスト教宣教師ソーントン（E. Thornton）が聖ヒルダ養老院を設立した。その後，1899年には寺島信恵による神戸養老院，1902年には岩田民次郎による大阪養老院，1903年には菊地尚彦による東京養老院や宮内文作による前橋養老院が設立された。それらのほとんどは，設立者の自費や賛助者の寄付によるという乏しい運営資金で賄われたのである。

　わが国の産業革命は国民の窮乏化を促進し，災害や凶作による米価高騰等と相まって，人々の生活困難は極度に悪化した。1890年の第1回帝国議会には，窮民救助法案が，恤救規則に代わる改正案として提出された。この法案は公的扶助義務主義を採用し，対象が拡大され，費用負担も規定されたが，家制度，隣保制度の美風とみる考えや惰民観を理由に否決された。その後も，1897年に恤救法案及び救貧税法案，1902年に救貧法案，1912年に養老法案と議会に，恤救規則に代わる法案が提出されたが，いずれも立法化されなかった。

　しかし，恤救規則では，都市部において拡大していく貧困層に対応できず，ようやく1929年に救護法が設立された。救護法は，被救護者，救護機関，救護施設，一般救護の種類及び方法の4章から成っている。「貧困ノ為生活スルコト能ハザルトキハ本法ニ依リ救護ス」と公的義務を明記している。施策の対象は，65歳以

上の老衰者で貧困のため生活不能な者とし、恤救規則よりは対象の制限が緩和された。扶助の種類は、生活扶助、医療扶助、生業扶助、埋葬扶助、助産扶助の五つである。居宅救護を原則として、それが困難な場合には救護施設、高齢者を対象とする場合に養老院への収容が行われた。居宅での生活扶助は、都市及び近接地で1日1人25銭であり、当時の一般生活費から見るとかなり低額であった。養老院には、入所者に要救護者がいた場合、その者の生活扶助費とともに、設置費、設備費も公費として給付されていた。

第2次世界大戦前までの救済制度に共通している点として、三つのことが挙げられる。1つ目は、貧困は個人の責任とみなされたことである。2つ目は、救済の制限である。人情による助け合いや隣保の助け合いによっても救済されない、ごくわずかの人のみを恩恵の対象とした。そして、3つ目は、国家責任が不明確にされており、救済はあくまでも恩恵的に与えられるという立場をとったことである。

2） 第2次世界大戦後から老人福祉法制定まで

第2次世界大戦後、日本は連合国の占領下に置かれ、その指令を受けることになった。1946年、連合国最高司令官総司令部は次のような覚書を出した。すなわち、①差別なく平等に困窮者を救済する単一の全国的政府機関の設立、②実施の責任体制の確立、及び国の責任の転嫁禁止、③困窮防止に要する総額の制限禁止、である。これに基づいて、同年、旧生活保護法が制定された。しかし、同法の第2条には、勤労意志の無い者、勤労を怠る者、その他生計の維持に努めない者は保護しないとしており、従来からの貧困観が強く残っていたため、1950（昭和25）年に生活保護法に改正された。本法によって、貧困は必ずしも個人の責任ではなく、社会制度の欠陥から生まれるものであるとし、救済の国家責任を明確にし、救済の対象も属性等によって差別されない無差別平等を原則にした一般扶助主義が確立したのである。

生活保護法によって、在宅で生活に困窮した高齢者については、その必要に応じて生活扶助・住宅扶助・医療扶助等が適用されることになった。また、養老院は養老施設と名称を変更し、「老衰のため独立して日常生活を営むことのできない要保護者を収容して、生活扶助を行うこと」を目的とする施設となった。1955

年の「養老施設，救護施設及び更正施設運営要綱」によると，定員は30人以上，収容者に占める保護受給者は80％以上でなければならないとし，年齢は原則として60歳以上，1室定員は4人を標準とする，とされた。運営費用の大半が公費によって賄われるようになったため，その後，養老施設は急増した。

1950年代に入って，東京都新宿区や大阪市等において，高齢者の自主活動を基本とする当事者組織として老人クラブの活動が開始され，その活動等に対する公的な助成が求められるようになった。

また，1956年には，長野県上田市で今日のホームヘルプサービスの前身に当たる家庭養護婦派遣制度が実施され，1958年には，大阪市で民生委員制度創設40周年記念事業として，老人家庭奉仕員制度が実施された。1962年には東京都で東京都家庭奉仕員制度が実施され，居宅で生活保護法の適用を受け，身体が不自由で，なおかつ世話する人がいない老人に対し，家事援助や相談援助等のサービスの支援を行うようになった。同年，老人家庭奉仕事業に対して国庫補助が行われることになった。

第2節　老人福祉法の制定から老人保健法の制定まで

1）老人福祉法制定とサービスの発展

1960年に出された経済計画「国民所得倍増計画」と，1962年の国土開発計画「全国総合開発計画」に始まる以後の諸計画によって，わが国は10年余りの間に世界に例を見ない高度経済成長を達成する。

1961年には国民健康保険業務開始による国民皆保険・皆年金が実現し，また，同年にはホワイトハウスで開催された老人会議で高齢者市民憲章が制定されたことなどで老人福祉への気運が高まり，世界で初とされる高齢者のみを対象とした老人福祉法が1963（昭和38）年に制定されることになった。

具体的な社会福祉の措置としては，①健康審査，②老人ホームへの収容等，③老人福祉の増進のための事業，を規定するとともに，新たな老人福祉施設として，養護老人ホーム，特別養護老人ホーム，軽費老人ホームを規定し，老人家庭奉仕員を制度化した。

老人福祉法によって，老人福祉施設は，養護老人ホーム，特別養護老人ホーム，

軽費老人ホームの3施設となった。そのうち、特別養護老人ホームは、対象を「65歳以上の者であって、身体上または精神上著しい欠陥があるために、常時の介護を必要とし、かつ居宅においてこれを受けることが困難なもの」とし、養老施設にあった「経済的困窮」は除外された。1966年には、「養護老人ホーム及び特別養護老人ホームの設備及び運営に関する基準」が示されている。

1970年に高齢人口比率は7％を超え、高齢化社会に突入した。1971年には「社会福祉施設緊急整備5ヵ年計画」が実施され、老人福祉施設は緊急に整備すべき施設として量的な拡大が図られた。その結果、特別養護老人ホームは、1970年の152施設から1975年には539施設へと3.5倍に増加した。

また、在宅福祉対策としては、1978年からショートステイが、1979年からデイサービスが開始され、ホームヘルプサービスとともに、在宅福祉関連のサービスメニューが進むことになった。

2） 老人医療費支給制度

わが国の老人保健医療対策は、1963（昭和38）年の老人福祉法制定によって65歳以上の高齢者を対象とした老人健康審査の実施に始まった。1970年には老人性白内障手術費の支給、1971年には在宅老人機能回復訓練事業への助成、1975年には老人保健学級開催への助成が行われた。

また、医療費の保障については、1973（昭和48）年に老人福祉法の一部が改正され、老人医療費支給制度が実施された。老人福祉法第10条の2に新たに加えられた「老人医療費の支給」は、70歳以上の者の疾病または負傷について、健康保険等の被用者保険や国民健康保険の、いわゆる自己負担部分を公費で保障するものである。さらに、同年の10月以降は、65歳から69歳の要介護高齢者も支給対象に加えることになった。

高齢者は退職によって収入を失う場合が多く、貯蓄や年金によって生活費を確保しなければならないが、当時の年金制度は充実していなかった。高齢者は定年退職後は地域保険である国民健康保険制度に移行しなければならなかったが、当時の国民健康保険制度は7割給付であったため、3割は自己負担が発生する。高齢になると有病率は高く、また、複数の疾病を抱える場合が多いが、自己負担分を支払うことが難しく受診を控える問題があった。そのため、老人医療費支給制

57

度が創設され，高齢者は経済的な不自由なく受診することが可能となった。

しかし，老人医療費無料化が始まった1973年にはオイルショックが起こり，わが国の高度経済成長は終わり，低経済成長へ移行するようになる。財政の合理化が叫ばれ，福祉の見直しが迫られるようになった。

老人医療費の急激な増大の影響を大きく受けたのは国民健康保険であり，同保険に占める老人医療費の割合は，1973年には16.0％だったが，1974年には24.0％，1983年には38.4％と急増し，公費負担の6分の4を負担していた国の財政が圧迫されることになった。

そのような中で，1979年には「新経済社会7ヵ年計画」が発表され，日本が目指す新しい「福祉社会」として個人の自助努力，家族近隣との相互扶助連帯を重視した「日本型福祉」が提案された。1980年には，社会福祉予算の抑制，ゼロシーリング，財政再建等を重要課題とする臨時行政調査会が結成され，社会福祉の有料化，社会福祉の民間活力の導入，補助金カット等いわば受益者負担政策に転換されていくのである。1982年の第3次行政改革に関する答申では，一層の「増税なき財政再建」が促進され，徹底した行政簡素化と受益者負担，民間活力の導入，公的福祉重視でない「小さな政府」を基調にする方向を打ち出した。

しかし，オイルショックをきっかけとした低経済成長への移行からくる問題だけではなく，老人医療費支給制度の構造上の問題が生じた。老人医療費の無料化は，過剰な受診を生み出すきっかけとなり，薬漬け医療などの問題も指摘された。また，無料入院が可能であったから，高齢者のみを入院させる病院が多く設立され，要介護高齢者の多くが病院に入院する実態も見られた。これらは高齢者の生活を考える時には社会福祉制度，医療制度の両方を改革しなければならないことを意味した。

1977年には，老人保健医療問題懇談会は「今後の老人保健医療対策のあり方について」という意見書を提出した。老人保健医療対策の問題点として，次のようなことを挙げている。

①健康の維持増進というより疾病にかかってからの医療費保障にかたよっていること。
②健康な老人，虚弱な老人，要介護老人など，老人の状態に応じた保健サービスが不十分であること。

③老人に対する医療費給付の増大とともに，制度間での老人医療費負担に著しい不均衡が生じていること。

そして，今後の対策としては次のことを提言している。

①老人の健康状態に応じて一貫して行われる総合的な老人保健医療対策の確立。
②地域を単位とした老人保健医療対策の推進。
③老人保健医療対策と老人福祉対策の有機的連携。
④老人医療費負担の不均衡の是正。
⑤医療資源の効率的で合理的な配分と利用。

この意見書を踏まえ，1978年には，従来からの老人医療費支給制度，老人保健学級，老人健康審査，在宅老人機能訓練事業に加えて，老人健康相談事業，在宅老人家庭看護訪問指導事業も一貫して行う老人保健医療総合対策事業を試行的にスタートした。このような状況を背景に，老人保健法が1982（昭和57）年に成立し，翌年施行されることになったのである。

第3節　老人保健法の制定から介護保険法の制定まで

1）サービスの拡充

1983（昭和58）年の老人保健法の施行によって，高齢者の医療や保健については，その役割が，老人福祉法から老人保健法へ移行した。老人保健法は1986（昭和61）年に改正され，老人保健施設が導入された。老人保健施設は，家庭と医療機関の中間施設として構想され，高齢者の社会復帰を目指す目的で設立された。

1984年には「老人ホームの入所判定基準」が出され，判定の方法や基準が全国一律化された。このことにより，施設に入所できず在宅福祉サービスを十分に受けることができない要介護高齢者が，一般病院へ入院する「社会的入院」が促進されることになった。

また，1985年には，養護老人ホームや特別養護老人ホームの財源である国の負担率は8割から7割へ削減され，さらに，1989年の「国の補助金等の整理及び合理化並びに臨時令等に関する法律」によって5割に削減された。

1989年には，社会福祉関係3審議会合同企画分科会が「今後の社会福祉のあり方について」において，市町村の役割の重視，在宅福祉の充実，民間活力の導入

等を提示した。そして，これを具体的にしたのが，同年の「高齢者保健福祉推進十か年戦略（ゴールドプラン）」である。これは，1999年までの10年間で在宅福祉サービス，施設福祉サービスをどのくらい増やすのかというサービス目標値を示したものである（表4-1）。

具体的には，在宅サービスは，ホームヘルパー10万人，デイサービス1万カ所，ショートステイ5万床，在宅介護支援センター1万カ所の整備である。その他，「寝たきり老人ゼロ作戦」の展開，700億円の「長寿社会福祉基金」の設置が行われることになった。また，施設サービスは，特別養護老人ホーム24万床，老人保健施設28万床，高齢者生活福祉センター400カ所，ケアハウス10万人分の整備である。その他，生きがい対策の推進や長寿科学研究推進，高齢者のための総合的な福祉施設の整備課題が示された。

そして，1990（平成2）年には，「老人福祉法等の一部を改正する法律（福祉関係八法改正）」が行われた。老人福祉法改正の趣旨は，以下の6点が挙げられる。
①基本的理念において高齢者の社会的活動への参加を加えたこと。
②施設入所措置権を都道府県から市町村へ委譲し在宅福祉との総合的実施を可能としたこと。
③在宅福祉サービスを老人居宅生活支援事業として法的に位置づけたこと。
④サービス量確保のために市町村，都道府県に老人保健福祉計画の策定を義務づけたこと。
⑤老人健康保持事業を行う法人を指定すること。
⑥有料老人ホームの設置を事後届出から事前届出にし有料老人ホーム協会を法定法人とすること。

これらの改正を受けて，1993年より，各市区町村及び都道府県ごとに老人保健福祉計画が作成され，2000年までの各地域における確保すべき保健福祉サービスの目標量や，サービス提供体制が明らかになった。この老人保健福祉計画の目標量を全国的に集計すると，「ゴールドプラン」で示した社会福祉サービスの目標量を大幅に上回ることが明らかになり，「ゴールドプラン」のサービス量の数値を見直すことが必要になった。

そのため，1994年に「新高齢者保健福祉推進十か年戦略（新ゴールドプラン）」が策定された。具体的には，在宅サービスは，ホームヘルパー17万人，デイサー

第4章 高齢者と家族を支援する制度の変遷

表4-1 ゴールドプラン，新ゴールドプラン，ゴールドプラン21の整備目標

	サービスの種類	ゴールドプラン	新ゴールドプラン	ゴールドプラン21
在宅サービス	訪問介護（ホームヘルプサービス）	10万人	17万人	35万人（225百万時間）
	通所介護（デイサービス）・通所リハビリテーション（デイケア）	1万カ所	1.7万カ所	2.6万カ所（105百万回）
	短期入所生活介護（ショートステイ）・短期入所療養介護	5万床	6万人分	9.6万人分（4,785千週）
	老人訪問看護事業所（老人訪問看護ステーション）	―	5,000カ所	9,900カ所
	在宅介護支援センター	1万カ所	1万カ所	―
施設サービス	介護老人福祉施設（特別養護老人ホーム）	24万床	29万人分	36万人分
	介護老人保健施設	28万床	28万人分	29.7万人分
	生活支援ハウス（高齢者生活福祉センター）	400カ所	400カ所	1,800カ所
	介護利用型軽費老人ホーム（ケアハウス）	10万人分	10万人分	10.5万人分
	痴呆対応型共同生活介護（グループホーム）*	―	―	3,200カ所
マンパワー	寮母・介護職員	―	20万人	―
	看護職員など	―	10万人	―
	OT・PT	―	1.5万人	―

注＊：厚生労働省は「『痴呆』に替わる用語に関する検討会」の報告を踏まえ，2004年12月24日以降「痴呆」に替わる新たな行政用語として「認知症」を用いることに決定した。それにより「痴呆対応型共同生活介護」は2005年の介護保険法の改正で「認知症対応型共同生活介護」と名称が変更された。

ビス1.7万カ所，ショートステイ6万床となり，施設サービスは，特別養護老人ホーム29万床と引き上げが行われている。

そのほか，①利用者本位・自立支援，②普遍主義，③総合的なサービス提供，④地域主義，といった基本的な理念が示されるとともに，認知症高齢者対策の体系化，福祉用具の開発・普及，住宅対策など，広範囲な視点からの新たな政策課題が提示された。

1999年には，新ゴールドプランの終了と介護保険導入という新たな状況に対応すべく，「今後5か年間の高齢者保健福祉施策の方向（ゴールドプラン21）」が策定

された。この「ゴールドプラン21」では，基本的目標として，①活力ある高齢者像の構築，②高齢者の尊厳の確保と自立支援，③支え合う地域社会の形成，④利用者から信頼される介護サービスの確立，を示した。また，具体的施策として，①介護サービス基盤の整備，②痴呆性高齢者支援対策の推進，③元気高齢者作り対策の推進，④地域生活支援体制の整備，⑤利用者保護と信頼できる介護サービスの育成，⑥高齢者の保健福祉を支える社会的基礎の確立，を挙げた。具体的数値としては，在宅サービスは，ホームヘルパー35万人，デイサービス2.6万カ所，ショートステイ9.6万人分，老人訪問看護ステーション9,900カ所であり，施設サービスは，特別養護老人ホーム36万人分，老人保健施設29.7万人分，高齢者生活支援センター1,800カ所，ケアハウス10.5万人分，痴呆対応型共同生活介護3,200カ所となっていた。

2） 介護保険法成立の経緯

1994年には高齢化率が14％になり，高齢社会に突入した。また，家族規模の縮小，高齢者夫婦のみの世帯や単身世帯の増大，女性の就労の増大等に伴い家族の介護機能は脆弱化し，家族による介護は介護者にとって大きな負担になった。

『平成10年国民生活基礎調査』によれば，在宅の寝たきり高齢者約32万人の介護者の約85％は女性であり，全介護者の約32％が要介護者の子どもの配偶者である女性，すなわち，嫁が介護をしている。また，介護者の約半数は60歳以上，4分の1は70歳以上と「老老介護」の状況にある。介護という長期の労働が，心身両面にわたる過重な負担となっていることが，介護疲れ，介護倒れ，また高齢者虐待等を生み出す基盤になっており，家族介護の限界も明らかになった。

また，高齢者介護に関する従来の制度において，次のような問題点が指摘された。

①社会福祉サービスについては行政がサービスの種類，提供機関を決めるため，利用者がサービスの選択を自由に行えない。
②老人福祉と老人医療に分立し，利用手続きや利用者負担が不均衡であり，総合的なサービス利用ができない。
③介護を主たる目的とする一般病院への長期入院，いわゆる社会的入院等医療サービスが非効率に利用されている。

そのため，これまでの老人福祉と老人医療の制度を再編成し，従来措置という形で提供されてきた社会福祉サービスを利用者と事業者の間の契約によりサービスを利用することで，利用者の選択により総合的に利用できる仕組みが求められていた。

こうした要因が絡み合い，介護保険が浮上してくるのである。介護保険創設の経緯は次のようなものである。まず，1994年3月に，高齢者社会福祉ビジョン懇談会の「21世紀福祉ビジョン」は，社会保障費を年金，医療，社会福祉で，5対4対1の割合ではなく，5対3対2への再編成を求めた。その基本的なスタンスからも，医療が社会福祉の肩代わりする問題の解決策として，医療，保健，社会福祉の一体的な新しいシステム構築を提唱し，財源は目的税ではなく，公的保険を軸にする方式を指示した。また，1994年4月には，高齢者介護対策本部が設置され介護保険導入の具体的検討作業に入ることになった。高齢者介護対策本部に設けられた高齢者介護・自立支援システム研究会は，1994年12月に「新たな高齢者介護システムの構築を目指して」をまとめた。公的介護保険の導入，介護サービスの供給体制への市場メカニズムの導入，ケアマネジメントの必要性等が盛り込んである。

1995年7月，老人保健福祉審議会は「新たな高齢者介護システムの確立について」と題する中間報告をまとめ，その中で公費負担を組み入れた社会保険方式による高齢者介護システムを提言した。その後，老人保健福祉審議会等でさまざまな報告が出され，制度案の内容は二転三転しながら，1996年6月には「介護保険制度案大綱」を老人保健福祉審議会と社会福祉審議会に諮問し，答申が出された。その後，介護保険関連三法案が国会に提出され，審議が重ねられ，1997（平成9）年12月に介護保険法をはじめ関連三法が公布された。

さらに，介護保険法は，制度の基本的な骨格を規定しているもので，詳細な内容については，約300に上る政省令関係の事項や各種基準，通知による指示事項，さらには介護報酬の設定等，法律成立後における厚生省や地方団体の施行準備作業や審議会の審議，諮問・答申等を経て確定された。2000年2月には，介護報酬等に関する厚生省（現．厚生労働省）の告示が出され，2000（平成12）年4月から介護保険法が施行された。

第4節　介護保険法成立と2000年以降の課題

1）介護保険の実施状況

　2000年4月に介護保険がスタートした。その後，要介護認定を受ける人，サービスの利用者は増加し続け，その結果，介護保険の総費用も増加することになった。

　要介護認定を受けた人は2000年4月には218万人だったのが，2005年4月には411万人と5年間で193万人と88％増加している。また，その中でも虚弱高齢者である要支援・要介護1の認定を受けた人が2000年4月には84万人だったのが，2005年4月には200万人と138％も大幅に増加している。

　また，サービス利用者数は，2000年4月には在宅サービス利用者数97万人，施設サービス利用者数は52万人だったのが，2005年には在宅サービス利用者数251万人となり，159％の増，施設サービス利用者数は78万人で50％増となった。

　介護保険の総費用は，2000年度は3.6兆円だったのが，2006年度では6.8兆円に上っている。各市町村が設定する第1号被保険者の保険料は2000年度から2002年度までの第1期の介護保険事業運営機関において全国平均，月額2,911円だったが，2003年4月からの第2期介護保険事業運営機関では3,293円となり，引き上げが行われている。

　また，介護保険は申請を行い，要介護認定を受け，サービスを受けることができるが，身寄りのいない認知症高齢者，家族から虐待や介護放棄にある高齢者などは，介護を要する状態にあるにもかかわらず認定を受けていないという問題が出てきた。そうした支援困難なケースに，市町村が積極的に介入していく必要性が浮き彫りになってきた。さらに，サービス事業者による介護事故や虐待も発生し，サービスの質の向上や情報開示の必要性も指摘された。

2）介護予防を重視した介護保険改正へ

　介護保険開始から3年経った2003年には，高齢者介護研究会が「2015年の高齢者介護～高齢者の尊厳を支えるケアの確立に向けて～」を提出した。これは，2004年度末を終期とする「ゴールドプラン21」後の新たなプランという意味を持

ち，また介護保険改正へつながっていくのである。

　報告の中では，高齢者介護の状況について，次のような分析がなされている。
①要支援者・要介護1の軽度者が著しく増加している。
②要支援者・要介護1の者への予防給付が要介護状態の改善につながっていない。
③特別養護老人ホームの入所申し込み者が急増し待機者問題が深刻化している。
④要介護高齢者のほぼ半数は認知症の影響が認められる。
⑤サービス事業者の数は多いが，利用者がそれを選ぶための情報が十分に提供されていない。
⑥劣悪なサービス提供を淘汰する手段は不十分である。

このような状況に対し，今後の施策の方向として，次の4点を挙げている。
①介護予防・リハビリテーションを充実すること。要支援者に対する予防給付は要介護者と同一のサービスメニューではなく，より介護予防，リハビリテーションを重視した別途のサービスを検討すること。
②生活の継続性を維持するための新しい介護サービス体系を確立すること。小規模多機能型サービスの拠点作り，新しい住まいへの住み替え，新たな施設の役割の模索，ケアマネジメントの適正な実施と質が向上される仕組みを作ること。
③新しいケアモデルを確立すること。認知症高齢者の地域での早期発見や支援の仕組みを作ること。
④サービスの質の確保と向上。サービスに関する情報提供やサービス選択等に対する支援を行うこと。

　また，2004年には，「介護保険制度改革の全体像―持続可能な介護保険制度の構築―」がまとめられた。これを受けて，2005（平成17）年6月に「介護保険法等の一部を改正する法律案」が可決，公布された。この見直しでは，制度の「持続可能性」の確保，「明るく活力ある超高齢社会」の構築，「社会保障の総合化」の3点を基本的視点として，次のような五つの改革が行われることになった。
①予防重視型システムの確立

　介護予防の観点から訪問介護等の従来のサービス内容を見直すとともに，運動機能向上や栄養改善等の新たなサービスである「新予防給付」が創設された。ま

た，要支援・要介護者になる恐れのある高齢者を対象とした「地域支援事業」が創設された。
②施設給付の見直し
　介護保険3施設の居住費，食費，通所サービスの食費は保険給付の対象外となった。また，低所得者に対する負担軽減も図られた。
③新たなサービス体系の確立
　地域の特性に応じた多様で柔軟なサービス提供が可能となるよう「地域密着型サービス」が創設された。さらに，地域の中核機関として「地域包括支援センター」が設立され，地域包括ケア体制が整備されることになった。
④サービスの質の確保・向上
　介護サービス事業者に事業者情報の公表を義務づけ，指定の更新制の導入など，事業者規制の見直しが図られる。また，介護支援専門員についても，資格を更新制にし，研修の義務化・体系化を図っている。一定年数以上の実務経験と所定の研修の修了，能力評価によって資格を与えるとする主任介護支援専門員を新たに創設し，地域包括支援センターに配置することになった。
⑤負担のあり方・制度運営の見直し
　低所得者に配慮した保険料の設定と市町村の保険者機能の強化が図られることになった。

3) 高齢者虐待防止法の成立

　1990年代に入ると，介護問題とともに，高齢者虐待の問題が注目されるようになった。1993年には，高齢者処遇研究会による高齢者虐待実態調査が行われ，その後，多くの研究者や地方自治体によって調査が重ねられた。
　1995年には，日本労働組合総連合会による要介護者を抱える家族についての実態調査が行われた。「要介護者に憎しみを感じるか」との問いに「いつも感じている」という答えが1.9％，「時々感じている」が33％，「あまり感じていない」が35.6％，「まったく感じていない」が25.6％であった。「あまり感じていない」まで含めると7割以上に上る。さらに，「虐待したことがあるか」との問いには，「よくある」が2.0％，「ときどきある」が14.4％，「あまりない」が33.2％，「まったくない」が47.6％であった。「あまりない」まで含めると約半数に上ること

になり，衝撃的な実態が浮き彫りになった。

　2003年には日本高齢者虐待防止学会が発足し，また同年，厚生労働省も高齢者虐待防止モデル事業を進めることになった。2004年には，医療経済研究・社会保険福祉協会が全国的な調査を行い，「家庭内における高齢者虐待に関する調査報告書」を提示した。そこでは，虐待の深刻な状況とともに，虐待を発見した専門職の葛藤が明らかになった。

　これらの状況が明らかになるにつれ，高齢者虐待防止法の制定が強く求められるようになった。また，高齢者福祉施設においても，介護職員等による高齢者への身体拘束・身体的暴力，心理的暴力等が明るみとなり，ますます法制定への気運が高まることになった。そして，2005（平成17）年11月に「高齢者虐待の防止，高齢者の養護者に対する支援等に関する法律」が可決され，2006（平成18）年4月に施行されることになったのである。

まとめ

　高齢者と家族を支援する制度や法律は社会情勢やその時代のニーズによって成立し，また，改正がなされてきた。今後も高齢化が進む中，その時代の高齢者や家族のニーズにあったサービスを提供するために，さまざまな改正が行われると考えられるが，何のための改正なのか，それは高齢者や家族の生活を支えることにつながっていくのか検討する視点を持つことが，社会福祉を学ぶ者にとって必要である。

▶参考文献
百瀬孝『日本老人福祉史』中央法規出版，1997年。
浅野靖『改正介護保険法の要点』日総研，2005年。
厚生労働省『平成18年度厚生労働白書』2006年。
社会福祉の動向編集委員会『社会福祉の動向2006』中央法規出版，2006年。
小六法編集委員会『福祉小六法』みらい，2006年。
角田幸代編『高齢者虐待を防ぐ地域のネットワーク』ぎょうせい，2006年。

第5章 高齢者と家族を支援する施設の体系

はじめに

　社会福祉施設がなぜ必要なのかを考察する場合，在宅福祉と比べて論じるのが主流であろう。人が生活する基本的な姿をそのままサポートする在宅福祉に比べて，なぜ，わざわざ社会福祉施設が必要とされるのか。また，在宅中心，地域中心とされる今日の社会福祉構想の中で，ともすれば施設は必要悪とみなされ，それが施設入所を必要とし，その方針を進めざるを得ない高齢者や，その家族に不当なプレッシャーをかけることもある在宅信仰の存在も危惧される。

　他方，施設入居者が一様に口にする，「家に帰りたい」という言葉がある。重症の認知症の高齢者の場合を含め，果たして何をもって家と言っているのか定かではないこともあり，例えば，デイサービス等を利用する高齢者が，たまたま1人で外に出て行かれた場合，家に帰ると言いつつ，今住んでいる自分の家を通り越してなお遠くの「家」を目指して歩いて行くといった事例は少なくない。

(1) 高齢者にとっての家

　高齢者にとって家とは何なのか，その心に映し出されている家とはどのようなものなのかという疑問は常に残り，それに対する考察も種々試みられている。その中で，認知症高齢者に対する集団精神療法を実践し，注目されている『小山のおうち』の実践について書かれた『輝くいのちを抱きしめて』において，それは高齢者が最も安心できる場所を求めた移動であると記述されているのが，当を得た見解であるように思われる。その人にとって安住の場を求めた行動であるから，

それは抽象的なものであり，具体的に自分が今住んでいる家を通り越してしまっても，何ら不思議なことではない。「小山のおうち」では，さまざまな方法で，その人が精神的に安心できる状態に導くことにより，そのような行動を減少させることができたという。⁽¹⁾

(2) 社会福祉施設の役割

社会福祉施設の役割をめぐって，施設入所には，社会的な権利の行使・社会的ケア（自由と平等）としての施設ケアの面があることが指摘されている。⁽²⁾家族や本人の要望による施設入居という側面だけでなく，まず，社会的に人間としての基本的人権が保障されない場合，それを保障する場所としての施設入居がある。

例えば，心身ともに介護が必要であるにもかかわらず，それが得られず，基本的な生活権が侵されている場合，施設介護を受けることは，基本的人権の保障であろう。乳幼児の場合，このことはより明確になる。養育補助者無しで，1人で社会で生きていくことが不可能な乳幼児に，必要最低限の養育的な支援を提供する施設は必要不可欠である。

高齢者や障害者の場合は，それほど逼迫した状況になっているかどうかの判別が難しいこともあり，基本的人権を施設入所によって保障するという側面が，なおざりになっていることもある。

(3) 社会福祉施設の持つ公共性

特に特別養護老人ホームは，社会福祉法に規定されているように社会福祉法人と自治体にのみ設置が許可されることから明らかなように，きわめて公的な性格が強いものである。入居を必要としている高齢者に対する公的保障の意味が強かったのである。公的保障の意味合いを持つ存在とすると，市場原理に基づく営利目的や集客のための営業施策は許されることではなく，介護保険の適用はあっても競争原理の導入はなじまない。介護保険制度の下，周知のように高齢者の施設にも有料老人ホーム等への民間企業の参入に象徴されるように，競争原理や市場原理の導入が促進されつつあるが，今一度原点に立ち返り，特別養護老人ホームが持つ公共性について思いを至らせたいと思う。

そもそも施設に入居する高齢者の多くは，認知症等のために物言えぬ人が多く，多くは家族の勧めによって入居してくる。また，退所理由の90％が死亡によるものとされている中で，自らの意思を明確に告げられず，しかも死去によって退所

となる高齢者にとって，施設は最後の場所になる。したがって，その場が少しでも輝かしいものになるために尽力することは，公的な責任が背負わずして，誰が背負うのだろうか。死の直前までの安寧さえも買うことができる，現代の保険優先の世の中であるという見方もあるかもしれないが，少なくともその基本，国民の誰しもが承認できる理論は，公的責任による底支え理論であろう。[3]

　社会福祉施設については，そのような基本的人権の保障としての施設の側面と，高齢者本人や家族の需要・必要性という側面（これも基本的な人々の需要を満たすという点で，基本的人権保障の範疇に入ると言ってもいいのかもしれない），また，例えば中間施設のように，治療的な目的や必要性に基づいた施設の側面の3方向から考察することが必要と考える。

　ここでは，このような前提に基づき，まず，今日の施設体系の概観を目的として，介護保険法による施設サービス，次に，老人福祉法による施設サービスを取り上げ，続いて施設における対人援助サービスの問題について検討し，最後に高齢者及び家族と施設をめぐる今日的課題について考察する。

第1節　介護保険法による施設サービス

　周知のように，介護保険法は，2000（平成12）年4月より施行された。社会福祉基礎構造改革に基づく，措置から契約利用への流れを具現化するために作られた一つの基本的な法律であり制度である。これまでの基本的に国家の税金を資本とした措置制度から，保険を利用した契約利用制度になり，社会福祉施設の利用形態が大きく転換した最初のステップである。

　介護保険制度の施設サービス等が利用できる施設は次のようになる。

①介護保険施設┬介護老人福祉施設
　　　　　　　├介護老人保健施設
　　　　　　　└介護療養型医療施設

②特定施設
　地域密着型特定施設┬指定を受けた軽費老人ホーム
　　　　　　　　　　└指定を受けた有料老人ホーム

③地域密着型介護老人福祉施設

④認知症対応型共同生活介護

施設サービス利用形態の急激な移行についての混乱に関しては，混乱を防ぐためのさまざまな経過処置がとられた。旧来の特別養護老人ホームに関して，それが介護老人福祉施設と名称を変えても，特に最初の段階で，入所を希望する人に対する，その絶対的な数量の少なさはいかんともしがたく，介護保険の最も大きな利点とうたわれた利用者による選択の自由が，ほとんど有名無実に終わった。在宅重視の方針を目的とした介護保険の目論見に反して，ふたを開けてみたところ，在宅サービス費用の高額等のためか，むしろ施設入所希望が激増したこと等，思わぬ結果や混乱を含みながら，2005（平成17）年6月27日公布の大規模な介護保険法改正を迎え，数々の改正が行われた。

1） 2005年改正の問題点

　その改正で打ち出された基本的な方向性は，予防重視型システムへの転換（新予防給付の創設，地域支援事業の創設等），利用者負担の見直し（居住費用・食費の見直し等），新たなサービス体系の確立（地域密着型サービスの創設，地域包括支援センターの創設等）サービスの質の確保・向上等の方針がある[4]。

　この改正は，予防重視導入や利用者負担の増額による利用者の混乱もさることながら，同時に行われた介護報酬の見直しが施設経営を直撃したことも大きな衝撃であった。見直し案において，高齢化の一層の進展等，社会経済情勢の変化に対応した持続可能な介護保険制度の構築という改正の趣旨にあるように，保険料の上昇幅をできるだけ抑制すること，近年の賃金・物価の下落傾向や事業者の経営実態について考慮した介護報酬の引き下げとともに，必要な介護サービスの確保とサービスの質の向上を図るための財源の確保を勘案し，全体で2.3％のマイナス改定が行われた。それを受けて在宅サービスに関しては，0.1％の引き上げとし，施設サービスについては経営状況を鑑みて4.0％の引き下げになっている。

　その結果，施設においては主に人件費に対する負担が大きくなり，施設経費における人件費の割合が6割前後まで占める事態となった施設もあり，それまで何とか人事院勧告の給料水準に準じていたものが，とてもそのようなレベルを保つことができなくなった。

　その影響もあってか，施設介護職の給料の低さのために退職する人が続出し，介護職の職場を探すことは容易だが，給与の低さに二の足を踏む人が多く，今日，

施設介護職は人手不足が深刻化している。このように施設サービスの介護報酬が狙い打ちされたのには，さまざまな理由があったのであろうが，高齢者福祉に依然として重要な意味を持つ施設運営の厳しさは，利用者にとって最も大きな不利益をもたらすので，今後の的確な対応が望まれる。

しかし，改正のもう一つの目玉である地域密着型サービスは，密度の高い介護サービスへの国民の要望を基にかなり定着し，その効用が証明されつつある。

このほか，2005年改正のもう一つの目玉である地域包括支援センター設置に伴う戸惑いや，介護予防重視に対する高齢者の多様な反応など，いまだ実践現場においては制度改正の意図が明確化されず，内容も定着していないところも多い。限られた保険財源を有効に活用し，効率化と適正化の名の下に行われたこの度の介護保険改正には，多くの疑問点があり，高齢者の生活保障より財政的効率化に政策優位が置かれている。しかも，経済面に限っても介護給付の財政負担面が一面的に問題視され，経済雇用効果の側面が視野に入っていないという指摘もある。[5]

例えば，ホテルコストと呼ばれる施設における居住費用の利用者負担の問題にしても，施設の公共財的性格が私的費用に転換されているという矛盾や，通所サービスを利用する場合の食事代の全額負担等，他の在宅サービスの負担分との間に矛盾があり，通所サービス利用が減少するのではないかと危惧されることなど，さまざまな問題点が示されている。[6]

要するに，この改正は，効率化と適正化の名の下に弱者・低所得者を圧迫するばかりではなく，病気や高齢化により，いつ社会的弱者という立場に陥るか分からない一般国民に対する圧迫的な処置と断罪されてもおかしくないところがあるようである。[7]そして，それらの費用負担増による新たな貧困の問題，つまり生活不安を解消するためにあるはずの社会保障の制度改革によって，かえって生活不安や生活困難に陥るパラドキシカルな意味での新たな貧困が生まれるという指摘もある。[8]かくも多様な課題山積の中で，国民の基本的な介護は誰が担うかについて，今後根本的な議論の展開が必要と思われる。

2）介護予防の導入

この2005年改正の介護保険のもう一つの目玉である介護予防について述べてみたい。この介護予防は，基本的には在宅の高齢者を対象とした事業なので，詳細

は第6章に譲りたいが、ここでは施設入居者との関連において若干の言及を試みたい。

そもそも介護予防（新予防給付）は、介護保険2005年改正の予防重視型システムへの転換のプログラムとして創設され、要介護状態の軽減・悪化防止に効果的な軽度者を対象とする新たな予防給付として、市町村単位で、既存サービスについては内容や提供方法を見直し、さらに新しいサービスを導入するものになっている。結果として、介護保険制度開始以来急増し続けている介護給付費の伸び率を大幅に抑制することを目的とした。

具体的なプログラムとしては、市町村によって違うが、通所型介護予防事業として「運動器の機能向上」「栄養改善」「口腔機能の向上」を目的とした事業、その他市町村により生きがい活動通所支援（ミニデイサービス）事業、介護予防教室、転倒予防や仲間づくり・生きがいづくり、生活習慣病予防教室、機能回復訓練、精神保健相談、機能回復訓練者歯科指導などがある。

また、訪問型介護予防事業として、「閉じこもり」「認知症」「うつ」の恐れのある特定高齢者を対象の相談指導事業、訪問歯科指導等の企画がある。

この介護予防に関しては、さまざまな議論が沸き起こった。当初、「高齢者に筋力トレーニングを！」というフレーズが先に一人歩きしてしまったこともあり、高齢者に介護予防という名目で、筋力トレーニングを押し付けるのかといった反論からトレーニング機器の販売促進が目的ではないか等、さまざまな疑問が投げかけられた。

理論的な立場からの批判には、次のようなものがある。「介護予防の短期的健康増進効果は証明されているが、長期的健康増進効果はまだ証明されておらず、また、介護予防の費用（介護費・医療費）抑制効果を厳密に実証した研究は国際的にもまったく存在しない」という指摘等である。[9] 今後、さらに多角的な検討が必要と思われる。

3) 高齢者福祉施設における介護予防

しかし、予防介護について、介護保険の介護給付費との関連で考察するのではなく、より一般的な概念として捉えると、明るい展望が開けてくる。人間生きているかぎり、また特にある程度年を重ねてからは、誰もが予防介護と無縁ではい

られない。健康第一主義でなくとも、いくつになっても予防介護や自分の健康管理について、一切念頭におかず過ごすという立場もあり得るが、やはりある程度高齢になり、自立が損なわれることが予測できるようになったなら、この問題について考慮することは当然の成り行きである。

　高齢者のための施設入居者にとっても、この問題は身近なものである。介護度を悪化させず、できるだけ維持しなければならない状況におかれているのは、むしろこの人々だからである。もとより施設内では、リハビリテーションやレクリエーション等を通じて、介護度維持のためのプログラムが組まれていることが多い。いわゆる生きがい講座として趣味的な集まりや、集いももたれている。他方、スタッフの数に制限があるところでは、（そのような施設がほとんどであろうが）時間があればそのような取り組みは持たれても、そのプログラムは基幹的なものとみなされず、忙しくなるとカットされることも多いようだ。

　2005年改正により、入居中の軽度者に対しては、介護報酬のカットが行われ、施設経営者を苦しめている。軽度者に対しては、施設側から多くの介護が提供される必要は無いという制度改正側の認識があることが原因であろう。しかし、介護予防を建前とするなら、施設内介護予防にも力を注ぐべきではないだろうか。そして、介護度が高まることを施設の中でも防ぐことができれば、介護保険財政にも貢献できるのではないか。

　在宅で介護保険の対象となっているように施設内においても介護予防を点数化し、施設内で必須のプログラムとすることにより、この問題はかなりの解決を見ることができる。それも市町村の地域支援事業で行われているように、「運動器の機能向上」「栄養改善」「口腔機能の向上」を目的とした事業や生きがい活動事業、介護予防教室、転倒予防や仲間づくり・生きがいづくり、生活習慣病予防事業、機能回復訓練、精神保健相談、歯科指導、「閉じこもり」「認知症」「うつ」の恐れのある入居者を対象とする相談指導事業、歯科指導のプログラム等が施設内で介護保険の下に組み込まれるとしたら、今後は、施設の持ち出しで行われている多くのプログラムが介護保険で賄われることになり、入居者へのサービスとして定着することが可能であろう。

　換言すれば、介護予防は在宅のみの課題ではなく、等しく生きとし生けるものすべてが担うべき課題なのであり、そのような観点が生まれることは当然の帰結

なのである。この場合、よく言われるように、介護予防とは何も筋力トレーニングだけではなく、おおよそ楽しく元気に生きていく上で必要なことすべてを含む観点から捉えられることが条件であることは言うまでもない。

それらのプログラムは、すべて入居者の希望によって行われるので、いわゆる健康第一主義者のように前向きに生きることを良しとしない入居者に対しては、他のいかなるプログラムと同様で、決して強制はせずという立場をとることは大前提であろう。

予防の長期的な健康増進効果については、疑問を持つ二木立も「要介護者・要支援者が自由意志で参加する限り、介護予防対策には賛成であるし、(中略)それにより要介護度の悪化をある程度は予防できると期待している」と述べている[10]。

介護予防を、元気に生きていくための人間のすべての営みに関わるものと捉えるならば、その名の下に行われる生きがいや楽しみを探求する事業により、施設入居者が少しでも新たな楽しみを見つけていけるなら、それこそ介護予防の目的にかなった取り組みと言えるだろう。要支援者においても介護給付が必要な人もいれば、要介護者においても重度化を防ぐ予防給付が必要な人がいるという実態を考慮すべきという識者の指摘に耳を傾けたい[11]。

第2節　老人福祉法による施設サービス

今日、わが国の高齢者福祉の領域は、ほぼ介護保険法に席巻されていると言っても良いだろう。話題も介護保険のことばかり、費用のこと、施設入居のこと、施設環境のこと、そのほかのことが介護保険がらみで語られ、伝えられている。

このような状況を見るにつけ、わが国の社会福祉、高齢者福祉はこんなことで良いのかと思う。やはり介護保険がらみの話には、どうしても費用の問題がつきまとう。契約利用、市場論理の世界と言ってしまえば、当然のことであろう。しかし、これが社会福祉なのだろうか。社会福祉が変わったと言われてしまえば、その通りだろう。しかし、それならば、なお、もう一つの社会福祉、従来の包括的なシステムの伝統を引き継いだ社会福祉が必要ではないかと思う。

介護保険が生まれる37年前に制定され、もとより今日もわが国の高齢者福祉の歩むべき方向を示してくれる老人福祉法を見直したいと思う。老人福祉法では、

次のように言っている。「老人は，多年にわたり社会の進展に寄与してきた者として，かつ，豊富な知識と経験を有する者として敬愛されるとともに，生きがいを持てる健全で安らかな生活を保障されるものとする（第2条）」。

このような理念に基づいて設立され，それまで，長い間，6施設に限られていた老人福祉法に基づく第7番目の高齢者施設となったのが，在宅介護支援センターである。介護保険法以降の在宅介護支援センターではなく，介護保険制定よりはるか以前から地域に根を下ろし，包括的にすみずみまで地域を見渡して，必要な直接サービスとつないだり，緊急なものは，即センター職員が支援に入ったりという，地域における身近な総合相談センターとしての役割を果たしてきたソーシャルワーカーや保健師，介護福祉士や看護師たちを中心とした活動であった。

そもそも，ケアマネジメントも介護保険が発祥ではない。ケアマネジメントは，1970年代後半アメリカで精神障害者のコミュニティ・ケアを促進するために始められ，次第に高齢者，身体障害者，知的障害者，エイズ患者等への支援に活用されるようになったものである。そして，1990年，イギリスのコミュニティ・ケア法の中で用いられ，初めてケアマネジメントという用語が使われるようになったのであり，介護保険との関連のみで用いられている今日のケアマネジメントの用法は，多分に一面的であると言わざるを得ない。

老人福祉法に基づいて設立された高齢者施設は7施設であり，次のようになっている。

特別養護老人ホーム（介護保険法では介護老人福祉施設）

養護老人ホーム

軽費老人ホーム（A型，B型，ケアハウス）

老人デイサービスセンター（介護保険法では通所介護）

老人短期入所施設（介護保険法では短期入所生活介護）

老人福祉センター

在宅（老人）介護支援センター

老人福祉法及びその精神に基づいて制定された施設が，その制定された時の理念を見失うことなく機能していくことが難しい時代になっている。しかし，今一度その理念を思い返し，原点に立ち戻って考えていきたいものである。

1） 新型特別養護老人ホームの誕生

　特に最近の高齢者施設において，ユニット・新型特別養護老人ホーム（以下，新型特養）が1996年ごろから始まり，2000年前後には多くの施設が設立され，改装され，2002年からは国庫補助金が付くようになり，2003年には特別養護老人ホーム（以下，特養）の設置基準が全個室・ユニットの新型特養となり，新設の特養は，新型でなくては新設の許可がおりない事態になっている。今やこれ無くして高齢者施設は語れないという新型特養について考察する。

　この新型特養の隆盛は，当時かなりのスピードでその数を増していた宅老所やグループホームを見学して，そこで働いている人の顔つきが通常の施設勤務の人の顔と違って非常に活き活きとしていたことに強い衝撃を受けた施設の経営者が，1996年，きのこ老人保健施設において開設したのが始まりと言われている。その後，1997年には，ユニットケアの職員研修会が始まった。特養におけるユニットの始まりは「万葉苑」と言われており，改修工事による開設であった。新築のユニットは，千葉県の「風の村」や宮城県の「森の風」等であった。

　ユニットが生活施設である特養でなく，まず，老人保健施設から始まったことが興味深い。長期にわたって生活していく施設でこそ，ユニット化も必要と思われるが，高齢者施設では，老舗の特養でまず始めるには抵抗があったのだろう。しかし，時代の流れは止めようもなく動いた。

　ユニットケアや新型特養に関しては，多くの議論がすでに行われている。ここでは，その中から共通の課題になっているいくつかの点について述べる。新型特養は，これまでの多床式の集団援助が中心の特養から個室を中心とした個別援助を基本とする特養であり，利用者の個性とプライバシーを尊重した特養として，多くのすぐれた実践の記録がある。従来の特養にない，時間に縛られない日常の過ごし方，北欧ほどではないが，自宅で使っていた自分の馴染みの家具等が持ち込める，誰にも邪魔されず，気兼ねなしに自分の好きなテレビ番組を見ることもできる個室の確保，等々。新型特養には，ほかと違った，ゆったりとした時間が流れているという表現も見られた。「その人らしい生活」という言葉が使われるようになったのも，この動きと並行してではなかったか。

　多くの点で，これまでの特養のあり方を覆す試みが成功していることが多いユニットであるが，今後の課題としては職員の定着が問題であろう。利用者にとっ

第5章　高齢者と家族を支援する施設の体系

て居心地の良い施設は，職員にとってかなり過酷な労働条件になっていることは予想がつく。ユニット施設においても3，4年でバーンアウト，退職という事例が後を絶たない。また，経験者の説明によると，ユニットの主任介護員等役職者のつらさは，従来の多床式施設の主任等役職者のつらさの比ではないと言う。だいたい入居者が一望に見渡せる多床式に比べて，ユニットでは，その展望がきかない。それぞれのユニットに分かれているものを，全体的に，また個々の利用者別に把握することは両者とも困難で，特に個々の利用者把握面においては，それぞれのユニットの責任者にかなうはずもなく，よく把握していない利用者についてスーパービジョンをしなければならないことになる。また，いったん事が起きれば主任の責任になるわけだし，悩み始めたら底知れぬ悩みになるという。

　ユニットの歴史は浅く，まだ始まったばかりと言ってもよいので，難点を克服する対策をとるのはこれからかもしれないが，職員の定着が悪い状態は気になるところである。せっかくそこで働いている職員の顔のすばらしさに惹かれて始まったと言われるユニットが職員を苦しめるものであってはならない。

　もとより，あくまでも職員が自由意志で生き生きと，やりがいを持って働いている施設もある。しかし，それをもって評価し，何事も職員の質であり，やる気が課題であるなどと結論づけることは，許されるものではない。いかなる職場においても，専門職としての通常の勤務を超えたものを前提とした職場はあり得ない。定められた専門職としての職責を果たすこと以上を無条件に期待してはならない。任意でそれ以上のものを差し出すことはあり得ても，それを他に強制してはならないし，評価の基準にしてはならない。職務というものは，定められた客観的な専門職としてのなりわいを踏襲して然るべく継続していくものだからである。

第3節　施設における対人援助サービスの問題

1）わが国の高齢者施設における接遇の問題

　わが国の高齢者施設の接遇に関しては，特に，介護保険の施行以後，大いに改善されたと見るのが大方の印象であろう。言葉使いの問題に関しては，利用者を「○○さま」と呼び，「ご利用者さま」と言う等，大変丁寧な言葉使いが採用されている。しかも，古いタイプの人間には，少々わざとらしいのではないかという

印象もある。しかし，考えてみれば，もとより接遇重視は高齢者自身の尊厳を明らかにするもので，老健施設の一部にあるホテルのようなたたずまいとともに，何よりもそこに高齢者を預ける家族にとって，もっとも心休まり，高齢者を施設に預けることによる罪の意識を軽減させる役割もある。

　また，高齢者施設における対人サービスの問題として，論議されている身体拘束や虐待の問題がある。ここでは，その問題の所在についての指摘にとどめておく。その問題に関連させて，今日，施設における苦情処理や第三者評価の問題が論議されている。

　しかし，ここで考えるべきものに高齢者施設における最も大切な問題である無為に放置するという接遇について考えてみたい。高齢者ホームを訪れて筆者が何よりも心痛めるのは，施設特有の香りでもなく，徘徊防止のドアの施錠でもない。1日中，食事，排泄，入浴以外，何をするでもなく，居室のベッドに横たわっている高齢者の姿である。老人福祉法に，「老人は，多年にわたり社会の進展に寄与してきた者として，かつ豊富な知識と経験を有する者として敬愛される」とうたわれている高齢者が，人生最後の段階で，そのような無為に身を委ねるだけの生活で良いのだろうか。

　その居室がデンマークのように豪華に飾られているものであれば，まだ心が休まるかもしれない。しかし，ほとんど多床式の2人部屋や4人部屋の一隅で，ひっそりと目をつぶり，または天井を見上げるばかりでなすこともなく過している姿を見るのはつらいことである。他方，そのような人々を無理やり食堂に連れ出して行う集団レクリエーションも寂寥感が漂う。無理に参加させられているという気持ちが蔓延し，自発性がゼロに見えるからである。

　高齢者が施設で過ごすということへの考え方から根本的な見直しが必要ではないか。単なるお預かりという段階から早く脱却したいものだと思う。施設における対人サービスに関しては，そのほか職員の質の問題（倫理の問題も含めて），施設職員のスーパービジョンのこと，ボランティア採用等の問題があり，多くの論議が行われているが，ここではその所在を指摘するにとどめておく。

第 4 節　高齢者及び家族と施設をめぐる今日的課題

1）施設における市場原理をめぐる課題

　高齢者の施設に関しては，その性格上，きわめて公共性が強いにもかかわらず，社会福祉基礎構造改革後の市場原理の導入により，その基本が危ぶまれている。介護保険の適用も，その範囲は食事，入浴，排泄の3大介護重視・身体介護中心となり，高齢者の生活全体を支える生活援助への介護保険の適用は減少の一途をたどっている。施設において，入居者の外出や買い物への援助も介護保険の適用とならないため，自分で出かけられる人は良いが，援助を必要としている人の活動は，施設のサービス以外に実現の可能性は無い。

　施設側としても介護報酬の平均4％のマイナスにより，あえて施設側の持ち出しで，かかるサービスを行う余裕は無い。そのような活動を経済的に自費でまかなえる人や支援を行ってくれる家族を持つ高齢者を除いては，高齢者はかかる活動から遠のき，施設内に閉じこもることになり，次第に介護度を上げていくという悪循環に陥ることになる。2005年改革の基本方針である介護保険の財源確保の方針に反して，かえって財源をおびやかす介護度の進展に手を貸すことになるのではないだろうか。それは，高齢者の生活と権利を大いに損なう事態を促進しているのである。[13]

　特養を吹き抜けるユニット化の嵐にも問題がある。補助金との関係もあるのだろうが，「とりあえず」のユニット化もあって，形ばかりのユニットは職員の負担を増し，入居者もユニットの中に放置されたままという事例もある。

　他方，ホテルのようにきらびやかな老人保健施設のロビーで所在なげに，場違いの雰囲気で居心地悪そうにしている利用者の姿がある。

　要は，形，姿ではない。かつての多床式の施設においても，玄関を入ってすぐに，何とも安らぎの感じられる施設があった。ロビーの片隅で音読ボランティアの青年が入居者の1人に新聞を読んであげていた。施設内を緊張して走りまわる介護者は見当たらず，1階のデイサービスの元気な声も，施設全体の穏やかな空気の中で，違和感なく溶け込んでいた。

　高齢の入居者にとって，どの形が良くてどの形が悪いと断定することはできな

い。要はその施設を動かしている人々の方向性にあるように思われる。人手が無ければ家族やボランティアの自発的支援を求めて、施設内の風通しを良くする。施設を共同住居・共同住宅と捉え、その中で如何にプライバシーを守れる空間や時間が作れるかの工夫をする。画一的に、大部屋でなければならないとも考えず、ユニット・個室でなければならないとも規定しない。利用者の居心地の良い空間と時間を作ることを考えることが必要であろう。

2) 苦情処理と第三者評価

　他方、介護保険制度導入以降の高齢者施設の大きな課題として、苦情処理の課題と第三者評価の問題がある。苦情処理の問題については、社会福祉法において、法的に定められている利用者の権利であるにもかかわらず、施設内で十分に機能させるには、利用者の遠慮の問題、施設側の苦情の受け入れの問題等さまざまな困難があるようだ。

　この問題については、井上修一が行った岐阜県内の全特養を対象に実施された調査がある[14]。それによれば、回答を寄せた41施設のうち、最も苦情が多かった施設では61件の苦情があり、最も少ない施設では0件、平均すると1施設あたり年間4.5件の受付件数だったという。施設入居者の数からしても、それほど多い数とは思われない。

　寄せられた苦情の内容は、最も多かったのが、職員の言動・態度についての苦情であり、そのほか、利用者同士の人間関係について、施設設備について、事故について、外出について等となっていることが判明した。

　また、井上の調査の中では、認知症高齢者が多い場合の苦情の取り上げ方の困難や、苦情というより、施設への要望や意見として取り上げているため、苦情としての件数は少なくなっている等の課題が示されている。さらに、井上は、この問題に関しては苦情の数を云々するのではなく、施設において苦情を言える関係を職員と利用者の間でできているのかどうか、寄せられた苦情に対して、施設側がどのような対応をしているかの情報開示の大切さを説いている。そして、施設側が寄せられた苦情そのものを尊重することは当然ながら、施設側が苦情をサービス改善の推進力と位置づけ、苦情の原因を冷静に分析し、真摯に対応する姿勢が求められるとしている。

第5章　高齢者と家族を支援する施設の体系

　苦情を寄せること，その苦情に対して正当な対応を要求することは，利用者の当然の権利である。その意識を利用者も施設側も明確に自覚しながら，やはり苦情を施設への要望や意見として受け止めるのではなく，苦情は苦情として受け止め，適切な対応が行われなければ第三者機関への提訴もあり得るものとして対応していくことなしに，このような制度が設けられた意味がない。いかなる領域においても，あまり対立関係に入ることを好まないわが国の施設における空気の中で，第三者評価の問題と同様に単なる形式に終わらない対応が望まれる。

　第三者評価・サービス評価基準の問題については，小笠原祐次が次のようにまとめている。[15]

　すなわち，権利性とサービスの質を重視したサービス評価基準を定めるにあたって，それには二つの意義があると言う。一つには基準の設定により，生活援助の社会化を目指すということ，二つには，それが生活援助のレベルアップにつながることである。

　なお，これを施設内で用いる場合，各施設で評価の目的を明確化し，成績評価ではなく，より良い実践につなげることを目的とし，記入する時も単なるランク付けではなく，「十分に行っている」などの表記法が望ましいとしている。そして，それを実行することにより，その評価がサービス選択の目安として有効となり，また，サービス向上のきっかけになることが期待される。サービス評価は，まず自己評価を行い，次に第三者評価を行うことが望ましいとされている。いずれにしても評価のための評価を避け，あくまでもその施設の向上のために役立つものとすべきであろう。高野が言う，権利擁護は，高齢者が施設において，「ああいい人生だなあ」と思えるようにすることが最終的な目的だという言葉を噛み締めたい。[16]

■ まとめ

　高齢者のための社会福祉施設ほど，近年，変化の激しいものはないであろう。特別養護老人ホームをとっても，個室ユニットケアが奨励され，これまでの多床室はもはや影の薄いものとなっている。しかし，その裏では相も変わらぬ介護者不足で各施設はあえいでいる。ユニットや個室の弊害も取り沙汰されている。如

何に環境を整えてもそこに人間の、介護者の豊富な関わりとぬくもりが無ければ、それは無意味である。

　認知症高齢者とは如何なる人々かと問われて、自分の時間と空間を使うのに、支援が必要な人々であるという認知症を表す適切な定義がある。その人々が自分の時間と空間を使うための支援を受けられずに放置されている。

　もとよりこの問題を正面から取り上げ、向き合うためのさまざまな取り組みも繰り広げられている。個室化・ユニット化もその一例であるし、宅老所やグループホーム、小規模多機能型居住施設、はたまたグループホームやデイサービスから派生した逆デイサービスやサテライトホーム等、その多様化はめまぐるしく、またその成果も報告されている。しかし、ここで、新しいもののみに集中するのではなく、これまでの多床室型のホームの良さを見出したり、その改良型を求める動きはないのであろうかと思う。

　あの旧来のぬくもりや、わが国の高齢者の孤独を好まない性向にある意味で沿った形の様態は、決して単に古いものとして投げ捨てられて良いとは思えない。自由にボランティアを受け入れたり、風通しを良くすること、また、一人になりたい時に一人になれる場所を作る等のさまざまな工夫をもって、旧来型の施設の再生を図ることもできるのではないか。資源活用のためにも、新しいものを取り入れつつも、古いものを新たな感覚で活かしていく。そこに次世代の独創性のある施設が創出されることを願う。

・・・・・・・・・・

▶注

(1) 高橋幸男『輝くいのちを抱きしめて』NHK出版、2006年、182-183頁。
(2) 原慶子ほか『高齢者施設の未来を拓く―個室化、ユニットケアの先にある人間本位の施設』ミネルヴァ書房、2005年、7頁。
(3) 高野範城『介護保険法と老人ホーム』創風社、2003年、16頁。
(4) 福祉士養成講座編集委員会『社会福祉原論』中央法規出版、2006年、110頁。
(5) 田中きよむ『改訂少子高齢社会の福祉経済論』中央法規出版、2006年、109頁。
(6) 田中きよむ　同前書、109頁。
(7) 中西啓之『福祉と医療の経済学』大月書店、1990年、207-209頁。
(8) 田中きよむ　前掲書、110頁。

第5章　高齢者と家族を支援する施設の体系

⑼　二木立「新予防給付のゆくえ―長期的な健康増進効果と費用抑制効果は未証明―」『社会福祉研究』第95号，鉄道弘済会，2006年，20-28頁。
⑽　同前書，20頁。
⑾　田中きよむ　前掲書，110頁。
⑿　小笠原祐次『介護老人福祉施設の生活援助』ミネルヴァ書房，2002年，12頁。
⒀　高野範城　前掲書，152頁。
⒁　井上修一「岐阜県内の特別養護老人ホームにおける苦情解決制度の現状と課題」『中部学院大学・中部学院短期大学部研究紀要』第6号，2005年，179-185頁。
⒂　小笠原祐次「サービス評価基準の意義」『介護老人福祉施設の生活援助』ミネルヴァ書房，2002年，152-197頁。
⒃　高野範城　前掲書，210頁。

▶参考文献
中西啓之『福祉と医療の経済学』大月書店，1990年。
小笠原祐次『介護老人福祉施設の生活援助』ミネルヴァ書房，2002年。
高野範城『介護保険法と老人ホーム』創風社，2003年。
戸山義『個室・ユニットケアで介護が変わる』中央法規出版，2003年。
杉山孝博・高橋誠一編『小規模多機能サービス拠点の本質と展開』CLC，2005年。
原慶子ほか『高齢者施設の未来を拓く―個室化，ユニットケアの先にある人間本位の施設』ミネルヴァ書房，2005年。
高橋幸男『輝くいのちを抱きしめて』NHK出版，2006年。
田中きよむ『改訂少子高齢社会の福祉経済論』中央法規出版，2006年。

第6章　高齢者と家族を支援する在宅福祉サービスの体系

はじめに

　本章は，高齢者とその家族を支援する在宅福祉サービスにおける諸サービスの内容とともに，それらの関係性や全体の構造について明らかにすることを目的としている。まず，在宅福祉サービスの対象となる高齢者問題，特に介護問題の性格とその社会的背景を検討する。次に，介護保険制度の導入に至る在宅福祉サービスの歴史的過程を明らかにする。さらに，高齢者と家族への支援の体系としての福祉サービスのうち，特にその中核として位置づけられる介護保険制度における在宅福祉サービスの内容について検討する。最後に，在宅福祉サービスの概念と構造，そしてその特徴を明らかにし，まとめにおいて在宅福祉サービスの主要な課題について述べる。

　なお，介護保険制度において要支援者と要介護者という用語が使用されているため，本章では，在宅福祉サービスの対象となる高齢者のうち，制度上のそれを指す以外は，要援助者という用語を用いる。

第1節　高齢者の介護問題と生活支援

1）介護問題

　高齢者と家族を支援する広義の在宅福祉サービスの対象となる高齢者問題として，①介護予防や健康づくりといった地域社会の中で自立した生活を営む上での

問題，②高齢者が生きがいを持って社会参加をし，より充実した生活を営む上での問題，③要援助者と家族が充実した在宅生活を営む上での問題，さらに，総合相談や権利擁護等のサービスが対応することになる住み慣れた地域社会において安心して生活を営む上での問題がある。

このように，高齢者と家族を支援する在宅福祉サービスの対象となる問題は，介護問題に限定されるものでもなく，また，サービスは護保険におけるサービスに限定されるものではない。それは，地域社会において自立した生活を営めるように，高齢者と家族のニーズの実態にあった形で，各種の専門職が関わり，一体的，継続的に提供されるものである。

しかし，すべての問題に詳しく触れることはできないので，ここでは特に介護問題について述べておくことにする。

介護問題の背景としては，医療技術の高度化や生活スタイルの変化等に伴う長寿化と介護期間の長期化，主たる介護者である女性の社会進出の一般化，核家族化や扶養意識の変化に伴う家族介護機能の低下，そして，都市化等に伴う地域社会の相互扶助機能の低下等が挙げられる。

人は，介護を必要とする状態になったとしても，人間らしく尊厳を持って生活していくことを望んでいる。したがって，どのような介護をどこで，誰に，どのように受けるかということが問題となる。住み慣れた家と地域社会の中で，それまでの人間関係や社会関係を維持・発展させながら生活していくためには，まず家族の介護が必要となる。ところが，家族の介護負担は軽いものではなく，要援助者と介護を担う家族のストレスはその人間関係を損ないかねないばかりか，高齢者虐待や家族崩壊まで起こすこともある。

また，このような介護上の問題や介護者にとっての精神的・肉体的に過重な介護負担の問題に加えて，家屋構造や居室の確保といった住宅問題，介護に伴う費用負担や介護者の就労困難といった経済的問題等，さまざまな問題が存在している。

2） 家族介護と生活支援

生活支援とは，ただ単に家族が担ってきた介護を社会が代替するということではない。それは，要援助者だけでなく介護を担う家族をも含めて，その家族をト

ータルに捉え，家族の持つ機能を十分に活かしながら福祉サービスを総合的に供給していこうとするものである。言い換えれば，要援助者の自立を図るために，残存能力を最大限に活かすとともに，介護者にとっての介護の過重負担を軽減し，家族の介護機能や生活機能を維持，発展させながら，家族構成員の一人ひとりの自立した生活を保障していこうとするものである。さらに，それは，本来，家族が持つ精神的な絆を損なうものではなく，より深めるのでなくてはならない。

　生活支援の中には，インフォーマルな支援として家族介護から親類・友人・近隣住民による支援，住民参加による相互扶助，住民参加型と呼ばれる一定の組織性・継続性・非営利有償性を持つ在宅福祉サービス等がある。また，フォーマルな支援としては，ホームヘルプサービスからデイサービス，ショートステイ等の公的な在宅福祉サービスがある。また公的サービス以外にも，営利を目的とした民間事業者による福祉サービスもある。要援助者やその家族は，そのニーズにあわせて，このような支援やサービスを必要に応じて利用し，全体として在宅生活を実現することになる。したがって，生活支援には，高齢者に対する直接的介護サービスだけではなく，各種のサービスが適切に組み合わせられ，システムとして全体が機能することが求められる。

　その中で，在宅福祉サービスは，ノーマライゼーション等の理念に基づいて，複雑で多様な福祉ニーズを持つ人々に適切なサービスを提供し，自立した生活を営んでいく権利を保障する対人福祉サービスである。それは，今日の社会福祉サービス体系において施設入所サービスとともにその中心に位置づけられるものである。

　在宅福祉サービスの中心的課題である在宅介護は，施設における介護とは大きく違い，家族介護といくつかのサービスの組み合わせによって成り立つものである。それゆえに，まず，社会的支援を必要とする高齢者が在宅で生活していく権利と，介護者である家族への支援を保障するサービスのあり方が問われなければならない。すなわち，在宅の高齢者のニーズに即してサービスの種類や量的整備，そして質の向上を如何に図るのか，また，家族介護とサービスの組み合わせをどのように図るのか等を問うていく必要がある。

第2節　高齢者の在宅福祉サービスの実体化と制度化

1）在宅福祉サービスの創設

　戦後における急激な社会・経済変動の中で，わが国は都市化，核家族化が進行し，居住形態や家族の扶養意識等が変化し，従来家族内で充足されてきた高齢者のニーズが家族内では充足されず，ニーズ充足にあたって社会的支援が強く求められるようになった。また，高齢化社会が進行する中で，特に高齢者の介護問題が注目された。

　高齢者を対象としたホームヘルプサービス事業は，1962年に国の制度として「老人家庭奉仕事業」が誕生し，老人福祉法（1963（昭和38）年公布）の第12条において家庭奉仕員の派遣事業が明文化されて以来，在宅のひとり暮らし老人や要介護老人を対象とした家事援助や介護など直接的サービスを行うものとして，在宅福祉サービスの中でも先駆的事業としての役割を担ってきた。

　ショートステイ事業は1978年に，デイサービス事業は1979年に制度化された。両事業は，ホームヘルプサービス事業と比較して歴史的には新しいものの，ホームヘルプサービス事業が行政や社会福祉協議会等，介護の専門的機能が必ずしも十分ではないところを拠点としていたことに対して，高齢者福祉施設という介護の専門的機能を持つ拠点を基盤としていたことで，その整備は比較的早く発展することができた。

　在宅福祉関連事業の財源は，社会福祉施設の措置費とは異なり，地方自治体が実施する事業を奨励する補助金として国から支出されたが，長い間，国の負担率が3分の1と低率に抑えられてきた。そこから財政基盤の弱い自治体に大きな負担がかかることになり，在宅福祉関連事業の整備が遅れるとともに，自治体間の格差が広がっていくという問題を残した。これは，在宅福祉サービスそのものが長きにわたり軽視されてきたことからくるものと言える。

　また，施設入所サービスについては，入所基準から処遇水準までその内容が明示されてきたにもかかわらず，在宅福祉サービスについては，量的な拡大や質的向上，そしてサービス内容の多様性などが強調される一方で，公的に保障する在宅介護の最低基準が示されてこなかった。実際には，家族等の介護との組み合わ

せの中で，どこまで在宅福祉サービスが利用されるのか，どこまで利用が可能なのかが不鮮明であり，そのことが政策的取り組みを遅らせてきた。

2） 在宅福祉サービスの発展

しかし，社会経済状況の変化と福祉ニーズの多様化に対応して，在宅福祉サービスも発展を続けた。

高齢者を対象とするホームヘルプサービス事業は，1982年には，低所得世帯から所得課税世帯への派遣対象の拡大，費用負担制の導入（有料化），ホームヘルパー勤務体制の弾力化が図られ，1987年にはチーフホームヘルパーの設置と家庭奉仕員講習会の実施がなされている。

1989年には「高齢者保健福祉推進十か年戦略（ゴールドプラン）」が策定され，1999年度までの10年間を目処とした在宅福祉と施設福祉に関する国としての整備目標が明らかにされた。これにより，特別養護老人ホーム，老人保健施設，ケアハウス等の整備に加え，1989年度は3万人であったホームヘルパーを1999年度までに10万人にする整備目標が明らかにされ，デイサービス事業，ショートステイ事業，在宅介護支援センター事業を在宅福祉サービスの主要な事業として位置づけた。在宅介護支援センターは，ケアマネジメントの視点から家族介護を中心に据え，あわせて，各種の在宅福祉サービスを効果的に提供するためのネットワーク化を図る等，地域総合ケアシステムの構築を目指すものであった。

1990年には，住民に身近な市町村で在宅福祉サービスと施設福祉サービスを，きめ細かく一元的かつ計画的に供給する体制づくりを目的とした福祉関係八法改正が行われた。それにより，1993年度から町村への措置権移譲，地方老人保健福祉計画策定の義務化が実施され，在宅福祉サービスと施設福祉サービスの一元的運営が図れることになった。この中で全市町村・都道府県において老人保健福祉計画が策定され，在宅福祉サービスを含めたサービスの計画的整備と推進が図られた。

2000年には，老後の不安要因である介護の問題を社会全体で支える仕組みとして，公的介護保険制度が導入された。導入時，介護保険法はその目的を要介護者が「その有する能力に応じ自立した日常生活を営むことができるよう，必要な保健医療サービス及び福祉サービスに係る給付を行う」（第1条）と規定し，さらに，

「保険給付の内容及び水準は、被保険者が要介護状態となった場合においても、可能な限り、その居宅において、その有する能力に応じ自立した日常生活を営むことができるよう配慮されなければならない」（第2条第4項）としている。また、「要介護状態又は要支援状態の軽減又は悪化の防止に資する保険給付」（第18条1項3号）を行うとしている。

　この介護保険制度は、将来の介護需要に対応するため、①社会全体で支える仕組みとして保険制度という形態をとっている、②サービス利用が利用者などの選択による契約に基づいている、③個々の利用者の状況を総合的に把握し、適切な利用を支援するケアマネジメントが導入されている等の特徴を持っている。これにより、保険方式による財政運営と準市場制の導入も図られた。その結果、特に在宅福祉サービスの量的整備は飛躍的に進み、サービスへのアクセスも容易となった。

　そうした中、市町村への権限の移譲等の分権化と、行政主導のシステムから民間主導のシステムへの転換が図られ、社会福祉サービス供給組織の多元化が進んだ。そして、サービス供給における社会福祉・保健・医療等関連領域の連携、マンパワーの確保・養成等の取り組みも活発化した。

　在宅福祉サービスには、介護保険法等によって制度化されたサービス以外に、地方自治体が単独事業として行うものがある。また、社会福祉協議会、社会福祉施設、NPO等が行うものもある。特に、住民参加による非営利有償サービスは、1980年代以降、都市近郊地域から生まれ、ホームヘルプサービスや食事サービス等を中心として展開された。また、シルバービジネスによるサービスは、市場原理の中で成立するものがあり、特に有料老人ホーム、宅配食事サービス、介護機器の販売とレンタル、緊急通報システム等はその例として挙げることができる。

　これらのサービスは、高齢者と家族のニーズを的確に捉え、それに対応したサービスを積極的に展開するものであり、介護保険制度におけるサービスを補完・代替する性格も有している。

　このように在宅福祉サービスは、社会経済状況や高齢者と家族のニーズに対応した施設処遇から居宅処遇へという流れの中で、選別的福祉サービスから普遍的福祉サービスへ、費用という点では無料・低額から保険制度と利用者負担という有料へ、民間による提供から公的制度による供給へ、さらに、公私協働による福

第6章　高齢者と家族を支援する在宅福祉サービスの体系

祉サービスの多元的供給へと変化してきた。

第3節　介護保険制度と在宅福祉サービス

1）介護保険制度の基本的枠組み

　介護保険制度は制度として定着してきたものの，軽度者（要支援，要介護1）の急増やサービス利用に伴う給付費の増大等，さまざまな問題が明らかになり，「制度の持続可能性」「明るく活力ある超高齢社会の構築」「社会保障の総合化」を基本として，介護保険法の改正が2006（平成18）年に行われた。ここでは，介護保険制度の基本的枠組みと，在宅福祉サービスに関連する事柄について取り上げる。

　表6-1は，2006（平成18）年の改正後の介護保険制度の枠組みである。改正によって，介護保険制度を予防重視型の制度に転換するものとして，新たに介護予防給付とともに地域支援事業が設けられた。この表からも分かるように，地域包括支援センターがそれらの介護予防ケアマネジメントを行うものとして新たに設置され，その機能として，介護予防マネジメントの他に，総合的な相談支援と権利擁護，包括的・継続的ケアマネジメント支援が挙げられている。

　高齢者が住みなれた地域の中で尊厳を持って生活し続けることができるようにするためには，介護予防から高齢者のニーズに応じた介護サービスや保健医療サービス等のさまざまなサービスが，適切に提供されることが必要である。地域包括支援センターと居宅介護支援事業者は，そのケアマネジメントを担うことになるが，介護保険制度における在宅福祉サービスについても，適切なケアマネジメントの下で，他の関連領域と連携を図りながら提供されることが求められる。もちろん，前提として在宅福祉サービスの利用を支援するための総合的な相談と情報提供は，利用者が必要なサービスを選択する際に不可欠なものである。

2）介護保険制度における在宅福祉サービス

　表6-2は，介護保険制度で介護給付を行うサービスとして提供される介護サービスのうち，施設サービスを除いた在宅サービスの内容を示したものである。それは，居宅サービス，地域密着型サービス，居宅介護支援の三つに分けられる。

93

表6-1 介護保険制度の枠組み

	地域支援事業		介護予防給付	介護給付
	その他の事業	介護予防事業		
対象	一般高齢者	特定（虚弱）高齢者	要支援者	要介護者
計画策定者		地域包括支援センター（介護予防ケアマネジメント）	地域包括支援センター（介護予防ケアマネジメント）	居宅介護支援事業所（ケアマネジメント）
サービス	すべての高齢者を対象として，地域の自主的な介護予防に資する活動等に対して支援が行われる。	要支援・要介護状態となるおそれのある高齢者を対象として，介護予防に資するサービスを提供する。	要支援者を対象として，自立支援の観点にたったより効果的・効率的なサービスを提供する。	要介護1-5の人を対象として，居宅介護支援事業所等が作成するケアプランに基づき適切なサービスが提供される。

出典：筆者作成。

表6-2 介護給付における介護サービス

居宅サービス	訪問サービス 　訪問介護（ホームヘルプサービス） 　訪問入浴介護 　訪問看護 　訪問リハビリテーション 　居宅療養管理指導 通所サービス 　通所介護（デイサービス） 　通所リハビリテーション 短期入所 　短期入所生活介護（ショートステイ） 　短期入所療養介護 その他 　福祉用具貸与 　特定福祉用具購入費 　特定施設入居者生活介護
地域密着型サービス	夜間対応型訪問介護 認知症対応型通所介護（デイサービス） 小規模多機能型居宅介護 認知症対応型共同生活介護（グループホーム） 地域密着型特定施設入居者生活介護 地域密着型介護老人福祉施設入所者生活介護
居宅介護支援	

注：住宅改修費，施設サービスは除く。
出典：筆者作成。

さらに，居宅サービスは，訪問サービス，通所サービス，短期入所サービス，その他に分けられている。
　このうち，居宅サービスにおける福祉境域のサービスについて見ると，訪問サービスは，訪問介護（ホームヘルプサービス）と訪問入浴介護の二つがある。それは，サービス提供者側がサービス利用者の居宅に訪問しサービスを提供するものであり，各家庭の生活スタイルや実態に十分な配慮が必要となるものである。また，そのサービスは，介護を担う家族から見れば家族介護を補完するものとして捉えられ，その日々の生活の一部として不可欠なものとなっている。
　また，通所サービスとして通所介護（デイサービス）があり，利用者が施設に通所するという形態をとり，複数の利用者が一定の時間帯と場所を共有する中でサービスが提供される。それは，利用者から見れば他の利用者との交流の機会であり，家族から見れば一時的に介護から離れ，介護負担の軽減につながるものであると捉えられる。
　さらに，短期入所サービスとしては短期入所生活介護（ショートステイ）があり，利用者が特別養護老人ホーム等に短期間入所し施設サービスを利用するというものである。そこでは，利用者に対して施設サービスが一括提供される。家族にとって，その間は介護を主とした日々の生活ではなく，疲労の回復やさまざまな用事，旅行等に費やすことが可能となる時間である。介護負担の軽減にとどまらず，介護者自身も豊かな生活を送るための機会として捉えることができる。
　このような在宅福祉サービスは，介護予防給付を行う介護予防サービスの中でも提供され，介護予防を目的としたサービスとしても重要なものである。
　また，地域密着型サービスは，2006（平成18）年の介護保険法の改正によって新たに設けられた。2000年に導入された介護保険制度では，介護サービスが在宅サービスと施設サービスの二つに分かれており，要介護状態の重度化への変化に伴い，高齢者は在宅サービスから施設へと移行せざるを得ない状況があった。入所による生活環境の変化は，高齢者の心身の状態に深刻な影響を与えることもあり，問題点が指摘されてきたところである。介護保険法の改正では，認知症高齢者のためのグループホームや宅老所による地域に密着したきめ細かな介護サービスが成果を挙げていることを評価し，「地域に密着」した「小規模」で「多機能」なサービスとして，第3のカテゴリーが位置づけられた。それが小規模多機能型

居宅介護等の地域密着型サービスの創設であり，具体的には訪問介護や通所介護，生活介護等の在宅福祉サービスを，身近な地域で，より柔軟に提供できる仕組みになった。

さらに，介護保険法の改正では，介護サービスと介護支援専門員の質の確保と向上を目的として，事業者規制やケアマネジメントの見直しが行われた。介護サービスや介護支援員の質の問題は，高齢者とその家族の支援内容に直接影響する大きな問題である。在宅福祉サービスについても，量的整備だけでなく，その質の確保と向上を常に目指し，高齢者と家族のニーズに適切に対応できる整備を図らなくてはならない。

介護保険制度の導入後，各種の社会福祉サービスが整備され，その利用は増大した。しかし，この制度には，介護認定システムや調査員・介護認定審査会の問題，給付内容の問題，居宅介護支援の質の問題，利用者の所得階層による格差の問題，負担のあり方や財政上の問題，介護職員の専門性と雇用条件の問題，市町村の制度運営の問題，居宅サービスと施設サービスのあり方や体系の問題等，さまざまな問題がある。

第4節　在宅福祉サービスの概念と構造

1）在宅福祉サービスの概念

要援助者と家族を対象として，地域社会においてその生活の維持を具体的に支えるサービスの総称として，在宅福祉サービスという用語が用いられる。この在宅福祉サービスは，ホームヘルプサービスのように従来，要援助者の家族等が担っていた日常生活上の支援として始まり，介護といった専門的ケア，さらに，予防サービス，生きがい・社会参加等へと広がっていった。

在宅福祉サービスという用語は，全国社会福祉協議会『在宅福祉サービスの戦略』(1979年)以降，広く使用されるようになったもので，そこでは，在宅福祉サービスは狭義と広義に区分され，狭義には専門的ケアサービスと在宅ケアサービス，広義には予防的福祉サービスと福祉増進サービスが含まれる。

在宅福祉サービスの概念は，日本におけるコミュニティケアの展開を意図したものであり，施設入所サービスと対置されるものではなく，施設入所サービスを

含むものとして概念化されてきたものである。しかし，サービス提供の場として捉える時，在宅か施設かという対比がなされ，その場合には，施設入所サービスを除くものとして理解されることが多い。

在宅福祉サービスの思想的背景には，人間尊重，ノーマライゼーション，生活の質の確保などがあり，また，2000（平成12）年に成立した社会福祉法では，「福祉サービスを必要とする地域住民が地域社会を構成する一員として日常生活を営み，社会，経済，文化その他あらゆる分野の活動に参加する機会が与えられるように」（第4条），「保健医療サービスその他の関連するサービスとの有機的な連携を図るよう創意工夫を行いつつ，これを総合的に提供する」（第5条）と規定されている。在宅福祉サービスは，このような思想や社会福祉法の規定を地域社会において実現する主たる方法として位置づけられる。

在宅福祉サービスは，障害等のなんらかの生活上の問題を抱え，住み慣れた家庭や地域社会において，生活の継続を願いながらも，その維持が困難な人々に対して，家族と近隣の人々との交流を含めた日常生活の維持を通して，人間の尊重，自立と自己実現，社会的権利の保障を可能とすることを目的として，直接的・個別的・具体的に提供される社会福祉サービスであると定義づけられる。

2） 在宅福祉サービスの構造

在宅福祉サービスには多様なものがあるが，必ずしも社会福祉分野に限定されず，保健系のサービスが含まれる。その場合，在宅福祉サービスという用語ではなく在宅サービスという用語が使用されることがある。また，在宅福祉サービスは，ホームヘルプサービスといった訪問に限定されず，直接サービスを利用するための移送サービス，情報サービスまで含まれる。

図6-1は在宅福祉サービスの内容を構造化することによって，その全体像を明らかにしたものである。まず，全体に関わる相談系のサービスを置き，次に直接サービスとして一般高齢者対象と要援助者対象に分け，①訪問系，②通所系，③入所系と区分し，代表的な各種サービスを該当する位置に配置した。これにより高齢者の自立という最終目標の下に，訪問から入所までのサービスの流れとともに全体をマネジメントするサービスの役割が理解できる。

まず，サービスが提供される場所という視点で整理すると，訪問系のサービス

図6-1　在宅福祉サービスの構造

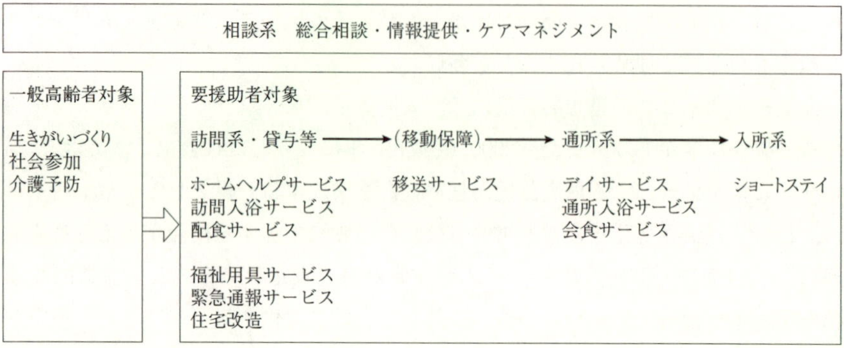

相談系　総合相談・情報提供・ケアマネジメント

一般高齢者対象	要援助者対象
生きがいづくり 社会参加 介護予防	訪問系・貸与等 ──→ （移動保障） ─→ 通所系 ────→ 入所系 ホームヘルプサービス　　　　移送サービス　　　デイサービス　　　ショートステイ 訪問入浴サービス　　　　　　　　　　　　　　通所入浴サービス 配食サービス　　　　　　　　　　　　　　　　会食サービス 福祉用具サービス 緊急通報サービス 住宅改造

出典：筆者作成。

として、ホームヘルプサービス、訪問入浴サービス、配食サービスがあり、デイサービスセンター等の施設で提供される通所サービスとして、デイサービス、通所入浴サービス、会食サービス等がある。また、通所サービスを利用するための移動保障の手段として移送サービスがある。特別養護老人ホーム等の入所施設で提供される入所サービスのうち短期入所はショートステイと呼ばれ、在宅福祉サービスとして位置づけられている。

　次に、利用者の視点から在宅福祉サービスを見ると、利用者の自立度が高い場合には生きがい、社会参加、あるいは介護予防といったサービスが中心となるが、利用者の障害の重度化や在宅介護の深刻化が進行するほど、家族介護というインフォーマルなアプローチから介護保険制度のようなフォーマルなアプローチへ、そして訪問系から入所系へ、さらに福祉領域の身辺介護に加えリハビリ等の保健領域のサービスが必要となってくる。また、サービスの選択という視点から在宅福祉サービスを見ると、要援助者本人とともにその家族も含めた意思決定は、介護の状況が困難になるほど重要となってくる。

　ここでは詳細な説明は省くが、これらのサービスとホームヘルパー、ケアマネージャー等のサービス提供者や、ヘルパーステーション、デイサービスセンター、特別養護老人ホーム等のサービス提供機関などとクロスすることによって、具体的にどのような内容のサービスを、どのような経営主体と実践主体が、如何に行うことが適切なのかという組み合わせが見えてくる。それは、高齢者の自立とい

う観点から，在宅福祉サービスの全体を，どのように検討し体系化するのかということに関連している。

3） 在宅福祉サービスの特徴

　在宅福祉サービスを入所サービスと比較することにより，その特徴がより明確になる。入所サービスの場合，施設は集団としての高齢者を対象とすることから，専門職のチームや整備された介護設備によって専門的かつ効率的なサービスの提供が可能となるが，一方で，プライバシー保護上の問題やサービスが画一的になりやすいという短所を持っている。在宅福祉サービスは，家族・近隣の協力や高齢者と家族のニーズの個別性に対応した個別的サービスの提供を可能とし，それまでの生活の維持・継続を図ることができる。一方で，ケアに必要とされる緊急対応，及び住宅環境や介護機器などのケア環境に問題がある。また，さまざまな社会資源の活用ということからコーディネートの重要性が高い。

　このような在宅福祉サービスの特徴は，サービスの利用者とサービス提供者との相互の信頼関係を基礎とした個別的・直接的な支援である。また，そのサービスは，家庭及び地域社会を基盤とした支援という性格が強く，フォーマルだけでなく，インフォーマルな支援も含めて幅広い資源活用が行われる。さらに，社会福祉という領域だけでなく，保健・医療等の関連領域との連携や統合化が必要とされる。それらは可能な限り，高齢者とその家族の日常生活圏域にサービスが整備されなければならず，利用にあたっては，ニーズの総合的アセスメントとそのニーズに対応した各種サービスが，一般高齢者を対象としたものから要援助者を対象としたものまで，連続して適切に提供されなければならない。

まとめ

　最後に，介護保険制度を中核として体系化され展開されている在宅福祉サービスの課題について述べておきたい。
　第1に，介護保険制度のメニューは施設サービスより居宅サービスのメニューの方がきめ細かいものであり，介護保険制度の導入後，介護サービスは施設サービスから居宅サービスへシフトしているという現状がある。しかし，居宅サー

スの利用は，各地域におけるサービス全体の整備状況に強く影響を受けることから，サービスの整備を確実に進めていくことが必要である。

　第2に，在宅福祉サービスの質の向上と確実な利用を進めるための条件整備の課題である。介護保険制度では，行政がサービス利用を決定する措置制度からサービス利用者が主体的にサービスや事業者を選択し契約を行う利用契約制度へと転換した。したがって，介護保険制度が利用者本位となるためには，サービス利用に関わる相談援助や権利擁護，成年後見制度の活用，そして苦情解決等も課題となる。

　第3に，在宅で生活している高齢者と家族が持つニーズのうち，潜在化しているニーズを発見することは，地域の中で各々の家庭生活を営んでいるがゆえに難しい側面があると考えられる。それは，それぞれの家庭の中での高齢者とその家族のニーズの変化等を見逃すことなく把握することと同様の難しさがあり，それらをスムーズに行うためのシステムの検討が課題となる。

　第4に，新たな在宅福祉サービスの確立である。利用者のニーズに応えられていない，介護保険制度の給付対象となっていないサービス等があり，新たなサービスの確立という観点から見れば，高齢者虐待の問題やひとり暮らし，認知症高齢者の増大に対応した在宅福祉サービスの強化と開発等，新たに出てくるニーズに対応する新しいサービスの開発に向けた取り組みが課題となる。

　第5に，在宅福祉サービスの質の向上を目指したサービスの評価に，高齢者の家族等の協力も得て，利用者の立場でサービスの質の向上と，内容の充実に向けた意見などを活かしていく体制が求められている。

　第6に，高齢者と家族のニーズに適した総合的な対応として，在宅福祉サービスを提供していくためには，在宅福祉サービスと施設サービス，さらには保健・医療等の他の領域のサービスの一元的提供が必要である。そのためには，福祉保健医療に関わる関連職種との連携協働が不可欠であり，日常的なネットワークの形成が必要である。

▶参考文献

全国社会福祉協議会『在宅福祉サービスの戦略』, 1979年。
国民生活センター『在宅介護サービスと消費者問題―在宅介護サービス利用実態調査報告』, 1997年。
全国社会福祉協議会『新・居宅サービス計画ガイドライン―在宅高齢者の介護サービス計画のつくり方(改訂)―』, 2006年。
全国社会福祉協議会『地域福祉型福祉サービスのすすめ―小規模,地域密着の可能性を探る―』, 2006年。
『介護保険の手引 平成19年版』ぎょうせい, 2007年。
『介護保険の実務―保険料と介護保険財政―』社会保険研究所, 2007年。
二木立『介護保険制度の総合的研究』勁草書房, 2007年。

コラム①

ホームヘルプサービス

　利用者が住みなれた家で生活するために欠かせないのがホームヘルプサービスである。援助において，利用者と家族のホームヘルパーへの期待が異なっている場合，利用者のニーズを中心に置きながら双方の思いを調整していくこと，また，利用者の能力を引き出してやる気を持たせることは難しいが，やりがいのあることである。

　援助を行う時に，利用者と家族のホームヘルパーへの期待が違っていると感じることが多い。例えば，嚥下状態の悪い利用者は時間をかけて食事介助をしてもらいたいと思っても，家族は食事介助は短時間ですませ，代わりに掃除や洗濯をやって欲しいと願うこともある。しかし，家族の言うように，何でもリクエストに応えていては利用者にゆっくり食事をしてもらうことができず，かえって介護の質が落ちることになる。あくまでも利用者を中心にすえて介護の質を高めるにはどうすれば良いか，そして，そのことを家族にも理解してもらうことが大切になってくる。

　また，歳を重ねるに連れ家事が負担になってしまい，普段なんとか自分でできていることもすべてホームヘルパーにしてもらいたいと願う利用者もいる。ホームヘルパーにとっても利用者のペースでできることをしてもらうより，こちらがすべてやった方がきれいで早くすむ。しかし，それでは利用者の能力を引き出し，やる気を持たせることにはつながらない。援助の質を高めていくためには，利用者ができることは何なのか，また，どのようなことなら興味を持てるのか，生活全体をアセスメントすること，利用者のペースで利用者のできることを行ってもらい，ホームヘルパーはその手助けをするにとどめておくことが大切である。

　利用者の置かれている環境の個別性を大切にしながら，総合的な視点から利用者中心の援助をしていくこと，また，利用者のやる気を引き出し，能力を最大限に活用していくことが大切であると，日々感じている。

第7章 高齢者と家族を支援する専門職

はじめに

　専門職は誰を支援するのか。高齢者を支援する専門職はさまざまあるが、その場合、クライエント（高齢者）のみに焦点を当てて援助しても、うまくいかないことが多い。高齢者を取り巻く家族を含めて支援することが重要である。この時に注意したいのが、高齢者と家族の意向やニーズの違いである。高齢者と家族には共通の意向やニーズもあるが、それぞれに固有の意向やニーズも持ちあわせている。専門職としての援助者は、両者の調整を行いつつ、支援をしていく姿勢が求められる。

　専門職とは、単に国家資格を持つ人のことや、長年その世界で経験と勘に裏打ちされた実践を重ねている人のことを言うのではない。専門職とは、自分自身の行っている実践、あるいは行為の意味を理解し、それを言語化して伝えられる人のことを言う。そのためには、対人援助の理念や目的、それを実践するための技術や方法を学ぶことが必要である。それが知識や価値（倫理）・技術であり、自立支援やエンパワメントなどの視点である。

　対人援助の専門職として、ここではソーシャルワーク、ケアワーク、その他の専門職に分けて説明する。それぞれの専門職固有の実践の方法や技術は異なっているが、根底には人を支援するという共通なものがある。したがって、どの専門職でも、基本に対人援助の専門職性があり、その上に固有の専門職性がある。

表7-1 話し手が問題を抱えて相談をもちかけてきた場合の援助職者と友人の応答の違い

	友人の場合	援助職者の場合
聞き手の役割（ゴール・責任性）	①問題解決というゴールが必ずしも存在しない ②最後まで責任を引き受けることは必要ない	①問題解決というゴールに向かって関係を形成する ②援助職者としての責任を明確にする
話し手との関係性と情報量	①すでに関係が成立 ②ある程度の情報をもっているが、それが必ずしも問題に関連しているとは限らない	①新たに援助関係を形成していく ②全く情報をもたないところから相手の問題解決に関連する情報を得ていかなければならない
倫理・価値（情緒的客観性、秘密保持、自己決定）	個人の自由にまかされている。多くの場合、情緒的客観性を保ちにくくなる。相手に代わって問題の解決を引き受け、自己決定や秘密保持が難しくなることもある	援助の専門家としてこれらの倫理・価値を守る義務がある。相手にとって代わって問題を解決したり、のめり込みすぎたりしない。守秘義務を守る
問題に関する知識の有無	必ずしも知識をもっているわけではない。同様の経験をしたことがあるために、共感しやすい可能性はある	少なくともクライアントの問題理解のための知識をもっている。自らが経験したことのない問題であってもそれを理解できるための努力を行う

出典：渡部律子「対人援助のコミュニケーションガイド」大阪府社会福祉協議会監修『介護支援専門員習熟研修テキスト Part2 相談面接技術トレーニング』医歯薬出版, 2001年, 139頁。

第1節 専門職とは

1）専門職と専門職性

　専門職が利用者を支援する際に用いる手段は、言語を中心として身ぶり手ぶりや表情、記述など多岐にわたる。しかし、これらの手段は、専門職だけが用いるものではなく、コミュニケーションを図る時に一般的に使われているものである。この一般的なコミュニケーションと専門職が支援場面で用いるコミュニケーションとの間には、どのような違いがあるのか。どのようなコミュニケーション技術があれば専門職と言えるのか。表7-1は、話し手が問題を抱えて相談をもちかけてきた場合の援助職者と友人の応答の違いである。渡部律子は、援助職者が持つ関係性での「ゴールの明確さ」とそのゴール達成にむけての「責任性」を挙げ、職業倫理、価値を守ること、必要な技術の修得が重要と述べている[1]。このように関係性を基礎に援助的なコミュニケーションを図っているのが専門職と言える。

表7-2 援助専門職の専門性・専門職性・専門職制度の要点

	専門性	専門職性	専門職制度
A　レベル	学問・研究	職業	制度・システム
B　理念・目的	独自の視点，アプローチ，知識の探求	実用性・有用性の重視，問題解決・援助，生命・生活・人生への支援，生活と人権の擁護	サービス利用者のための社会的発言力の強化，職業的確立，身分安定，社会的承認
C　理論	理論的体系，学問の相対的独自性	独自の対象，方法，業務の探究	試験科目
D　実践の方法・技術（サービス利用者のための）	実践・援助の方法・技術の探究	独自の技術習得と開発 技術の普遍化	技術テスト 技術レベルの確保
E　手段的価値	価値の解明 独自の価値	秘密保持，非審判的態度，受容，専門職の権威，情緒的中立性，利用者の自己決定，個別性の尊重	禁止条項（懲罰） 倫理綱領
F　理念・目的の達成手段（専門職のための）	研究方法（文献研究，調査，観察）	専門職集団組織化 養成 訓練・研修 チームワーク スーパービジョン 他職種の連携	有資格者集団，法定資格，民間認定資格，人材確保の財源，業務指針，配置基準，給与体系，労働条件，専門職的下位文化

出典：秋山智久『社会福祉実践論—方法原理・専門職・価値観　改訂版』ミネルヴァ書房，2005年，207頁。

　ここで，専門性と専門職性，専門職制度について整理しておきたい。表7-2はレベル，理念・目的，理論，サービス利用者のための実践の方法・技術，手段的価値，専門職のための理念・目的の達成手段から専門性，専門職性，専門職制度についてまとめたものである。この中で，秋山智久は，「専門性」は専門職性の基礎となる「学問・研究のレベル」の課題を持ち，抽象度が高い項目が要点となり，「専門職性」は「職業のレベル」の課題を持ち，社会における「職業としての専門職」の要点項目が多いこと，「専門職制度」は「制度・システムのレベル」の課題を持ち，社会において専門職が機能する場合の制度やシステムが課題となると述べている。

　ここでは，学問・研究レベルの専門性ではなく，職業レベルの専門職性と，制度・システムレベルの専門職制度を中心に述べたい。

2） 専門職に求められる要素

　何をもって，専門職と言えるのか。社会福祉の現場で働き，経験を積めば専門職と言えるのか。あるいは，熱意や優しさがあれば専門職として認められるのか。少なくとも専門職として認められるためには，自分たちの実践を言語化し，他の専門職に伝えられることが必要である。

　社会福祉の専門職の要素として知識・価値（倫理）・技術の三つがある。知識とは，支援技術に必要な専門的な学問等を言うが，社会福祉の専門的な知識だけでなく，社会や人間に関する知識など幅広いものが求められる。知識はただ知っているだけでは役に立たない。実践の場で支援者が使いこなして初めて役立つものとなる。

　価値（倫理）とは，一般的な価値とともに専門職としての価値がある。人は，それぞれ自分の価値観を持っている。専門職として支援する際に，自分自身の価値観，世間の一般的な価値観とぶつかる場面に出会うことが数多くある。そのような時，援助者自身がそのことを自覚し，すべての人間をかけがえのない存在として尊重するという専門職としての価値を身に付けて対応することが求められる。これらの価値（倫理）を明確にしたものが倫理綱領である。わが国においては「ソーシャルワーカーの倫理綱領」において，価値と原則，利用者に対する倫理責任，実践現場における倫理責任，社会に対する倫理責任，専門職としての倫理責任が明記されている。[3]

　技術とは，知識や価値（倫理）を持って実践するために必要なものである。具体的にはソーシャルワークやグループワーク等の直接援助技術，コミュニティワーク等の間接援助技術，スーパービジョンやケアマネジメント等のその他の関連援助技術がある。

　この知識と価値（倫理），技術の三つの要素は，それぞれに言語化できる。言語化されることで再現性が確保され，教育プログラムとしても通用する。また，この要素はバランスが取れていることが重要である。知識や価値（倫理）を理解していても，それを実践するだけの技術を持たなければ利用者を支援することができない。逆に，技術を持っていても知識や価値（倫理）を理解していなければ，その場限りの支援となってしまう。優れた実践をその人固有の名人芸で終わらせるのではなく，その技術を次の世代へつなげていくことも専門職には求められて

いる。

3） 高齢者と家族を支援する専門職に求められるもの

　高齢者を支援する目的を明確に示しているのは，老人福祉法である。その第2条基本的理念で，「老人は（中略）敬愛されるとともに，生きがいを持てる健全で安らかな生活を保障される」と明記されている。つまり，生活の場はそれぞれ異なっていても，QOL(4)を高めることである。

　高齢者と家族を支援する専門職に求められる視点として，自立支援とエンパワメントがある。

　自立支援は歩けない人が歩けるようになる等，身体的な自立を言うだけでなく，自分の事を自ら決める自律が重要である。

　自律のためには，自己決定が重要である。高齢者の中には，判断能力の低下等により自己決定できない人も多い。また，さまざまな状況により家族等に自己決定を委ねている高齢者も多い。そのような人々の自己決定や自立支援をどのように専門職として守っていくのか。誰が適切な代弁者であるのかを見極めることが求められる。自律は自分の生活をコントロールすることにつながる。自己決定や自立支援とは，AかBを選択することではなく，適切な判断ができるまで支援すること，そのプロセスが重要であることを理解し，実践することが援助者に求められている。

　エンパワメントとは，疾病や障害等により本来の質の高い生活を送ることができなくなったクライエントに対し，自ら問題を解決していく力を身に付けていくことを支援することを言う。高齢者は先に述べたように心身機能の低下により支援を必要とする場面が増えてくる。しかし，長い人生で培った「良さ」や「強さ」も持ち合わせている。

　高齢者や家族を支援する専門職は，できない部分や弱さだけに目を向けるのではなく，「できる」ことや「強さ」にも目を向け，エンパワメントしていくことが求められる。また，高齢者と家族の関係性を見極めることが重要である。特に両者の意向が異なる場合，双方の意見を調整することが求められる。

第2節　ソーシャルワークの専門職

　ソーシャルワークとはクライエントと面談し，彼らの充足されないニーズに対応する相談援助を行うことを言う。他の専門職と異なり，利用者に直接的な支援行為を行わず，他の専門職と協働することも多い。

1）　社会福祉士

　ソーシャルワークの専門職として，まず，社会福祉士が挙げられる。社会福祉士は，1987（昭和62）年に制定された社会福祉士及び介護福祉士法によって定められた初めてのソーシャルワークの国家資格である。その業務の内容は，「専門的知識及び技術をもつて，身体上若しくは精神上の障害があること又は環境上の理由により日常生活を営むのに支障がある者の福祉に関する相談に応じ，助言，指導その他の援助を行うこと（中略）を業とする者」[5]となっており，名称独占の資格になっている。

　社会福祉士の働く場所としては，特別養護老人ホームをはじめとするさまざまな施設の相談員，社会福祉協議会，医療機関など多岐にわたっている。在宅介護支援センター運営事業等実施要綱において初めて，職員の配置として「社会福祉士等のソーシャルワーカー」が記載された。

　また，2006（平成18）年4月の介護保険法の改正に伴い，各市町村に設置されることになった地域包括支援センターでは，保健師・主任介護支援専門員とともに，総合相談，権利擁護業務を主に担う専門職として，社会福祉士の位置づけがなされた。

　このように，社会福祉士の役割が少しずつ認知されてきているが，重要なのは資格を持っていることではなく，専門職性を高めることの必要性を一人ひとりの社会福祉士が自覚することである。社会福祉士が専門職としてあり続けるためには，しっかりとした知識，価値（倫理）を持ち，技術を身に付けるための努力を続けることが求められる。

2） 精神保健福祉士

　精神保健福祉士は，「精神障害者の保健及び福祉に関する専門的知識及び技術をもって，精神科病院その他の医療施設において精神障害の医療を受け，又は精神障害者の社会復帰の促進を図ることを目的とする施設を利用している者の社会復帰に関する相談に応じ，助言，指導，日常生活への適応のために必要な訓練その他の援助を行うこと（中略）を業とする者」[(6)]である。

　精神保健福祉士の働く場所としては，保健所や医療機関，相談機関，グループホーム等がある。いずれにしても，主治医の指導を受けながら，各専門職とのチームアプローチが必要となる。

　精神障害者の歴史は，偏見や差別との闘いの歴史であり，彼らを取り巻く状況には，より厳しいものがある。しかし，長期にわたる社会的入院の解消や障害者自立支援法の施行等により，精神障害者の社会復帰が求められるようになった。これらのことからも，精神保健福祉士の果たす役割はますます拡大してくると思われ，今後の活躍が期待される。

3） 介護支援専門員

　介護支援専門員（ケアマネジャー）は，介護保険法の施行に伴い，新たに制度化された資格である。社会福祉士，精神保健福祉士は国家資格であるが，この介護支援専門員は都道府県が行う試験を受け，合格した者が実務研修を受講することでその資格が与えられる。多くの資格は試験に合格することで，その資格が与えられるが，介護支援専門員については試験に合格するだけでは資格が与えられず，実務研修の受講が必須となっている。

　受験資格としては，原則として保健・医療・福祉分野で5年間の実務経験が必要であり，居宅介護支援事業所やグループホーム，介護保険施設（介護老人福祉施設，介護老人保健施設・介護療養型医療施設）等で働いている。

　介護支援専門員は，アセスメントからケアプラン作成，モニタリングに至るケアマネジメントを実践している。2002年度より，地域の介護支援専門員を支援する役割を担うことを目的として，ケアマネジメントリーダー養成をしてきた。が，その位置づけはあいまいで，機能していない部分が多く見られた。

　2006（平成18）年4月の介護保険法の改正により，主任介護支援専門員の資格

が新しく設けられた。これは，地域の高齢者が住み慣れた地域で暮らすことができるよう，主治医，介護支援専門員との多職種協働や，地域の関係機関との連携により，包括的・継続的なケアマネジメントを実現するための後方支援を行う。具体的な業務内容として①包括的・継続的なケア体制の構築，②地域における介護支援専門員のネットワークの活用，③日常的個別指導・相談，④支援困難事例等への指導・助言等がある。[7]

　介護支援専門員は看護師等の保健医療職がなっている場合も多く，ソーシャルワークの専門職ばかりではないのが現状である。しかし，ケアマネジメントを実践するには，ソーシャルワークについての知識や技術が求められ，実務研修や現任研修でも，対人援助技術の修得にかなりの時間をさいている。

4）医療ソーシャルワーカー

　医療ソーシャルワーカーは，病院等で相談援助を行う専門職である。具体的には，病院内での療養生活における相談や退院後の生活に向けてのさまざまな相談，支援を行っている。現在，医療ソーシャルワーカーとしての国家資格は無く，社会福祉士等の資格を持って働いている人も多い。

　医療ソーシャルワーカーの業務内容については，1989年に国による初めての業務指針がまとめられた。その後，介護保険法の施行や医療保険法，医療法の改正等により，2002（平成14）年に改正が行われた。

　主な業務として，①療養中の心理的・社会的問題の解決，調整援助，②退院援助，③社会復帰援助，④受診・受療援助，⑤経済的問題の解決，調整援助，⑥地域活動があり，それぞれに社会福祉の専門的知識や技術が必要であることが示されている。

　現在，医療機関において，高度医療，急性期，慢性期，プライマリケアという機能分化が進んでいる。このような中，効率的な面だけでなく，医療機関の役割を効果的に果たすためにも医療ソーシャルワーカーの果たす役割は大きい。

第3節　ケアワークの専門職

1）ケアとは何か

　ケアとは何を意味するか。一般的には介護やお世話といったものであろう。英和辞典をひも解くと、それ以外に配慮や気がかり、心労といった意味もある。(8) つまり、ケアをすることとは、入浴介助や排せつ介助等の直接的な介護や世話だけにとどまらず、そこに配慮や気遣いが求められている。さらに言えば、クライエントの気がかりや心労等が軽くなった（無くなった）とクライエントが感じた時に、ケアが成立しているとも言える(9)。

　ケアを実践する際は、できない部分を補うための世話や介護ではなく、本人に残された能力やできる部分を伸ばすための支援をしていくことが求められる。ケアワークは、介護という行為を通して対人援助を行っているのである。そのためには、根底にソーシャルワークの視点を持つことが必要となる。

2）介護福祉士

　ケアワークを担う専門職として介護福祉士がある。介護福祉士とは、「専門的知識及び技術をもつて、身体上又は精神上の障害があることにより日常生活を営むのに支障がある者につき入浴、排せつ、食事その他の介護を行い、並びにその者及びその介護者に対して介護に関する指導を行うこと（中略）を業とする者」と社会福祉士及び介護福祉士法に定められている。いわゆる介護を要する者に入浴、排せつ、食事等の直接的な介護を行う専門職であり、介護に関わる初めての国家資格である。

　介護福祉士の働く場として、特別養護老人ホームや介護老人保健施設等の入所施設、デイサービス等の通所施設、訪問介護事業所、グループホーム等多岐にわたっている。

　2007年11月、介護福祉士等の質の向上を図るために社会福祉士及び介護福祉士法の一部を改正する法律案が国会に提出され可決、法案が成立した。介護福祉士の業務を「入浴、排せつ、食事その他の介護」から「心身の状況を配慮した介護」に改め、専門的知識や技術を持って行う介護内容を明確化した。また、その

資格の取得方法についても見直しがされている。

3） ホームヘルパー

　ホームヘルパーとは，在宅ケアの中核を担う専門職と言える。具体的な援助内容として①食事や排せつ，入浴等身体の介護に関すること，②掃除や洗濯，調理等の生活援助，③生活や介護等に関する相談・助言，④外出時の移動の介護等がある。

　ホームヘルパーの特徴は，基本的に利用者の自宅に1人で出向き，支援を行うことにある。このことは何を意味するのか。人はそれぞれ，自分なりの生活様式を持って日常生活を送っている。ホームヘルパーも然りである。しかし，ホームヘルパーが自分の生活様式によって利用者宅で支援をすることは専門的な支援とは言えない。特に家事に関しては，長年の利用者の価値観やこだわりが反映されている。このことをよく理解した上で支援をしていく姿勢がホームヘルパーには求められている。また，1人で出向くことで，その責任も大きいものがある。具体的には，利用者宅で起きたあらゆる出来事に対し，その判断と対応が求められるのである。

　このように，ホームヘルパーには大きな役割と責任がある。現在は，養成研修を受けることでその資格が与えられているが，実務経験を経て，介護福祉士の国家資格を取得するものも多い。介護保険法，障害者自立支援法により，対象者が広がり，より専門性の高いホームヘルパーの必要性がますます増大している。その資質の向上が今後の課題である。

第4節　その他の専門職

1） 医　師

　高齢者は医療との連携が欠かせない。その中でも主治医との連携は重要である。定期的な受診だけでなく，介護保険法では要介護認定を受けるにあたり，主治医意見書の作成が必須となっている。医師は要介護認定を行う介護認定審査会の委員や，療養上の管理・指導を行う居宅療養管理指導でも重要な役割を担っている。また，介護支援専門員はケアプランを作成する際にも，主治医との連携を図るこ

とが求められ，如何に連携を図っていくかが今後の課題である。

2） 保健師

　従来保健師は，保健所や行政等にその多くが所属し，健康相談や健康教育，訪問指導等を担ってきた。2006（平成18）年4月の介護保険法改正により，介護予防が重要視されるようになった。要支援者の介護予防ケアマネジメントだけでなく，認定を受ける前の特定高齢者への介護予防ケアマネジメント等の一貫したアプローチを行うようになった。その中心的な役割を担うのが保健師である。同年に創設された地域包括支援センターで，介護予防ケアマネジメント業務を担う職員として位置づけられ，その役割が期待されている。

3） 看護師

　看護師は，傷病者等の療養上の世話または診療の補助を業とする者を言い，業務独占の有資格者である。保健師助産師看護師法により，養成施設等を修了し国家試験に合格した看護師と，都道府県知事試験に合格した准看護師がいる。

　その多くは病院や診療所，施設等に勤務している。このほか，介護支援専門員として居宅介護支援事業所等に勤務している人も多い。高齢化の進展に伴い，要介護者や医療依存度の高い利用者が在宅生活を送ることも多くなり，病院や施設だけでなく，訪問看護ステーション等の在宅医療の現場で働く看護師も増えている。社会福祉職にとって一番身近な保健医療の専門職でもあり，今後ますますの連携が重要である。

4） その他の専門職

　高齢者やその家族を支援するその他の専門職として，理学療法士（PT），作業療法士（OT），言語聴覚士（ST）等のリハビリの専門職がいる。その多くは医療機関に勤務している。心身機能の障害により活動の制限を受けている高齢者であっても，リハビリを実施することでその機能の回復がされる場合が多い。また，障害などが固定してもその環境を改善することで，自立した生活を送ることができるようになる場合もある。今後は介護予防や訪問リハビリ等，在宅におけるリハビリの重要性もますます増してくると思われる。このように高齢者を支援する

専門職として，リハビリ関係者の果たす役割は大きい。

　このほか，高齢者の権利擁護を支援する専門職として，弁護士や司法書士，社会福祉士等の成年後見人や，日常生活自立支援事業の専門員や生活支援員がいる。

　成年後見制度については，介護保険法と同時期に改正されたにもかかわらず，その手続きの煩雑さ等から，あまり活用されてこなかった事実がある。しかし，認知症高齢者の増加や，さまざまな悪質商法等の被害に遭う高齢者が増加したこと等により注目されている制度である。

　地域包括支援センター業務マニュアルの中でも，成年後見制度の積極的な活用が求められている。地域包括支援センターの職員が成年後見人としての役割を果たすことは求められていないが，少なくとも成年後見制度についての理解を深め，相談に対し具体的な対応ができるための知識や技術が求められる。そのためにも，地域の関係者との日頃の連携が欠かせない。

　また，専門職ではないが，民生委員やボランティア等のインフォーマルな支援者も，高齢者や家族を支援する者として重要な役割を果たしている。その他の専門職にも，対人援助職としての専門職性は求められる。

5）専門職に求められるもの

　高齢者や家族を援助する人は多岐にわたる。例えば施設に入所している場合，相談員や施設ケアマネジャー，介護職員や栄養士，調理員，事務職員を含め，さまざまな職種が協力しながら高齢者と家族を支えている。在宅生活の場合はもっと複雑で多岐にわたる。介護保険サービスを使っている場合，ケアマネジャーやサービス事業所職員，主治医，民生委員，近隣の人々等の地域のあらゆる人が関わっている。

　このように1人の高齢者を中心に多職種の人が関わっている場合，チームアプローチが必要不可欠である。チームアプローチとは，異なる専門職や同じ施設の職員同士がチームを組んで援助することを言う。チームアプローチは専門性の高い包括的なサービスを提供できる反面，連携が悪くなったり，統一した支援ができなくなったり，支援方針を決めるまで時間がかかったり，責任の所在が不明瞭になる等の欠点もある。

　これらを防ぐためにもお互いの専門職性を理解・尊重し，情報交換を行いつつ，

協働していくことが重要である。もちろん，報告，連絡，相談は欠かせない。この注意点として，専門用語ではなく，分かりやすい用語で情報の共有を図ることが挙げられる。責任の所在を明らかにするためにも，リーダーを決めることは重要である。

また，社会福祉の支援職は，自分自身という道具を使ってクライエントを支援している。そのためには，道具である自分自身を磨く必要がある。

スーパービジョンは，その道具を磨いていくために効果的な方法である。スーパービジョンの機能として，支援者を精神的に支える支持的機能，ソーシャルワーク実践に必要な知識や技術を教育する教育的機能，支援者が組織の一員として適切な行動がとれるよう管理・監督する管理的機能があるが，この機能の中で最も重要なものが支持的機能である。なぜなら，スーパーバイザーとスーパーバイジーの間に，信頼関係に裏打ちされたスーパービジョン関係を築き，支持的機能が果たせなければ，教育的機能，管理的機能を発揮することは不可能だからである。このことから，スーパービジョンは「支援者のための支援」と呼ばれる。

現在，社会福祉の現場でスーパービジョンを実践する条件には厳しいものがあるが，燃え尽き症候群を予防するためにも専門職には欠かせないものであり，社会福祉の現場にスーパービジョンが定着していくことが望まれる。

まとめ

高齢者や家族を支援する専門職には，さまざまなものがある。大切なことは資格を持っているかどうかではない。それぞれ資格は異なっても，対人援助を実践する者には，社会福祉の専門職の要素である知識・価値（倫理），技術が共通して求められる。言い換えると，職種は違っても対人援助の専門職であり，関係性の専門職である。

専門職であり続けるためには，何が必要なのだろうか。さまざまな答えがあると思われるが，中でも「自己覚知」は重要である。自己覚知とは，自分のできていない部分を見つけ出し，反省することが目的ではない。支援者として自己の姿を正しく見つめ，受け止めることにある。自分自身の実践を振り返り，そのことが，支援に活かされることが重要である。

今後ますます高齢化は進み，それに連れて高齢者福祉の現場で働く職員も増えるであろう。高齢者を対象とする支援職のポイントとして渡部律子は，高齢者に対する偏見をできるだけ無くして接すること，身体面のケアを行う際にも，利用者との関係形成ができ，利用者やその家族の心理・社会的なニーズが理解できること，認知症高齢者等への専門的知識や技術の重要性の三つを挙げている。

　わが国の社会福祉の専門職の置かれている現状は，専門職としての認知，労働条件，職場環境等どれをとっても厳しい現実がある。だからこそ今一度，支援の意味を考え，専門職性について問い直し，専門職としてアイデンティティを確立することが求められる。

●●●●●●●●●●●●●●●

▶注
(1) 渡部律子『介護支援専門員習熟テキスト』医歯薬出版，2001年，140頁。
(2) 秋山智久『社会福祉実践論―方法原理・専門職・価値観［改訂版］』ミネルヴァ書房，2005年，206頁。
(3) この倫理綱領は，国際ソーシャルワーカー連盟に加入している日本のソーシャルワーカー職能4団体（日本ソーシャルワーカー協会，日本医療社会事業協会，日本社会福祉士会，日本精神保健福祉士協会）が合同で，それまで採択していた倫理綱領の改訂に取り組み，2005年に最終提案がされ採択されたものである。
(4) QOL（quality of life）は三つの次元として，生命の質，生活の質，人生の質がある。
(5) 社会福祉士及び介護福祉士法第2条。
(6) 精神保健福祉士法第2条。
(7) 厚生労働省老健局『地域包括支援センター業務マニュアル』2005年，30頁。
(8) 『リーダーズ英和中辞典』研究社。
(9) 村田久行『改訂増補ケアの思想と対人援助』川島書店，1998年，68頁。
(10) 今までは「地域権利擁護事業」と呼ばれていたが，2007年度より事業名が変更になった。
(11) 秋山智久　前掲書，212-213頁。
(12) 河合隼雄は，スーパーバイザーを監督者や指導者などと訳さずに英語のまま使っているのは，これが単なる管理や指導を超えた役割を持っているからだと言っている。また，スーパーバイザー自身もその役割を果たすことによって成長すると述べている。
(13) 渡部律子『高齢者援助における相談面接の理論と実際』医歯薬出版，1999年，248頁。

▶**参考文献**

村田久行『在宅ケア・悩みの相談室』中央法規出版，1999年。

奈良県社会福祉協議会編『ワーカーを育てるスーパービジョン』中央法規出版，2000年。

河合隼雄『対話する人間』講談社＋α文庫，2001年。

山縣文治・岡田忠克編『よくわかる社会福祉』ミネルヴァ書房，2003年。

古川孝順・副田あけみ・秋元美世編著『現代社会福祉の争点（下）──社会福祉の利用と権利──』中央法規出版，2003年。

副田あけみ『社会福祉援助技術論』誠信書房，2005年。

植田寿之『対人援助のスーパービジョン──よりよい援助関係を築くために──』中央法規出版，2005年。

第8章　高齢者問題とその対応①
――認知症をめぐる問題――

はじめに

　高齢社会にとって，認知症の問題は，大きく立ちはだかる問題の一つであろう。数ある高齢期の疾病の一つであるにもかかわらず，今や高齢期における最も困難な疾病として捉えられ，この疾病に対する医学的，精神科学的，心理学的及び社会福祉制度やサービスの側面から多くの対応策が日々考案され，練り上げられつつある。

　しかし，あらためて考えてみると，わが国に高齢者は昔からいたのだし，認知症を患う高齢者も昔からいたと思うのだが，これほど問題にならなかった時代があった。ところが，今や大問題である。高齢社会のゆえんであろう。これほど高齢者がわが国の人口の中で高い率を占めることは，いまだかつてなかった。

　今日，認知症を患う高齢者は200万人と言われ，有病率は65歳以上で調査によって3％から8.8％になっている。しかし，その数値は将来的に大きく変化するとされ，厚生労働省は，認知症有病者数の将来推計数を表8-1のように示している。

　数値を見るまでもなく，認知症はきわめて身近な問題となっている。田舎の親戚の女性が訪れると満面の笑みで迎えてくれていたのに，このところ顔が見えないと思っていたら，実は認知症のような物忘れが始まり，家中混乱していたということを知ったのも最近のことであった。そのような事例は，今やどこにでも見られることで，きわめて深刻な事例が引き起こす事件が，新聞を賑わすことも珍

表8-1　要介護認定者における認知症高齢者の将来推計　　（単位：万人）

	2002年	2005	2010	2015	2020	2025	2030	2035	2040	2045
認知症高齢者 自立度Ⅱ以上	149 (6.3)	169 (6.7)	208 (7.2)	250 (7.6)	289 (8.4)	323 (9.3)	353 (10.2)	376 (10.7)	385 (10.6)	378 (10.4)

注：（　）内は65歳以上人口比（％）である。
出典：『国民の福祉の動向』2004年，158頁より。

しくない。

　ある意味で介護保険をはじめ，社会福祉的な対策やサービスがある程度整備され，テレビや新聞等のメディア，及び行政や実施機関からの広報を通して，その存在が世間的にもかなり浸透してきているにもかかわらず，相も変らぬひとり介護，老々介護の悲劇が繰り返されている。何のための法や制度の整備であろうか。最も必要な所に届かない制度とは何かという疑問を抱かざるを得ない。

　ここでは，そのような現状を踏まえながら，認知症について基礎知識をはじめ，広く医学的な見解及び社会福祉的な対応策に至るまで検討し，その対応策が届かない人々の問題について考察を進める。

第1節　認知症とは何か

　認知症とは何かについて，整理してみよう[1]。

1）認知症定義と病態

　認知症とは何かについて，長谷川和夫は「成年期以降に起こる認知機能の障害」と定義している。「認知機能の障害が先天性あるいは発育期に見られる場合は，知的障害といわれるが，この認知機能は言語，計算，理解，認識，思考などの高次精神機能がかかわっており，古くは知能と言われたものに該当する」。また「大脳皮質（特に側頭葉から頭頂葉にかけて著しく，進行すると前頭葉に及ぶ。記憶に関係する側頭葉内部の海馬や大脳辺縁系に病変が顕著）の神経細胞が消失していくことにより，脳の萎縮が起こり，認知機能が侵される」としている。

2） 認知症の特性

この認知機能が侵されることによって生じる疾患である認知症の特性は，次のようになる。
①脳器質性要因がある。意識障害がない。
②多様な行動障害や精神症状を伴う。
③種々の重症度があり，進行性の経過をとるものが多い。

3） 認知症によって起こる障害

このような特性を持つ認知症発症から生まれる障害には，大きく分けて次の三つがある。
①記憶の障害
　まず，記憶の障害（言ったこと，言われたことをすぐ忘れる，日付，住所等を忘れる，大切なものをなくす等）が始まる。したがって何回も同じことを言う。
②認知障害
　その記憶の障害が進むと，さらに深刻な認知障害（見当識障害，遂行機能障害，判断の障害等）が起こる。手順を踏んで一連の作業ができなくなる。失語，失読，失書，失行，失認，など。時間，場所，人物の失見当等も起こってくる。
③生活の障害
　これらの障害が，認知症の人が家庭生活，職業生活，社会生活，地域の生活を，これまでの通りに営んでいくことを妨げ，生活上の障害を起こすまで進んでいく。生活の乱れ，職業・社会生活に破綻等を招くのである。
　ある女性も地方都市に共通の，住んでいる地域で物柔らかな交流があったが，病気になってからは，それが一切失われてしまった。本人が外に出なくなっただけでなく，それまで親しい交流のあった周りの人々が，遠慮のせいか，戸惑いのせいか，彼女の家を一切訪れなくなり，表面上は，うわささえしなくなったように見えたのは驚きであった。まるで何かのレッテルが貼られたように，彼女の存在は地域の中で一切消し去られてしまったようであった。
　時々訪れて，医者に行くように勧めたり，何かと行き来がある者に出会っても，彼女のことを一切聞いてくることもない。陰ではうわさもしていると思うのであるが，その徹底ぶりは驚異であった。病気の人の孤独を，目の当たりにした思い

であった。

4）認知症高齢者の数（有病率）

　認知症高齢者の有病率は、『認知症予防・支援マニュアル』（2005年12月）によれば、3％から8.8％とばらつきが大きい。年齢が75歳を超えると急激に有病率が高まる（80歳以上では、20％、全国で200万人とも推計されている―財団法人ぼけ予防協会パネルディスカッション「認知症（痴呆）の予防と対応2006」）。本間昭は、『後期高齢者医療における認知症をめぐる課題』の中で、2006年における認知症高齢者の年齢階級別の有病率を推計しており、それによると75歳以上の有病者数を213万4,000人としている。

5）認知症の種類
①アルツハイマー病
　1906年アルツハイマー氏によって報告、命名され、今日では、初老期発症のものも、高齢期発症のものもまとめてアルツハイマーと呼ぶ。
②脳血管性認知症
　脳血管障害を基盤として起こる認知症、発作型と緩徐型がある。

6）アルツハイマー病の治療
①コリン系補充療法
　記憶に関連を持つ神経伝達物質アセチルコリンの減少が注目される。コリン系の補充療法として、アセチルコリンエステラーゼ阻害薬としてアリセプトが有名だが、ただ初期や中期までである。その他行動心理症状への対応（環境調整・精神的サポート、身体疾患の見当、薬物治療等）がある。
②アミロイドβ蛋白質遮断薬の開発
　脳の神経細胞で作られる蛋白質（アミロイド前駆体蛋白質）が切断され、その断片（アミロイドβ蛋白質）が互いに付着して脳内に蓄積することにより、アミロイド斑（老人斑）が作られ、周囲の神経細胞を死滅させることからアルツハイマー病が発症するという仮説に基づき、アミロイドβ蛋白質の蓄積を抑制する薬物の開発が進められている。

③認知症患者の行動心理状態に対する薬物治療を含む療法

　認知症患者が起こす行動心理的な不穏の状態に関しては，家族を含めた環境調整，他の身体的な疾患があるかどうかの検討，薬物療法や心理療法がある。

7）　認知症を生きる不安の問題

　認知症について，それを病む人の内側から問う記述は多く，読む者にありありとその心のあり様を示してくれる。中でも小澤勲の著作には教えられることが多く，何回も読み重ねたが，『認知症とは何か』を中心とした文献の中から，認知症のこころを捉える困難の筆頭であろう，認知症を生きる不安について整理してみよう。

　認知症を患う人の不安は，「忘れること，今までできたことができない，自分が自分でなくなる，自分が壊れていく，どんどん失う，深い喪失感，知的自分の壊れ（知的主体が衰える），見知らぬ世界に一人ぼっち」という世界から，次第に「身体反応記憶再生の遅れ（身体が環境の変化に反応するのが遅い），奥行き知覚の障害（平面の知覚の障害），感覚のスクリーニング機能の障害（刺激の選択ができない），同時進行ができない（一度に一つのことしかできない），全体把握の困難，状況の中の自分が把握できない，老いること，認知症を病むことを受け容れられない，応用がきかない，分類することが困難（記憶ができないから），実行機能の障害（計画を立てる，組織化する，順序立てる，抽象化することができない），フィードバック機能の障害（自分は今どの辺りにいるかが分からない，判断や選択ができない），人の手を借りることができない，人との距離がうまくとれない」，とその症状は進んでいく。[2]

　さらに，具体的な症状としては，「火の始末や食事の支度等の困難，夜間せん妄，迷子，失禁，弄便，徘徊，攻撃性の発揮，意欲喪失」，等として表れ，介護者は当事者を前にして途方にくれるという段階に至る。

　自分が自分でなくなる，小刻みな死を体感しつつあるという，心と身体を削るような厳しい体感や体験の中に認知症高齢者はいるという。

第2節　認知症をどう捉えるか

　認知症をどう捉えるかということは，認知症の症状をどう捉えるかという問題との関連の中で，それを大きく中核症状と周辺症状に分けて考える方向と深く結びついている。そのあたりの事情については，小澤勲の『認知症とは何か』に詳しい。小澤は，認知症をICD10やDSM-Ⅳを参考に，「獲得した知的機能が後天的な脳の器質的障害によって持続的に低下し，日常生活や社会生活がいとなめなくなっている状態で，それが意識障害のないときにみられる」と定義しているが，その医学的な定義に基づく認知症の症状には2種類あり，一つは中核症状と呼び，もう一つを周辺症状と呼ぶとしている。中核症状としては，記憶障害，見当識障害，思考障害，抽象的能力の障害等があり，これらは，海馬などの記憶を司る脳の部位の障害から生じるものである。

1）認知症の周辺症状

　周辺症状は，中核症状に心理的，状況的要因が加わって二次的に生成されるものである。それには，幻覚妄想，不眠，抑うつ，不安，焦燥，徘徊，弄便，収集癖，攻撃性等がある。それは認知症を病み，中核症状がもたらす不自由を抱えて，暮らしの中で困惑し，行きつ戻りつしながら，たどり着いた結果生まれるものである。

　認知症を病むことによって生じる，さまざまなギャップを自分で折り合いをつけてうまくやっていくことができず，その中で本人が感じる不安や混乱に対し，やむにやまれず対処するために生まれるのが周辺症状である。これをコーピングと言い，対処行動とも言う。したがって，これらの周辺症状は，認知症の種類や進行など疾病の側の要因，病を抱えた当人の人柄や生活史等の個人的要因，状況的及び社会的要因などが複雑に絡みあって，その姿を形作っていく。それをたどっていくことができれば，彼らが伝えたいことを理解することができ，そして，周辺症状はその人の生活の中で生まれたものだから，生活の中で治ることができるものなのである。

　そのように，今日認知症の捉え方には二つの流れがあるように思われる。一つ

は，認知症の中核症状により焦点を当て，従来の脳の進行変性疾患によって起こるとされる中核症状の治療をはじめとした，いわゆる認知症を治療の対象として捉える方法である。治療方法としては，薬物，脳の活性化療法，環境調整，行動療法，音楽療法，心理療法，回想法等さまざまあるが，これはもとより，次に述べる周辺症状を重要視する方法においても用いられることがあり，境界のあいまいなところもある。

　もう一つは，認知症を病む人を丸ごと捉え，その人を単に治療の対象としてではなく，認知症を生きる人として，その生き方を理解し受け止めて必要な支援を提供していく，そのような対象として捉える方法である。前述した周辺症状をそのまま捉え，周辺症状の世界を，認知症を生きる人のたどり着いた止むに止まれぬ虚構の世界と受け止め，その中にこちらも入りこむことによって，やさしい穏かな世界が開けていき，認知症を病む人との柔らかな共生が可能になる。

　その虚構の世界に入りこむ手段として，物語（ストーリーテリング）の手法がある。認知症の人の虚構の世界を，彼らの物語として，受け取り聞き取ること，それが認知症の人へのアプローチであり，対応であり，ケアであるという考え方である。

　この認知症高齢者への当事者中心の方法，当事者の主観に入りこむという接近方法は，現象学的アプローチと称され，近年注目度を増しつつあるあるパーソンセンタード方式と呼ばれるものも同じ系列と捉えて良いであろう。

第 3 節　認知症との向き合い方——施設で支える・在宅で支える——

　社会福祉の領域で認知症の人と向き合う場合，それは治療的な視点重視の立場より，当事者中心，当事者の生活重視が対応の中心となるだろう。認知症を病む人と生活の中で向き合い，認知症の人が築き上げる世界を受け止め，理解し，支える際のキーワードを「見守り・共生」と捉える。ここでは「見守り」という概念を中心に，認知症との共生について考えていく。

1 ）　見守りについて

　「見守り」という概念は介護保険の中で取り上げられ，高齢者の領域，特に認

知症高齢者介護の領域で重要な手法の地位を獲得している。悪しきパターナリズムにも結びつく積極的すぎる介入を排し、認知症高齢者のあるがままを受け止めて見守るという手法は、まさに認知症高齢者の生活の質につながる中核的な支援の方法と言えるものである。

しかし、その「見守り」について、あらためて展開している文献はなく、理論的根拠もあいまいである。本節では、その重要性にもかかわらず理論的基盤が確定していない「見守り」の構造について検討し、「見守り」に基づく支援の形を明らかにしていく。

2） 見守りとは何か

見守り（見守る）という概念は、『広辞苑』によれば、「見て番をする、事が起こらないように注意して見る」という意味という。介護の領域においても、前述したように、積極的な介入をするのではなく、そのまま、相手のあるがままを受け止めて静かに見守るという方法を指すことが多い。そこでは、如何なる相手の如何なる受け入れがたい状態であっても、ありのまま受け入れ、見守るということが求められる。

しかし、自分が自分でなくなる、小刻みな死を体感しつつあるという、心と身体を削る厳しい体感や体験の中にいる認知症高齢者の場合、そのような根源的な不安への対応なしに、認知症高齢者へのサポートについて考察することはできない。換言すれば、このような認知症高齢者の領域における見守りは、到底そのような静かな見守りだけではありえず、それだけでは認知症高齢者を支えることは不可能で、それとは違った、より積極的で具体的な戦略を伴った見守りが必要だということになる。

そこで、認知症高齢者への見守りには、積極的な（戦略的な）見守りと戦略的でない、いわゆる通常の見守りの2種類あると言って良いだろう。

3） 戦略的見守り

戦略的な見守りには、まず、見守らせてもらうための、さまざまな工夫が挙げられよう。デイサービスやグループホーム、小規模多機能の施設等、認知症高齢者に対し、見守りのサービスを提供できる場所に来て、見守りをさせてもらえる

ようになるまでの、また、家庭において、ホームヘルパー等の介護者による見守りに慣れてもらうための工夫の数々、これを遂行するにあたっては、高齢者本人による困難性と同時に介護者による過干渉や不注意等、本人以外の人による困難性も、それを阻むものとして含まれていく。

　戦略的見守りは、単なるやさしさではない。認知症を熟知した人による、より積極的な工夫をこらした、戦略に満ちた見守りということになる。

4）戦略的見守りの過程

　その過程について、いくつかの文献の中に表されているものを参考にしてまとめてみると、以下のようになる。

①（宅老所など各種サービス機関で）当人を預からせてもらうための工夫である。まず、当人は、見守りなど自分には必要ではないと思っているため、見守りの現場に入ってもらうためには数々の工夫が必要となる。例えば、小集団を形成したり、身体接触の増加や、お祭り気分の形成などにより、ご当人がなんとなくつられて、いつのまにか見守りの中に入っていけるような工夫である。

②日々の過ごし方を工夫し、ゆっくり一緒について歩く、沿っていく日々、よけいなことをしない介護を実践する。一緒に食事、トイレ、入浴等のなじみの関係を作る（同じレベルの人でグループを作る）、場所に慣れるための工夫（家族が一緒に泊り込む、ゆっくり待つ―身体反応が遅く、馴れるまで時間がかかる）をする。

③折り合いを着ける―折り合いが着くのを待つ、新しい家族や地域との関係を作る（よりあいと家との往復の中で、地域や家族の中に居場所ができる）。その場所で新しい関係ができる（よりあいはましな所だが、家ではない）。気持ちの落としどころを見つける（スピリチュアリティーの側面も含めて）、余分に迷わないための対処方法を考える（例えば、今日1日の予定を書き、目の前においておく等）。

④このようなお付き合いの中で、認知症高齢者との付き合いは、次第に意識下の付き合い、時空を超えた究極の人との付き合い（まったく新しい関係ができる）となっていく。その人の世界で動き、説得より納得、身体で通じ合い、ただ共にある、ともに過ごしてきた時の重なりが理解を超えるという領域に達し、遂に、その人となりをしかとは覚えていなくても「あんた、ここにおったとね」と懐かしげに言うだけでわかりあえる関係に入っていく。

これは，人間と人間との究極の関係，人間存在の究極的な形と言って良いのではないだろうか。こことはどこか定かではないけれど，どこかとても懐かしい場所，わざわざ言わなくても分かっている場所，懐かしいいつもの場所，昔よく行っていた場所，よく知っている場所，迷うことの無い場所，紛れも無い，くつろぎの場所，いこいの場所，自分の居場所。

　そのような場所にあんたはいた，どこに行ってしまったのかと思ったら，そんな自分にとって馴染みの場所にあんたはいた。もしくは，あんたがいたのだから，ここは自分にとっても前によく来た馴染みの場所に違いない。もう何も心配しなくてもよい，あんたがここにいたのだから。「あんた，そこにおったとね」という言葉は，まさに時空を超え，この世のあらゆるしがらみから自由になった自分の居場所に，永遠に存在する人と人との関係を表す。

　そこでの関係は不滅であり，永遠の安らぎをもたらす。何物にも損なわれることなく，何事も気遣うことはない。そのように認知症高齢者は，次第に一人ひとり，自分の魂の核に向かって深く進んでいく。それは虚構の世界なのか，真実の世界なのか。

　その展開過程をたどっていくと，認知症の人の言葉の持つ永遠性や，その人たちが，自分の存在の中核へ，そして人生に真の意味を与えるものに向かっていく姿が目に浮かぶ。そして自分は，情動的な「私」の中に溶け込み，1人の情動を超えた共同の情動や人とのつながりの中に，自然の中に溶け込んでいくのである。

⑤最終的な段階は，終末期となる。本人とともにそこで死を受容するもよし，自宅で終末期を迎えてもらっても良い。

5）戦略的見守りのまとめ

　このように見てくると，戦略的な見守りとは，認知症に対するケアそのものの中に存在するということができる。認知症高齢者は，認知症への戦略的見守りという対応の中で深く安らぎ，自分の生活を取り戻していくことができるからである。

6） 戦略的でない見守りについて

　他方，認知症高齢者は，このような綿密なケアの中でのみ，日々の生活を営んでいるわけではない。家族とともに，また各種施設の中で，通常の高齢者として，また利用者としての生活を送っているのだ。その場合，いわゆる通常のあまり戦略性を発揮しない見守りに見守られた生活でもあると言うことができる。

　換言すれば，そのような戦略的な意図を持たない通常の見守りが，家庭の中で，地域の中で，各種施設の中で十分に機能することができれば，逆に戦略的な見守りはあまり必要とならず，それが真の意味での認知症高齢者への見守りが広く機能しているという事態になるのかもしれない。

　では，認知症高齢者への通常の見守りとは，いかなるものであろうか。例として，小澤勲に「認知症体験の語り部」と呼ばれているクリスティーン・ブライデン氏の場合等が挙げられよう。彼女のことは，多くの認知症や認知症ケアに関する書物で紹介されているので，詳しくは触れないが，クリスティーン氏は，46歳の時に道に迷ったり，通常ではない行動に悩まされ，専門医にアルツハイマー病と診断された人である。50歳で結婚相談所で紹介されたポール・ブライデンさんと結婚，アルツハイマーという疾患を背負いながら，いわゆるおしどり夫婦として，著作や講演等で世界を駆け回り，アルツハイマー体験の語り部と称されるようになっている。

　クリスティーン氏の，認知症という疾病に対する気持ちの持ち方も飛びぬけて前向きで明るく，人々の感動を呼び，同じ病に苦しむ多くの人に多大な励ましを与えているが，むしろ，それ以上にクリスティーン氏と夫のポール氏の，和やかにしてお互いに対する深い理解に満ちた夫婦のありかたが，接する人すべてに共感と感動を与えていることはよく知られている。アルツハイマーという病気と夫婦2人で向き合いながら，ポール氏は，クリスティーン氏の病気による重荷や負担を少しでも軽くするためのサポートは惜しまず，それを生活の一部として容認しつつ，そのような重荷もひっくるめた生活をそのまま受け容れて楽しんでいる。

　そのポール氏によるクリスティーン氏への見守りは，前述した戦略的な見守りのように特別なしかけや意図を含んだ戦略が見られるわけではないが，ごく自然に2人の日常生活の中で展開されており，認知症への見守りの原型・基本と呼んでも良いもののようだ。

7）「小山のおうち」の実践

　他方，認知症に対し，より戦略的な見守りとも言える，認知症とより積極的に向き合う方法が注目されている。小澤も，その著書で高い評価を示している「小山のおうち」の実践である。小山のおうちの実践については，高橋幸男の『輝くいのちを抱きしめて』(NHK出版，2006年）に詳しい。これは，島根県出雲市で精神科クリニックの併設施設として1993年，認知症老人デイケア（デイハウス・エスポアール小山・通称・小山のおうち）を開設，集団精神療法を中心として，イメージトレーニング，リアリティオリエンテーション，回想法，音楽療法，作業療法，運動療法，芸術療法，レクリエーション療法等をおりまぜながら，認知症高齢者により治療的に関わろうと働きかけをしているものである。

　従来のお預かり，見守り，サポート中心の認知症デイサービスに対し，認知症デイサービスを医療の面から理論立てることの必要性を認識し，サイコドラマの形式と考え方を採用した集団精神療法を展開している。しかし，認知症の場合，きっちりとドラマを演じるのは難しいので，「小山のおうち」の場合は，その1日の生活全体を舞台にしてドラマを演出するという方法をとっている。

　この演出性集団精神療法と名づけられ，生活リハビリテーションと呼ばれる「小山のおうち」の実践の強調点は，認知症高齢者による，自らを語ることを通した徹底した言語的表現やドラマの主役を演じたり，観客になったりする体験であろう。そのことにより，認知症高齢者は，自分の心の動きを振り返って自分を素直に見つめ直したり，仲間意識ができて共感や安心感が生まれ，精神症状や物忘れが軽減する等の効果が明らかになったという。スタッフにとっても認知症高齢者のこころに対する理解が，それこそ目からうろこが落ちるように促進され，自己の振り返りや変革が生まれ，認知症高齢者の治療とサポートに関する，きわめて有効な集団を形成しつつあると言う。この実践のお手本としては，愛媛県松山市のデイケアセンター「虹の家」がある。

　この実践を知らされた時，山口の「夢のみずうみ村」の実践と共通するものがあると思った。いずれも認知症を患ったり，その他さまざまな障害のある高齢者に対し，積極的に，自らの障害や病気やまた人生そのものに取り組み，自らが人生を切り開いていくことを前提として，そのための具体的できわめて戦略的な取り組みをスタッフが駆使し，展開している点である。そのスタッフ側の理論と実

践に裏づけられた戦略と高齢者が相互に火花を散らして一つの独特な世界を開いている。

もとよりそれに乗れない人々への対応は考慮されていて、山口における実践の最終的な到達点は、生きているだけで十分というステージになると紹介されている。今後、各地で認知症やその他の病気や障害を抱えた高齢者に対し、さまざまな取り組みが行われていくことと思われるが、情報公開を広く行うことにより、互いに学びあいながらの実践が期待されよう。

第4節　認知症をめぐる今日的課題

1）閉じこもる人々の群れ

ここでは、これまで触れてこなかった、認知症を病み、サポートやサービスを必要としながら、サービスを求めなかったり、サービス等の情報の外にいるままになっている人々の問題について述べる。

介護疲れ、老々介護による悲劇は後を断たない。世間に背を向けて、外からの支援を1つも受けずに1人でその重荷を背負ってしまう悲劇。今の世の中、一応、介護保険の制度も整っているのに、どうしてと思う。特に、夫が妻を在宅で介護している場合など、1人で背負いこむことが悲劇の基と言われる。1人で背負いこまないで、という声かけがあちこちで響くが、そのような声かけを聞くことができるくらいなら、悲劇は起こらない。そもそも、そのように1人で背負いこんでいる人は、外からの声に耳を傾けるすべもなく、気持ちもない人々なのである。

そのような状態は、外部から一切の接触を排除する精神病理的な状況と捉えることもできよう。しかし、それよりも、とりたてて精神的な問題があるというよりは、何とはなしの引きこもり的状況、何とはなしの生活の後退と捉えることが適切な例も多い。それを突破するには、「きっかけつかみ」等のホームヘルパーの技が有効である。

2）ホームヘルパーのアプローチ

自発的に支援を求めようとしない人々へのアプローチとしては、司法関係の領域や貧困・多問題家族を中心としたインボランタリーな人々へのアプローチとし

て，海外の文献にも詳しい。わが研究グループの対象は，ホームヘルプ事業の実践の中で出会った熟達した引きこもりの人々であり，研究の成果として彼らの事例を集め，その実践記録の中から共通の概念を抽出し，ホームヘルプ事業の中で伝達可能な技や利用者の状況等を整理して学会や学会誌等で報告し，出版している。

　その中から，自発的に支援を求めない人々への熟練ホームヘルパーの技を紹介しよう。多くは近隣や民生委員，借りている住宅の大家等からの通報でホームヘルパーが出動する。引きこもって家中ごみだらけ，何をしているのか分からない，たずねても応答もない。親戚等もとっくにお手上げとなっている。そのような人のところに出動するに際して，まず，戸を開けてもらうためには，民生委員とか古くからの友人等，彼または彼女を心から心配している人とともに訪問することが多い。

　とにかく何時間かかっても戸を開けてもらえれば，こちらのもの。ちらっと見えれば家の中の様子がうかがえるし，本人の長くのびた爪とか，どこに埋もれているか分からない電話機など，本人が今一番困っていることをいち早く発見し，そのサポートから支援を展開していく。ある利用者は，そのように困った時に来てくれたホームヘルパーをしばらくは，電話の故障を直しに来てくれた電話会社の人と思っていたり，宅配で食事を運んでくれる人と思ったりという，まさに生活に密着した支援が展開されていくのである。

　「認知症で（援助に）入れない人はいない」という事業所の揺るぎない理念の下に，時間を惜しまず，きめこまやかな戦略を立てた取り組みは，認知症や精神的な疾患を病む高齢者たちへきわめて有効なアプローチとして評価され，同業者たちの共感を得ている。

　しかし，ここでは大きな問題が生じている。介護保険の見直しにより，各所でホームヘルプサービス・訪問介護事業が介護保険の適用から大幅に削られつつあることである。将来的には，訪問介護は身体介護に限定し，生活援助は介護保険から外していく方向性にあるとの見方もあり，その行方が危惧されている。過剰な生活援助が，利用者の自立心の向上を妨げているという生活援助へのいわれのないマイナス評価の下に，高齢者や障害者の生活支援として，訪問介護が持つ意味を否定しようとしている動きである。

第8章　高齢者問題とその対応①

　上述した事例に明らかなように，いまだわが国の多くの高齢者や貧困にあえぐ生活後退者は，情報の外に自らを閉じ込め，そこから事件が発生してくるという道筋がある。求めれば支援を手にすることができるのに，どうしてそれを求めないのかといらだちをぶつけるのではなく，如何にしてそのような情報難民，援助難民が生まれるのか，如何にしてそのような難民たちの，情報や支援入手が容易に可能になる環境を整えることができるのかについて，真剣に検討されなければならない。それには，そのための特別な戦略が必要だし，またそれを可能にするマンパワーも必要なのである。

まとめ

　近年，認知症高齢者に対する関心は高まり，認知症高齢者に対するケアやアプローチの新しい取り組みも各所で開発されている。認知症高齢者に限り，明るい展望が開けているかのようにうかがわれる気配もある。しかし，一方で，家庭内介護や老々介護による悲劇も後を絶たない。この介護保険の時代に外部からの支援を受けることなく悲劇に陥る事例が新聞紙上をにぎわすことは珍しいことではない。
　このような問題を考えると，我々の間で支援を受けるということ，特に認知症のような苦しい疾病に陥った場合の支援の方法を根底から考え直すことが今問われているように思われる。ケアマネジャーが動き，介護保険の活用が勧められても，そこからこぼれ落ちる人々を救うことは難しい。在宅福祉が叫ばれ，ユニットケアや多くの優れもののサービスが整えられても，それを自発的に活用しようとしなければ，その意味は遠いものとなる。前述したように認知症高齢者は自分の時間と空間を使うのに人手を要する存在である。さらに重症になれば，さらに多くの支援を必要とする存在となる。
　ホームヘルパーの人々は，「認知症で支援に入れない人はいない」との確信を持って支援に向かっていたのだが，介護保険の導入，さらにその改正により，そのような自発性のうすい利用者に自発性を促すことから始める支援が大きく制限され，その優れた能力を発揮できないでいる。利用者も支援者も共に弱者切捨て，支援格差による弊害を明らかに被っている。

133

認知症高齢者へのさまざまな活発な取り組みはこころを明るくするし、そこで繰り広げられる支援は、ほとんど支援というより、人と人の向き合いや交わりの根源を指し示しているようだ。このような多彩な支援が制限されることのない社会を願ってやまない。

▶注
(1) 長谷川和夫『認知症診療のこれまでとこれから』永井書店、2006年、9-16頁。
(2) 小澤勲『痴呆を生きるということ』岩波書店、2003年、169頁。
(3) 小澤勲『認知症とは何か』岩波書店、2005年、2-3頁。
(4) 同前書、22頁。
(5) 同前書、24頁。
(6) 同前書、149頁。
(7) 同前書、25頁。
(8) 同前書、151頁。
(9) 下村恵美子『九八歳の妊娠』雲母書房、2001年、237-238頁。
(10) 同前書、239頁。

▶参考文献
室伏君士『痴呆老人の理解とケア』金剛出版、1985年。
室伏君士『痴呆老人への対応と介護』金剛出版、1998年。
下村恵美子『九八歳の妊娠』雲母書房、2001年。
村瀬孝生『おしっこの放物線』雲母書房、2001年。
古川孝順ほか『援助するということ』有斐閣、2002年。
C.ボーデン、桧垣陽子訳『私は誰になっていくの』クリエイツかもがわ、2002年。
奥山久美子『望みホームの静かな力』CLC、2003年。
小澤勲『痴呆を生きるということ』岩波書店、2003年。
グループホームきなっせ編『寄り添うケアとは何か』CLC、2003年。
小澤勲・土本亜理子『物語としての痴呆ケア』三輪書店、2004年。
小澤勲『認知症とは何か』岩波書店、2005年。
国際老年精神医学会『痴呆の行動と心理症状— BPSD —』アルタ出版、2005年。
長谷川和夫『認知症診療のこれまでとこれから』永井書店、2006年。

第9章　高齢者問題とその対応②
――虐待・孤独死問題――

はじめに

　本章の目的は，高齢者を中心とした虐待や孤独死等，地域レベルで発生する社会問題性の強い生活問題に関して，従来の議論を概観した上で，その問題把握と対応の視角を提示することにある。

　虐待や孤独死は，日常生活の中にその問題発生の契機を持ちながらも，複雑な背景から発生し，死亡や傷害といった深刻な事態に至るまで，問題自体が社会的に表面化しにくい構造を持っている。ゆえに社会的な対応もまた非常に難しい問題である。

　それに対して，社会福祉サービスは，生活の機能的な部分に対応すべく，その枠組みが形作られているため，虐待や孤独死のような複雑な構造を持つ問題に対しては，それ単独で，十分対応できるものではない。虐待や孤独死に至る当事者の属性によっては，狭義の社会福祉サービスの対象となっていない場合もある。したがって，この問題への対応は，従来の在宅医療・社会福祉を中心としたケアモデルの適用や既存の社会福祉リソースの量的拡大を図るだけでは不十分であり，生活問題の特性を踏まえた新たな要素が支援システムに付け加えられなければならない。

　近年，こうした地域レベルの問題に対して，新たな発想の施設実践や住民による自主的な取り組みが注目を集めている。多様な形態で現れてくる今日の生活問題に対応するためには，制度的な枠組みに捕らわれない自由な施設の運営や住民

による自主的な社会福祉活動の展開は、必要不可欠と考える。また、それらは総体として、利用者の社会的地位の向上や住民自治の発展に寄与すると考える。しかし、そうした自由な発想での、新たな取り組みには困難も多い。ソーシャルワーカーをはじめとする支援を担う専門職が、共同的な関わりをすべき所であるが、専門職の業務体制やシステムにも課題は多く、十分な支援を行えていないのが実情と言えよう。

　虐待や孤独死の問題とその対応のあり方については、高齢者虐待防止法等の法制度レベルでの問題を政策論の観点から検討することも一つの視角であるが、本章では、社会福祉の臨床的支援の立場から、問題の捉え方について新たな視角を提示し、地域における実践的な取り組みと専門機関を含めたシステム等、地域社会レベルの対応の方向性について言及したい。

第 1 節　今日の高齢者問題

1）虐待・孤独死問題を捉える視角

　虐待も孤独死も、基本的には社会問題の現象的な呼称であり、ジャーナリスティックな呼称である。両者は、個別の問題を現象的に見れば、その発生の原因も社会的な取り組みも異なるものとして捉えることができるであろう。しかし、社会福祉問題として捉えた場合、次のような点に、その共通性が見られる。

　両者とも、今日の地域社会で、問題を担う人々が閉塞的な関係の中に位置し、問題が深刻な事態に至るまで表面化せず、外界からの援助的接近が困難である点、そして、問題解決にあたっては、現象として現れた部分的な問題、主として生活機能の不全部分に狭義の社会福祉サービスを対応させるだけでは問題解決につながらない、という点である。

　これまで、虐待問題や孤独死問題に関して、研究者をはじめとして、さまざまな実践家、専門家が、研究や実践的な取り組みを展開してきた。その問題探求・解決へのアプローチは、大きく分けて2つのタイプがあると考えられる。

　一つは、問題を人権の立場から捉え、その社会的な対応を検討するものである。虐待や孤独死の問題を、現象的な側面から捉え論じたものと言えよう。高齢者に限らず人の傷害や死は、社会福祉問題として考えると、最も深刻かつ悲惨な出来

事である。ゆえに，高齢者が傷害を受けたり，不慮の死を遂げる事態が発生すること自体を問題として捉え，それをどのように防ぐのかという観点からの問題の指摘は，誰の目にも明瞭な論理があり，説得力もある。今日の研究や実践の多くは，このアプローチを取っていると思われる。

　二つ目は，虐待事例や孤独死事件の事例分析を通じて，その原因を探ろうとするものである。虐待問題の場合，虐待者は，どのようなパーソナリティの人間で，どのような環境下で虐待に至ったのかを明らかにしようとする。孤独死問題では，集合住宅における問題の発生を典型例として，地域社会の変貌という環境要因と，個人の生活史的理解という個別的要因を視野に入れて，問題を理解しようというアプローチである。

　人権的視点から問題を指摘する論者が，調査や事例分析を行う例もあり，事例の分析を主とする論者は，ほどんど被害者の人権尊重の必要性をうたっている。両者は，まったく相反するものではなく，その視点や議論は相互乗り入れ的であり，あくまでも研究・実践活動の主眼の置き方の違いと言えよう。

　いずれにせよ広く社会一般の問題として，人権の視点からこの問題を論じることは，社会的な対応を呼び起こすために必要不可欠である。また，地域での実践的な対応のあり方を検討するために，その発生原因について，一定の構造認識は必要不可欠である。

　しかし，これらの問題への対応が難しいのは，問題の原因や構造が分かれば，解決策が自ずと見えるというような類の問題ではないところにある。問題構造の理解は，解決の方向性を検討する上で必要である。しかし，具体的な解決策のあり方は，それだけでは決まらない。地域の人的・経済的資源，関係者の合意のあり方や考え方等の諸条件によって，実際の対応策には，さまざまな形が想定される。したがって，一定の問題認識に立脚して，これらの問題を，私たちがどのように捉え，どのようなシステムで対応しようと構想するのか，そのビジョンを先進的な実践から発想し，地域対策を立案していくことが必要であろう。

2) 生活と問題の全体性の理解

　虐待や孤独死の問題は，既存の社会福祉サービスや介護サービスの枠組みでは捉えることのできない全体性の強い問題である。現在，営まれている介護生活や

独居生活の枠組みを前提として，そこで展開される行為を支援すれば，何とかなるという問題ではない。生活のあり方や，そこで切り結ばれている関係のあり方の全体に介入することが必要となってくる。資源の投入や直接的な支援という観点よりは，予防や保護，見守りといった要素が強く求められる。これは，従来の医療や狭義の社会福祉のサービスの提供とは，まったく異なる視点や支援観を必要とする。

例えば，寝たきりの母親を介護する息子が虐待するといった事例では，介護サービスの利用・導入を図ることは，支援の一つのきっかけではあるが，それ自体で虐待が鎮静化するわけではない。問題は過重な介護負担だけでなく，経済的な余裕の無さ，介護者の知識や認識の不足，これまでの母子関係のあり方からくるパーソナリティの問題等の当事者の人間的な要因に加え，プライベートな支援関係の弱さや有効な専門職との関わりの欠如等の環境的な要因，つまり，一筋縄では解決できない構造的な問題が，複雑に絡み合って重層化している。また，このようなケースでは，当事者自身が生活問題の自己認識に乏しく，専門職との接触を拒む例も多い。そのことが問題をより深刻化させ，社会的な対応を遅らせる要因ともなる。

このようなケースへの個別的な対応は，見守りを基調としつつも，単に資源や情報，サービスの提供だけでなく，ある種の指示や教育を伴いながら，時には，当事者を分離したり，隔離・保護したりすることも援助計画の視野におかれなければならない。

このような虐待事例にかかわらず，今日の市民の抱える生活問題は，問題性に強弱こそあれ，本質的には家族を代表とする生活の諸関係全体の問題として存在し，多面的かつ個別具体的な形で，個々の家族の上に現れてくる。その生活問題が深刻であればあるほど，問題の全体性の理解は必要不可欠となってくる。

3） 虐待・孤独死問題における社会福祉サービスの位置

高齢者問題と言えば，介護問題に矮小化して捉えられがちだが，たとえ介護問題であっても，生活問題として問題の構造をトータルな視点で捉えることが必要である。高齢者への支援の課題を狭義の社会福祉サービスの機能的な枠組みで捉え，単純に対応させて考えるのは適切ではない。

全体的な構造を持つ生活問題に対して，どのような包括的な支援を行うかは，その問題構造を理論的にどのように捉えるかによって異なってくる。現象学的な形態に対応していたのでは，今日の高齢者問題がそうであるように，共通する社会的背景を持ちながらも，強い個別性を持って現れてくる問題に対して，支援は一貫性を持たなくなる。支援がシステム的な一貫性を持つには問題を一定の理論的文脈で捉える必要があり，それが無ければ，支援は，現象化した生活問題の機能的な部分に対応する後追い的な対処療法になってしまう。したがって，理論的に虐待問題や孤独死問題をどのように捉えるかは，社会的対応を検討する上で重要な課題である。

　介護サービス等の社会福祉サービスは，身体や生活の機能的な側面の不全性に着目して，それを補完するサービスを提供することが基本である。例えば，買い物や調理等家事が行えなければ家事援助を，介護に困難があれば訪問介護を，入浴の動作や介助に困難があれば入浴サービスを，といった具合である。一般に，社会福祉制度の対象となる問題は，そうしたサービスの枠組みと照らし合わせて捉える事が多い。しかし，支援にあたっては，常に，機能的なサービスが全体である生活問題のどの部分にどのように作用しているのかを考え，生活問題全体の解決・緩和に，どのようにつながるものであるのかが理解されなければならない。その上で，当該サービス以外の対応が，どのように必要であるか。他の専門職との連携の必要はないのかなど包括的な支援体制のあり方が問題となる。

　今日，地域で提供されている介護サービスをはじめとする狭義の社会福祉サービスは，単独ではこうした問題への対処として不十分である。しかし，虐待問題，孤独死問題とともに，サービスの利用を通して，当事者達が専門職との関わりを持つことは，包括的な支援体制構築に向け重要な契機になりうる。1人であっても支援専門職が，当事者と関わりを持つことは，生命の危機を含めた危機介入の基本的な体制と言えよう。制度的な社会福祉サービスの利用がなされている場合において，対応策の焦点は専門職の支援体制の構築に集約されていると言って良い。

第2節　高齢者虐待問題の理解と対応

1） 高齢者虐待問題の視角

　高齢者の虐待には多様な姿がある。問題自体が社会的に見えにくい構造を持つため，近年では，盛んに実態調査が行われている。多くの調査は，その対象を，虐待者と問題発生の場所から整理している。在宅での家族による虐待や高齢者施設での職員による虐待，また，在宅でのホームヘルパー等の援助者による虐待である。

　これらの虐待問題は，個別具体的に捉えた場合，家族による虐待と施設内虐待は，被害者が高齢者である以外，別な問題構造を持つものと捉えられかねない。ビックス（S. Biggs）らは，高齢者虐待問題の分析視点として，①虐待問題の社会的・歴史的形成過程，②当事者の人間関係，③関係者・当事者の心理学的な認識，この三つを提示し，ソーシャルワークの課題としている。さらに「市民権」という権利概念を足がかりにして，問題を社会的に問うことを主張している。[1]

　こうした問題の視角は，日本においても同様に見られ，高齢者ケアに関わる臨床家や研究者の多くが，同様の観点から調査研究等に取り組んでいる。そこでは，概ね共通して次のような点が指摘されている。

　まず，虐待の定義については，多くの調査において，虐待行為の分類として，児童虐待とほぼ同様に以下の分類が用いられている。①身体的虐待，②性的虐待，③心理的虐待，④経済的虐待，⑤無視，放置，である。法制度の対応を考えれば，何が虐待かについて一定の定義は必要であるが，同じ問題構造を持っていながら，定義に外れる問題は，社会的対応から外れてしまうという点で，観念的に捉えて虐待像を曖昧にすることも，現象的に捉えて虐待の枠を無批判に拡大することも避けられなければならない。したがって，ほぼ共通の分類で虐待行為が整理されている。

　実態については，家族による虐待の場合，介護負担の重さや協力者の欠如，元々の人間関係を誘因として，介護者の孤立状況が見られること，加えて専門職による適切な支援の欠如があり，その結果，虐待に至るという状況が共通に明らかにされている。また，虐待を行う家族が，自らの行為について虐待という認識

を持っていないことが多く，一方，被害者である高齢者自身は，特に，家族による虐待の場合，被害の声を上げることが難しいことも同様に指摘されている。

対応策としては，介護負担の軽減，ホームヘルパー等の支援を担う専門職による早期発見，成年後見制度の活用を含めた人権保障の取り組みなどの必要性が訴えられている。

一方，高齢者施設における虐待については，近年，グループホームにおける虐待事件等が相次いで発生し，背景にある介護職員の過酷な労働条件の問題が指摘されている。本来，施設内虐待は，高齢者施設に限定される問題ではなく，施設の処遇のあり方や，入所者・利用者の地位や権利といった文脈でも検討されなければならないが，近年の介護職員の離職率の高さや過重労働は，もはや深刻な社会問題となっており，社会的な問題関心は介護職員の労働条件にシフトしがちであるのが実情と言えるだろう。

2） 虐待原因の二元論

障害の種別や領域にかかわらず，虐待問題は，労働条件の問題か，もしくは虐待者のパーソナリティの問題として二極化したところで議論されてきた。

虐待者の人格や人間性といった心理的な要因に原因を求める一方で，人間を虐待に追い込む環境的な要因として，介護負担や劣悪な労働条件を問題にするというものである。

社会的な対応策としては，介護負担の軽減，労働条件の改善と同時に，虐待がエスカレートしない段階で，早期に発見するための発見・防止システムの構築や，そのための地域ネットワークの形成，倫理を踏まえた専門職の養成・研修が課題として指摘されることが多い。

いずれにせよ，被虐待者である高齢者と虐待者との二者関係を中心として問題を捉え，その背景として虐待者の環境を問題にする視角である。問題を虐待者の心理と，その環境という視点から構造的に分析し，そこで得られた問題特性に支援や予防策を対応させる研究手法である。この考え方は，問題の指摘と対応が相互に関連づけられるため，原因―結果―対応といった一連の関係が明確であることから，結論についての社会的合意も得られやすく，一定の説得力もある。

しかし，問題の捉え方を二者関係にのみ絞っているため，労働条件と虐待の発

生を，つながりのある問題として説明する論理を失ってしまうことになりかねない。例えば，劣悪な労働条件下にあっても，介護負担がどれほど重くても，誰もが虐待に至るわけではない。一般傾向として，介護負担や労働負荷が強くなり，ストレスが高まると，その中にいる人間は，虐待等の問題を起こす確率が高くなるという状況は，研究として指摘できるであろう。しかし，問題発生の頻度が高率にならない限り個人差は誤差の問題であり，結果的には，虐待問題は，特異な問題として捉えられ，その原因を個人の人間的特性に求めざるを得なくなる。管理者の側からみれば，リスクの発生確率が低ければ，システム的な対応の必要性も低くなる。

　一般的な問題傾向の指摘は，社会的な対応の方向性を検討することに資することは疑いの余地が無い。しかし，地域や施設における具体的な対応を考えた時，一般傾向は，個別の臨床的対応の構築には結びつきにくい。また，問題発生の原因を虐待者の人間的要素に見出そうとするなら，如何に専門教育であろうと集団的な一般教育プログラムでは，その予防・解決は望めないであろう。

　本来，介護負担や労働条件の問題は，虐待問題という限定的な現象からのみ問題にされるべきものではなく，労働者の有病率や事故・過誤の発生等とあわせて，深刻な実態が明らかにされなければならない。

3）援助関係論からの視角—精神障害者クラブハウスの実践から学ぶもの—

　天野は，自らの臨床経験と，自身が運営に関わる精神障害者のクラブハウス「ゆうせん」での実践から，施設内虐待について発言している[3]。

　クラブハウスとは，1940年代後半にアメリカのニューヨーク・ファウンテンハウスで開発され，地域リハビリテーション方式を取り入れた精神障害者のリハビリテーション施設である。利用する人（メンバー）は，他者からの指示や強制を受けることなく，自分の意志で利用し，自ら選んで決めた役割に取り組むことを通して，生活技術を身に付け，自信をつけることで，人間としての尊厳を回復していくものである。自らの役割は自ら選択し，施設での取り組みや運営もすべてメンバーとスタッフが徹底的に話し合い，合意の上で実施される。クラブハウスモデルでは，メンバーには以下の四つの権利が保障されている[4]。

①誰でも来ることができる
②いつでも帰ってくることができる
③誰からも必要とされる人間関係が築ける
④誰からも必要とされる役割がある

　天野は，このようなクラブハウスモデルでは，虐待が発生する契機は見出せないという。運営はすべて共同で行われており，情報が共有されているため，問題はすべて，話し合いのテーブルに上程されるのである。

　ソーシャルワークにおける専門職とクライエントとの関係は，理論形成の歴史から，非対称的な関係が前提とされ，ゆえに今日の支援者の多くは，非対称的な関係からくる権威性を払拭し，対称的な関係の構築を模索し続けてきた。このような関係論の視点から考えるならば，施設内虐待は，支援者と当事者との非対称的な関係性に起因する権威性と，それを固定化する運営システムの下で発生する問題と言える。虐待の原因は，個別的な二者関係ではなく，支援者集団と利用者集団全体の関係性にあり，それを具体化する運営システムの問題として指摘されている。そもそも，虐待が発生する可能性を秘めた関係性や施設の体制が存在しているという認識であり，そのような体制の下では，虐待以外にも人間の尊厳を損なう契機は，日常に存在するのである。

　運営のあり方を考えるに当たって，特に，クラブハウスモデルで示唆深い点は，話し合いによる合意の形成と情報の共有が関係の基礎となっている点にある。これを施設運営や在宅で介護関係の形成に当たり，どのように仕組みとして構築するかが，課題となるであろう。

　このクラブハウスの実践理念を，ストレートに現在の高齢者施設に当てはめることは困難であるが，民間企業によるサービス供給が主流となりつつある今日の介護サービスの領域において，高齢者自身の運営への参加や自治といった問題をどのように施設や地域でのシステムの中に組み込んでいくのか，虐待問題への社会的対応と関わり，実践的理論的に検討されなければならない課題の一つである。

第3節　孤独死問題の理解と対応

1） 孤独死の問題性を考える

　一般に言われる「孤独死」は，誰にも知られずに，急な疾病の発症等により死亡し，死後，一定の期間を経て発見されるという例を指している。高齢単身者だけでなく，50代や60代前半の単身者や夫婦世帯にも見られる問題である。

　虐待と同様に，問題自体はジャーナリスティックに取り上げられることが多く，社会福祉問題として，その対応を検討するには，単に現象的に捉えるだけではなく，孤独死と呼ばれる現象の何がどのように問題かを理論的に指摘しておかなければならない。

　死はそれ自体悲しむべきことであり，つらい出来事である。家族に見守られながらであろうと，死の淵や死後の世界にまで，家族とともに歩むことはできないし，死の間際の恐怖や不安は，どのようなケアが行われようとも緩和されこそすれ，完全に除去することはできない。家族による看取りは，一般に望ましいとされているが，それは，生前の家族関係のあり方にも依存する上，良好な関係があったとしてもタイミングの上で家族が臨終に間に合わないということもある。

　孤独死の問題を，1人で死を迎えるということ自体の問題とするなら，それは入院中の患者にでも起こりうる。また，不慮の死は事故や疾病の急性発症によっても起こり得るもので，孤独死に限った問題ではない。

2） スーザン・バーレイ『わすれられないおくりもの』[5]

　この本は，絵本作家のスーザン・バーレイ（S. Varley）が，自身の祖母が亡くなった際に著したものである。主人公のあなぐまは，単身の高齢者であり，老いと終末を意識している。地域の人々と豊かな関わりを持ち，慕われながら生活してきた彼は，やがて，1人で死を迎える。あなぐまの死後，地域の人々は悲しみに暮れるが，やがて生前の彼との豊かな関わりを思い出し，次第に死を受け止めていくというストーリーである。ターミナルケアに取り組む医療機関等で，グリーフケアに用いられたり，小学生の教科書にも採用されている。

　この絵本では，あなぐまはひとりで死んでいく。死の形態だけを捉えれば孤独

死である。しかし，このストーリーから，今日，問題となっている孤独死の悲惨さやわびしさは無い。それはなぜか。豊かな人間関係の中で生をまっとうし，その価値を関わる人との間で共有しながら，死を迎えることができたからである。

孤独死の問題性は，死の場面や形態だけで捉えてはならない。現代で問題にされる悲惨な孤独死は，死に至るまで生の過程における生活や人間関係の脆弱さや生活困難といった問題があり，その帰結として誰にも知られない死がある点にある。

死のあり方は，それ自体，人権や宗教，哲学などの問題として論じれば良いであろう。社会福祉の課題として孤独死を論じるなら，その支援の対象となるのはあくまでも人間の生の過程であり，その問題を克服し，豊かなものにすることが目標とならなければならない。社会福祉にとっては「死」が問題なのではなく，「生」を支えることが問題なのである。近年，単身者を中心として，死後の居室・家屋，身の回り品の整理をする業者が現れ，一定の利用者を確保しているという。これはとりもなおさず，生前の，その人を取り巻く関係の脆弱さを反映している。

3） 孤独死発生のメカニズム

孤独死に対する取り組みとしては，千葉県松戸市の常盤平団地の孤独死防止センターが知られている。同様の地域的な取り組みは，いくつかの集合住宅団地で行われている。孤独死は，今日の日本では，集合住宅に典型的に見られる問題と言えるだろう。

集合住宅における孤独死は，高齢者よりも50代から60代前半の男性に多いことが指摘されている。今後，実証的な研究が求められるが，筆者は，この理由を次のように考えている。

孤独死の問題は，生活を支える関係の脆弱さに，問題の一因がある。日常的な人間関係の欠如と，生活と健康の不安定さがその基底的要因と言えるだろう。加えて，問題は，狭義の社会福祉サービス等の制度的な対応が，問題状況に適合していない，という点にある。

孤独死に至る人々は，日常の地域関係に脆弱さを抱えているため，制度的な社会福祉サービスの情報も適切に提供されていないことが多い。第1節3）で述べ

たように，介護サービス等の社会福祉サービスは，身体や生活の機能的な側面の不全性に着目し，それ補完するサービスを提供することが基本である。したがって，今日，地域で提供されている社会福祉サービスは，単独では，孤独死問題への対処として有効性を持たない。しかし，サービスの利用を通して専門職との関わりは，包括的な支援につながるのである。

孤独死に至る生活の支援のあり方の問題として捉えるなら，介護保険の要介護認定を受け，介護サービスを利用している場合，サービス利用を通して，支援者と関係を持つことができる。しかし，介護サービス等の公的な制度の対象とならない場合に問題が発現しやすいと考えられる。例えば，要介護度が軽い場合や，年齢の上で介護保険の対象とならない場合で，自殺を含め，死につながる疾病の急性発症があり得る人々には，一切支援の手が届かないことになり，このことが孤独死につながる危険性を高めている。

集合住宅，特にニュータウンと呼ばれるマンモス団地群は，高度成長期に核家族世帯を想定して作られた住形態であるが，時代を経て，住宅の老朽化と住民の高齢化が指摘されている。自治体や公団等の造成者による空き部屋対策で，単身者の入居が促進され，高齢者に限らず，単身の居住者が多いのが今日的な特徴である。

そうした家族・親族との日常的な関係を持たない人々が集住しやすい住形態の中で，高齢者の介護サービスにも，障害者の社会福祉サービスにも該当しない虚弱傾向のある住民が，公的サービスの対応から漏れた状態で，私的な関係においても公的な関係においても完全に孤立し，疾病の急性発症によって死に至っているのが，集合住宅における孤独死である。高度成長期に造成された集合住宅団地は，そのような単身で，地域関係を持たない居住者が集住しやすい今日的住形態なのである。

4） 集合住宅における住民の取り組み

孤独死への対応は，機能的に問題を捉えた制度的な社会福祉サービスのみでは，対応できない問題であるため，その予防と地域的な対応策は，非制度的な取り組みに依存せざるを得なくなる。

孤独死は，問題の典型な姿であり，衝撃的な問題であるため，地域での自主的

取り組みにおいて，孤独や生活困難を抱える市民への相談体制の強化や，「死」の予防への取り組みが活動の中核となる。しかし，長期的な観点から見れば，地域における支援体制はそれだけでは十分ではない。孤独死につながる孤立した単身者を巻き込んだ，新たな地域関係をどのように作っていくのか，その関係の形成や文化的活動の創出も，孤独死への対応として重要な課題である。

　集合住宅における日常的な人間関係は，団地内もしくは周辺地域に居住する親族との関係が中心となっている。そして，近隣・友人関係は希薄であり，市民相互の交流は乏しい。そのような問題は，閉鎖的・自足的な住環境と階段に象徴される上層階への居住，それらと人間関係の両面が複合された，二重のバリアーによって生み出されている。そのため，単身者を中心に生活の閉鎖性・個別性が強く現れており，人々の意識もまた，自閉的な志向を持っている。したがって，その克服は，単に家庭内での支援の量的拡大や参加の機会の創出といったものだけでは，解決できない困難なものである。

　集合住宅の住民，特に，高齢者層は，入居によって近代的住宅の取得と安全を得ることができたが，一方，住民相互の関係を希薄化させていった。生活上の問題を抱え込んだまま，他の市民との交流の無い生活を狭い生活圏の中で営んでいる。そのような生活状況は，問題が極限化されるまで，家庭外からの支援が入りにくい。そして，そのような市民へは，他人が問題を先取りして，あれやこれやのサービスアイテムを勧めてもなかなか受け入れられない。そうしたケースへの支援は，直接的に1対1の関係の中のみで，働きかけるには限界がある。したがってケアシステムも，このような地域では，個別的な支援活動によって，社会福祉サービスの利用を促進しようする努力と同時に地域社会全体に働きかけ，サービスの普及と利用意識の高揚，そして，地域関係の形成を図る，長期的な見通しの下での地域戦略が必要である。

　地域社会への働きかけは，クライエント個人から見れば，いわば周囲の人間関係である「外堀」からの間接的アプローチと言える。集合住宅団地のような地域ではそのような長期的な見通しを持った地域全体への働きかけが，個別的な支援活動とともに車の両輪になる必要がある。

第 4 節　地域における住民の取り組み

　社会福祉システムへの住民参加は，本来，公共的な制度として確立すべきシステムや，専門職の配置に対して，その代替的性格を政策的に担わされてきた側面がある。しかし，参加する市民の側に立てば，「参加」は新しいライフスタイルや価値の追求過程であり，単に補完ではなく，従来の硬直的な公的システムや官僚制への批判としての側面を持っている。また，社会福祉問題に関する社会的合意形成のためには，民主主義の視点からも住民参加は不可欠である。
　そのような住民参加のボランタリーな側面について，ベヴァリッジ（W. Beveridge）は，「社会進歩の方法」として，積極的に位置づけられている。ベヴァリッジは，ボランタリーな活動の発展が社会福祉政策の発展を促し，同時に，社会進歩の一翼を担うという考え方である。[6]
　イギリスにおいては，ハードレイ（R. Hadley）が，1980年より人口5,000から1万人の小地域（パッチ）における近隣基盤のソーシャルワーク論を展開し，パッチシステムとして実践的な試みも行っている。パッチシステムは，中央集権，官僚制への批判として，分権化と参加を機軸に展開されてきたシステムのことをいう。小地域を担当する複数のチームが，地域の近隣支援活動や当事者の自助グループ活動の活性化を図るべく，地域住民との結びつきを強め，そのことによって，①ニードの早期発見，及び住民のサービスへの接近可能性を高め，②地域の実情に応じた効果的な資源の運用を図り，③第一線のスタッフが地域の実情をより熟知することによって，公私の連携を可能にする。そして，それらの課題の達成をはかる中で，官僚制と専門職の閉鎖性を克服しようと言うものである。そこでの住民参加は，「代表民主主義」として位置づけられるが，一部資源の自主運用管理が行われるなど，「参加民主主義」に道を開くものとなっている。[7]
　市民の主体的参加による計画策定とその実施を促進するためには，市民の中に，まず共通の問題認識を形成し，地域ケアに関わる多様な主体的活動を育むことが重要な課題となる。このような主体的な活動を通して形成された市民相互の関係は，高齢社会における地域ケアシステムの中で，きわめて重要な役割を担うものである。

しかし，地域の実情は多様である。住民の年齢構成，近隣関係の質，所得階層，そして，文化的背景等のさまざまな要因による違いを見せている。そこでは，さまざまな地域の条件に応じた組織化と支援の方法が検討される必要があり，その構築の過程において専門職集団の関与は不可欠である。

地域におけるネットワークは，市民相互及び市民と専門職との重層的な関係によって形成されるものであるが，専門職相互の関係の中にも，すでに地域固有のインフォーマルなネットワークが存在する。それは，日常的な業務を通じて形成されてきた専門職相互のネットワークであり，一般論的な専門職制の代表とは異なる，特定の地域における実効あるプライベートな集団として，いわば専門職コミュニティというべきものを形成している。特に高齢者の地域ケアにおいては，保健・医療・福祉コミュニティと市民との関わりは重要である。

まとめ

今日の地域において，市民と専門職との共同的関係の構築は不可欠な要素である。住民の自主的な取り組みはそれ自体大きな意義があるが，住民自身の生活条件や意識に大きく依存する。そのために活動する住民自身の高齢化等が契機となり，自主的活動が停滞することもある。ソーシャルワーカーをはじめとする支援を担う専門職が，どのような条件の下で，どのような共同的な関わりを担うことができるのか，今日の支援を担う専門職に突き付けられた大きな課題と言える。

・・・・・・・・・・・・・

▷注

(1) S. Biggs *et al., Elder abuse in perspective,* Open University Press, 1995.（S. ビックス他，鈴木眞理子監訳，青海恵子訳『老人虐待論─ソーシャルワークからの多角的視点─』筒井書房，2001年）。

(2) 「施設内虐待」については，市川和彦が著書『施設内虐待』（誠信書房，2000年），『続・施設内虐待』（誠信書房，2002年）を通して，援助者の心理的過程の分析を詳細に行っている。

(3) 中部学院大学における学内研究会「人間福祉学の今日的課題」第3回研究会（2006.10.25）における天野薫氏の報告より。

(4) クラブハウス「ゆうせん」ホームページ (http://wwww15.plala.or.jp/shinsen/index.html) より。
(5) S. バーレイ，小川仁央訳『わすれられないおくりもの』評論社，1986年。
(6) W. Beveridge, *Voluntary Action: A Report on Method of Social Advance*, George Allen and Unwin, 1948.
(7) R. Hadley, M. Mcgrath, eds. *Going Local: Neighbourhood Socal Services*, Bedford Square Press, 1980.

▶参考文献

鶴見和子・川田侃編『内発的発展論』東京大学出版会，1989年。

窪田暁子「社会福祉援助と共感的相互理解」『研究報告書第15集　相互援助の基盤としての共感的理解』東洋大学社会学研究所，1994年。

窪田暁子「ソーシャルワーク援助とその可能性」『福祉援助の充実をめざして―島団地対策室の家族福祉援助を評価する―』第3部，御坊市島団地対策室，1995年。

稲沢公一「当事者の経験から学ぶこと」『社会福祉方法原論』法律文化社，1997年。

吉浦輪「コミュニティワークとしての地域福祉調査」ソーシャルワーク研究所編『ソーシャルワーク研究』Vol. 24 No. 3，1998年。

第10章　高齢者支援における保健・医療・社会福祉の連携

はじめに

　高齢化が進み，要介護高齢者も増加しており，また，常時介護を必要としないものの，日常生活を送る上で何らかのサポートが必要とされる虚弱高齢者も増加している。このような状況の中，地域で，要介護高齢者を支えるためには，保健・医療・社会福祉の連携が重要である。要介護高齢者の在宅生活を支えるためには，さまざまなサービスの組み合わせが必要になる。現在，家族介護の主たる担い手であった女性の社会進出は著しく，家族機能の低下により，個人の自助努力や家族の相互扶助によるケアは難しい。家族による私的介護から社会的介護への動きは必然と言えるであろう。

　「地域連携」が求められる時代となり，利用者や家族をサポートするためには，医療・保健・社会福祉の従事者だけでなく，在宅生活を支えるすべての従事者が連携することが求められる。高齢化において，夫婦のみや単独で暮らす高齢者世帯が増加しており，高齢者を抱える家族や高齢者のみの世帯の増加に対応した福祉施策が必要となる。本章では，要介護高齢者を在宅で支えるための，保健・医療・社会福祉の連携について考えていきたい。

第1節　高齢者と医療

　わが国の国民医療費は年々増加しており，特に，老人医療費は国民医療費の3

分の1以上を占めている。1973年のいわゆる高度経済成長期に、経済的理由から、必要な医療が受けられない高齢者の存在が社会問題となり、老人医療費支給制度が実施された。この老人医療費無料化は、高齢者の経済的負担を軽減したものの、一方で、過剰診療や病院のサロン化等をもたらし、老人医療費が急増した。そのため、1982（昭和57）年に高齢者の医療費一部負担、各保険者からの拠出金により支える新しいシステムとして老人保健法が制定された。つまり、老人の医療費を国民が平等に負担するという考え方の下に創設されたのである。

老人保健法は、度々改正され、老人医療の受給年齢は75歳以上に引き上げられた。老人保健法による保健事業とは「医療」と「医療以外」に大別され、医療に要する費用は、患者の自己負担を除き、各医療保険と公費負担が半々で支えることになった。

日本人の平均寿命の向上は、高齢化を生み、寝たきりや要介護高齢者を増加させた。高齢者の医療費の増加、社会的入院等は問題になっており、これらの解消を図るためにも在宅医療の意味は大きい。

第2節　在宅サービスとネットワーク

1）在宅介護を支えるサービス

介護保険制度ができ、比較的医療ニーズの低い、ケアワークを必要とする要介護高齢者が、在宅ケアを続けることが可能になった。それには、デイサービス、ショートステイ、ホームヘルパーの利用が介護保険により比較的可能になってきたからである。

介護保険制度のサービスの流れの中で重要な役割を果たすのは、介護支援専門員（ケアマネジャー）である。介護支援専門員は、要介護者の心身の状況に応じて、適切な在宅サービス、または、施設サービスを利用できるようにケアプランの作成を行い、サービスの調整、連絡を行う。介護保険での在宅サービスは、①訪問介護（ホームヘルプサービス）、②訪問看護、③訪問リハビリテーション、④訪問入浴介護、⑤居宅療養管理指導、⑥通所介護（デイサービス）、⑦通所リハビリテーション、⑧短期入所生活介護（ショートステイ）、⑨短期入所療養介護、⑩福祉用具の貸与、⑪福祉用具の購入費の支給、⑫住宅改修の支給があり、個々の状況

にあわせて活用することができる。

しかし，介護保険制度も万能ではなく，介護のみならず，医療ニーズの高い利用者に対応するには難しいのが現状である。

2） 家族への期待

病院から退院し，在宅療養を望んだとして，今日の在宅医療は家族介護が大前提となっているため，家族機能が低下している家族では，在宅療養は難しい現状にある。しかし，在宅療養を望む家族もいる。こうした家族には，在宅介護を決意した時から，介護技術を医療機関が教えることになる。

経管栄養のためのチューブ交換，気管切開患者のたんの吸引など，ホームヘルパーにはできない医療行為も，家族ならば行って良いとされる現状は，家族の責任の範囲を拡大させている。家族に在宅介護の熱意があればあるほど，また，要介護者が重症であれば24時間介護を必要とし，側にいる家族は色々なことを教えられ，実践することを期待される。

医療リスクの高い高齢者も，家族が望めば在宅医療を行いながら，在宅生活を送ることは可能となる。難しいのは，在宅介護をする家族への期待である。要介護高齢者への愛情さえあれば医療的に高いケアも家族は乗り越えられるという幻想を家族も，医療側も持ってしまうことである。それは，家族が医療行為をすることを躊躇した時に，家族の愛情が薄いと家族が自分を責めたり，また，周囲からそうした家族に見られてしまう危険性があるからである。要介護者の家族を主たる介護者としてのみ見てしまい，家族も日々の生活を送る生活者であるという認識は，後回しにされてしまう危険性がある。

家族に過度な介護者としての役割期待を与え続けることは，家族が燃え尽きてしまうか，介護放棄という選択を与えかねない。そのため，家族が在宅療養を続けるために，さまざまな専門職の介入，支援が必要となる。

3） ターミナルケアと介護

要介護高齢者の在宅医療だけでなく，ターミナル期における在宅ケアも重要な意味を持っている。特に，高齢者は，積極的な医療を行う必要の無くなる疾患を持つ人も多く，こうした利用者に対して訪問介護，訪問看護，往診等は重要で，

福祉援助者もターミナル期の関わりを学ぶことは重要である。

　ターミナルケアを考えた場合，利用者の命が残されたわずかな期間においても，生きがいを感じることのできる生活を送れるよう，心の支援を含めたケアが重要になる。援助者は，ケアを通して利用者の必要を知り，その必要を満たすことができるような人間関係を結ぶことが大事になる。逃げ出さずにその場にいることが「死への在宅ケア」において，特に大切である。

　人の「死」に関わる場合，その周りには，三様の人間，つまり本人と家族，そして専門スタッフが存在する。本人は，身体的，精神的，社会的，宗教的必要を持っていると言われている。同時に，家族も，関わる専門家も多くの必要を持っている。「死へのケア」を考えた場合，本人，家族，専門スタッフがチームを組むことによって本人のみならず，家族，スタッフの必要を満たすことが可能になる。

　ターミナル期の高齢者に対して，チームアプローチを導入することは，本人にとって良いケアを生むことを可能にする。良いケアを行うためにはケアを受ける人を知らなければならず，全人的に人を理解することが求められる。人は関わる相手によって見せる顔が違う場合もあり，チームを組むことによってそれぞれの得た情報を交換することで，真の理解へとつながり，本人にとって一番良いケアを行うことが可能になる。

　また，家族にとっても，身近な人の「死へのケア」はつらいものである。ターミナル期を支える家族は，大きなストレスを負うことになる。日本では，病名を告げる場合も，あるいは，寿命の宣告をする場合も，本人に知らせるかどうかの決定権を家族が握っている場合がある。本人に知らせないと決めた場合，本人に対してうそをつき，そのうそに対して絶えず気を遣うのも，常に利用者の側にいる家族である。その他，経済的問題等も家族が抱え込むことになる。支援者は，こうした家族のおかれている状況を理解し，家族の重荷や痛みを分かち合い，家族にとって相談する相手がいることを理解してもらうことが大事で，ひいてはそれが家族にとって大きな救いになる。

第 3 節　医療機関から在宅療養へつなぐソーシャルワーカーの役割

在宅医療を実現させるためには，医療的ケアがどう継続されるのか，家での生活支援は誰が行うのか，住みやすくするための住宅改修は必要なのか等，さまざまな課題を明らかにする必要がある。実際，本人が在宅を希望しても難しい場合がある。病院を退院し，在宅療養へと進むためには，本人の状況と在宅環境とを結び付け，支えていく専門職が必要になる。医療機関で，こうした在宅生活を支える専門職は，医療ソーシャルワーカーである。

1）　医療ソーシャルワーカーとは

医療ソーシャルワーカー（MSW）は，保健・医療の現場で働き，患者や家族の抱える身体的，精神的，社会的，環境的な問題を明らかにし，解決へと結び付ける支援を行う専門職である。社会福祉士の資格を持つソーシャルワーカーが多い。すべての病院に医療ソーシャルワーカーがいる状況にはなっていないが，その重要性は認識されつつある。

医療ソーシャルワーカーの役割には，患者や家族が在宅生活を望んだ時に，退院しても安心して暮らしていけるようサービスをつなげることである。

実際には，病院を退院することが決まっても，在宅の暮らしが不安なまま退院せざるを得ない人が多い。医療従事者にとっては当たり前の知識も，患者や家族にとっては理解することが難しいこともあり，入院してすぐに退院後の準備をすることは大変なことである。MSWはできるだけ多くの必要な情報を分かりやすく患者や家族に伝えて制度やサービスにつなげていくことが求められる。最終的には患者が自己決定し，転院もしくは在宅か，自分の次なる場所を決めるのであるが，ソーシャルワーカーは，患者と家族が安心して転院，あるいは，在宅で生活を送れるように支援する重要な役割を医療機関の中で担っている。

2）　在宅療養への支援方法

患者が退院というゴールを見始めた時，ソーシャルワーカーは患者や家族が転

院かそれとも在宅かを決める際,どう家族を支えたら良いのであろうか。まず,大事なことは,家族が,治療の限界にある患者の症状をどのように理解しているかを見極めることである。つまり,在宅療養ができる1つ目のポイントは,要介護者の状況ではなく,家族機能のアセスメントである。要介護者の介護度の高低が重要なのではなく,介護を引き受ける側の受け皿としての介護機能やインフォーマルな部分の受け入れの状況が在宅療養への要(かなめ)となる。

在宅医療を行うには,まだまだ社会資源が足りない。症状の程度が軽い人は,介護保険等によって在宅への移行は可能になるが,重い人の場合,既存の社会資源だけではどうしてもカバーできない部分が増えてくる。こうした場合,インフォーマルな社会資源が必要になる。在宅を望むから在宅医療ができるのでなく,在宅が難しい場合,転院先を探す見極めもソーシャルワーカーにとっては必要なのである。

医療行為を家族が行う際,家族には,具体的な介護のビデオ視聴や看護師の指導を行い,家族の不安が少しでも解消される支援が求められる。また,在宅医療ができるよう,往診や訪問看護などの地域医療の確認,症状悪化による入院先の確保も必要である。地域医療に関しては,重度障害や医療処置が必要でも安心して在宅医療が行える地域と,それが希薄な地域と地域格差があることは事実である。また,気管切開,人工呼吸器装着等の症状が重い人ほど,いざという時に受け入れてくれる病院が必要になる。家族が安心して在宅ケアを行うには,家族が疲れたり,倒れたりした時,また,要介護者の容態が悪化した時に受け入れてくれる病院確保が必要である。

重度要介護高齢者の在宅ケアを困難にする原因に,死をどこで迎えたいかという日本人特有の問題もある。死を迎える場所として,医療機関の存在は大きい。人生の最後を病院で迎えることに満足を覚える家族も多い。「家で死ぬことはかわいそう」という言葉に代表されるように,本人やその家族は家で死を迎えることに満足していても,親戚から「病院にも入院させないで家で死なせて……」などと非難されることもある。在宅で療養生活を送り,人生の最後を過ごすという価値観が日本では中々育たない状況になっている。実際に在宅療養を踏み切った人の話を聞くと,大変だったけれど,やって良かったという声も聞く。しかし,この前提には,家族の協力,地域のケア力,いざという時の入院施設が整って初

第10章　高齢者支援における保健・医療・社会福祉の連携

めて踏み切れた現状もあることを忘れてはならない。

第 4 節　在宅療養の実際

1）長期在宅療養を実践したケース

　大塚はな（仮名）さんは，84歳である。17年前に脳内出血で倒れ，右半身まひ及び言語障害となった。20年前に夫が病死し，それ以後，娘の家族（娘夫婦と子ども3人）と同居生活を送ってきた。娘である良子（仮名）さんは仕事を持っており，はなさんが同居することを喜んでいた。家事をはなさんと分担しながら同居生活を始め，はなさんも，娘や孫との生活を楽しんでいた。

　同居3年後に脳内出血を起こし，身体障害者手帳1級でとなったが，その当時は，リハビリの成果も上がり，介助はいるものの，何とか在宅で生活ができるところまで回復した。この時に身体障害者手帳1級ということで，電動ベッド，電動リフト，リクライニング車いす，特殊マットの給付を受けた。

　はなさんの介護生活が10年以上続いていく中，徐々にはなさんの身体機能が低下していく。その中で，良子さんは，自費で，リフトカーを購入し，ショートステイの送迎に使用するようになった。良子さんは介護に疲れた時や，用事がある時にショートステイを使いながら，はなさんの介護を続けた。

　はなさんが80歳の時に誤嚥性肺炎がきっかけで入院。その時から胃ろう・気管切開となった。4年前の退院時に，良子さんは転院か在宅かを迷ったが，13年間在宅ケアを続けており，今回も何とかなるのではないかと考えて，医療ニーズは高くなったが，在宅ケアを続ける決心をした。病院では，退院時に，家族全員（子どもたちは高校生，大学生，社会人になっている）に吸引の指導を行い，吸引やオムツ交換は家族全員ができるようにした。

　介護保険を活用し，要介護5と認定された。通常介護は良子さんが中心となって行っているが，良子さんの子どもたちも，はなさんの介護に協力的で，良子さんが忙しい時などは，子どもたちが介護を引き受けている。要介護5のケアプランとしては，週に3～4回のデイサービス，月に2回，3～4日間ショートステイ，訪問看護，ホームヘルパーの利用が計画され，医療保険では，往診・訪問看護を利用している。医療保険の往診では，胃ろうのチューブ交換，気管カニュー

表10-1　はなさんがデイサービスを利用する時のはなさんと介護者の1日

6:00	はなさん，良子さんが起床 おむつ交換，吸入吸引，胃ろうから栄養を注入
8:00	ホームヘルパー利用（週2回／1時間） 清拭・着替えをすませ，車いすへ移動， デイサービスの準備（容器の煮沸など） （ホームヘルパーが来ないときは主に良子さんが行うが，子どもが行うこともある）
9:00	デイサービスからの迎え 良子さんは，はなさんのデイサービス出発を見届けて仕事へ
9:30	デイサービス（週3～4回：16時まで） 週に1回は，デイサービスでの入浴を行う
15:45	良子さん，仕事から帰宅
16:20	はなさん，デイサービスから帰宅 車いすからベッドに移動，おむつ交換，吸引 はなさんはそのままベッドで休み，吸入を行う
18:00	夕食のため，ベッドから車いすへ移動
18:30	リビングで家族と一緒に夕食 胃ろうから栄養を注入
21:00	車いすからベッドへ，おむつ交換，就寝
0:00	おむつ交換，体位交換，吸引 良子さんは，はなさんと同室で就寝。 吸引のために，夜中に起きることもある。

レの交換，血圧・体温の測定がなされている。

　良子さんは，介護保険の限度額まで使用しながら家族介護の負担を減らし，家族が無理なく介護することで，在宅ケアを続けることを可能にしようとした。

　表10-1のように良子さんは仕事をしながら在宅ケアを行う。しかし，良子さんの仕事の都合で，予定時刻に帰れないこともあり，そのときは子どもたちが代わりに介護を行っている。

　はなさんのケースは，介護者の良子さんの存在，介護保険をぎりぎりまで使うサービスを導入し，医療保険で使える社会資源をしっかり利用していること。また，良子さんが都合が悪い時には，代わりに介護を行える家族がいること。さらに，月に2回ショートステイを利用することで，介護者の休む時間を確保していること等，長期にわたる介護を可能にする条件が整えられている。特に，デイサービスや，ショートステイがしっかり入っていることは重要である。この社会資源を活用することによって，良子さんは，仕事との両立，また介護以外の自分の

第10章　高齢者支援における保健・医療・社会福祉の連携

時間が持てるのである。また，ホームヘルパーや往診等の使えるサービスは，可能な限り利用していることも大きいであろう。

このケースで利用している，デイサービスやショートステイは，胃ろう，気管切開以前から利用していた施設を継続して利用している。実際に，新規で医療処置が必要な患者を受け入れてくれる施設が見つからないのも事実である。医療行為が必要になると，受け入れを躊躇する施設もある。

また，このケースで，長期の介護を可能にしている理由として，介護者は良子さんだけではないということである。気管切開の患者は，夜中でも，多い時には1～2時間おきに吸引を行わなければならない。こういう面で，介護者の睡眠不足による疲労はかなり問題である。介護者の疲労がたまらないようにするためにも，社会資源の活用，また，家族の協力，良子さんの夫，子どもたちが吸引，おむつ交換ができることも大きく，重要である。つまり，長期の在宅ケアが難しい原因の一つに，在宅での介護者の問題も挙げられる。医療ニーズが高ければ，家族にかかる負担も大きく，主たる介護者が1名しかおらず，他の家族や親族から協力を得られなければ，いくら社会資源を整えても限界は出てくる。

2）　在宅ケアから入院したケース

岩下洋介（仮名）さんは76歳である。67歳の頃から認知症症状が出てきている。洋介さんには，妻の由美子（仮名）さんと息子が2人いる。息子は2人とも結婚をしており，それぞれ他県で仕事をしている。洋介さんは主たる介護者である妻の由美子さんの介護を受けながら，9年間在宅で生活してきた。由美子さんは，看護師として病院で働いた経験があり，認知症の夫をデイサービス等を活用しながらケアを行ってきた。こうした介護を9年間続けたが，その夫が倒れ，胃ろう，気管切開の状態になった。由美子さんは病院から退院か転院かの話が出て，病院の医療ソーシャルワーカーや，ケアマネージャーに今後のことを相談した。

認知症だった時に利用できる社会資源のほかにも，使えるものがないか調べるためであった。胃ろう，気管切開となった時，看護師である由美子さんが，医療的ケアをすることに問題は無かった。しかし，洋介さんの胃ろう，気管切開が分かった時，今まで通っていたデイサービスは医療ケアが必要になった場合，受け入れられないということも分かった。また，医療ケアの必要な洋介さんを受け入

れるデイサービスやショートステイは，岩下さんが住んでいる地域には無かった。また，在宅に戻った場合，家の改修が必要なことも問題となった。岩下家はリビング以外すべて和室であり，また，玄関から外に出る際に長い階段があった。

　現在，由美子さんは，お茶の教室を自宅で開いて，生計の足しにしており，和室をフローリングに変えることやスロープ等を付けることは，お茶の稽古に差しさわりがあるためできない。結局，洋介さんの介護をしやすいよう住宅改造をすることは難しかった。また，息子たちの介護も期待できなかった。由美子さんは状況が明確になるにつれ，自分1人で，24時間夫の介護をすることは難しいであろうことを自覚していった。ある日，由美子さんは「本人も在宅療養を望んでいると思うが，自宅で介護ができないので申し訳ない……」とソーシャルワーカーに語った。無理に夫を在宅に連れ帰り，しばらくは1人でできるかもしれないが，自分の年齢を考えると，在宅医療へ踏み切ることはできなかった。そこで，ソーシャルワーカー，ケアマネジャーは，転院の方向で，洋介さんを受け入れてくれる長期療養可能な病院を探すこととした。

3）　在宅ホスピスへのケア

　吉田恵子（仮名）さんは70歳である。71歳になる夫，和正（仮名）さんと二人暮らしである。子どもはいない。恵子さんは肺がんを患っており，すでに末期と診断された。夫婦でこの事実を医師から聞かされ，自分の最後をどこで過ごすかについて，病院の医療ソーシャルワーカーと相談した。ガン末期ということで，ホスピス病院に転院するか，在宅の療養を続けるかという選択肢があったが，恵子さんは自宅で生活することを希望した。和正さんも妻の気持ちを考え，妻の在宅療養を支える決心をした。在宅療養を決意した背景には，恵子さんの自宅の近くに，在宅ホスピスを支えている地域の診療所があったこと，訪問看護を利用できることがあった。この時点で恵子さんの身体機能はあまり問題がなく，介護保険の利用はしなかった。

　恵子さんの意識がしっかりしている時は，和正さんは恵子さんに教えてもらいながら，家事全般を覚えていった。余命6カ月といわれた恵子さんは，和正さんのケアを受けながら1年も在宅療養が続いた。この間は，訪問看護，往診，和正さんのケアで乗り切っていった。この夫婦の意思疎通はしっかり取れたものだっ

たので，このまま在宅療養を続けようとしたが，次第に恵子さんの容態も悪くなり，和正さんも高齢のため，ホームヘルパー派遣をお願いすることにした。在宅酸素を使い，3カ月後に自宅で亡くなった。最後は和正さんにもかなりの介護疲れが見てとれ，ホームヘルパーと訪問看護のスタッフで支え続けた。在宅で生活したいという思いは妻である恵子さんとともに，最後まで一緒にいたいという和正さんの意思でもあったため，和正さんが疲れを口にすることはあまりなかった。また，ケアの中で，恵子さんが自分の自宅で生活したいという希望を持ったために，迷惑をかけてしまって申し訳ない気持ちでいることも分かった。こうした状況下で，この夫婦に関わるスタッフたちは，在宅ホスピスを続けていいのか，悩んだのも事実である。

この和正さんは，最後まで自宅でケアができたことに満足しており，結果的には在宅ホスピスがうまくできたケースと言えるだろう。

4） 在宅療養ケアを続けるためには

在宅医療を続けるためには，介護者及び介護協力者の存在，住宅環境，社会資源の利用は欠かせない。介護保険ができて，医療ケアの少ない在宅ケアは社会資源が使えるようになり，在宅療養生活が送れるようになった。しかし，医療ケアが入ることによって，使える社会資源は大幅に変わってくるのも現実である。

在宅ケアを考える場合，ホームヘルパーを使うことも多いが，ホームヘルパーの医療行為については，さまざまな問題を抱えている。チューブでのたんの吸引や栄養液を注入する行為等は，原則として，医師や看護師以外はできない「医療行為」である。訪問看護は，人手不足の上，値段も高く，利用できる回数は限られているため，家族介護への依存度は高くなる。2003年7月，国は筋萎縮性側索硬化症患者の吸引に限り，ホームヘルパーの医療行為を認めたが，実際にはそれ以外の障害のある人でも医療ケアを必要としている患者はいる。国は，医療行為をどこまでホームヘルパーに認めるのかという問題を明確にしなければならない。

まとめ

　介護者にとっても，高齢者の在宅療養や利用者の死と向き合うケアを行うことは，とてもつらいことである。他者の死を支えることは，自分の死に対する考え方とも向き合うことになるため，心理的につらい気持ちになる。こうした重荷は介護者1人で抱えるのではなく，保健・医療・社会福祉が連携しチームを組むことで分かち合うことができる。専門職同士がチームを組むことによって，長期の療養生活を支えることができ，また，「死へのケア」への重荷を分かち合うことが可能になる。カンファレンス等で介護上の問題や行き詰まり，ストレスなどを話し合うことができ，たとえ，その場で解決できなくても同じ問題を抱えているという連帯感が励みになり，互いに理解を深めることができるからである。

　24時間医療ニーズが必要な在宅療養やターミナルケアは，関わる人々にとって多くのストレスを与えるものでもある。なかなか先の見通しが見えない高齢者の介護の中で，家族も，援助者もストレスがたまってしまうことがある。特に家族は，要介護者が在宅にいる限り，休むことは難しい状況にある。そのため，家族がゆとりを持って在宅ケアが続けられるようにするためには，医療ニーズの高い利用者への社会資源の充実，専門職同士の連携，家族と専門職との連携，介護チームとの連携を取りながら利用者に寄り添う支援をしていくことが大切になる。

● ● ● ● ● ● ● ● ● ● ● ● ●

▶参考文献

大國美智子・和田敏明編著『在宅支援の技法』（明日の高齢者ケア No. 3）中央法規出版，1994年。

丹野眞紀子『ケースワークと介護』一橋書店，1996年。

丹野眞紀子「ターミナルケアにおける医療ソーシャルワーカーの役割」『浦和論叢』第19号，1998年。

田島正孝『在宅医療の実践』風媒社，2000年。

笹岡眞弓『病院をめぐる介護関係と家族―医療ソーシャルワークの視点から―』一橋出版，2002年。

畠中宗一『老人ケアのなかの家族支援』ミネルヴァ書房，2006年。

コラム②

地域包括支援センターの役割

2006（平成18）年4月，介護保険法の改正により地域包括ケアの中核機関として，地域包括支援センター（以下，「センター」と言う）が設置された。センターの業務には，①総合相談支援，②権利擁護，③包括的・継続的ケアマネジメント支援，④予防給付・介護予防事業のケアマネジメントがあり，これらの業務を社会福祉士，主任介護支援専門員，保健師等の専門職がチームアプローチによって行う。2007年4月末で，全国に3,831カ所のセンターが設置された。全市町村の98.2％にあたるが，その設置形態は直営が1,392カ所（36.3％），委託が2,493カ所（63.7％）となっている。

▶ **A市におけるセンターの活動の実際**

鹿児島県A市においては，2006年4月直営のセンターを1カ所立ち上げた。同年10月には4法人へ委託を開始し，直営は統括部門として機能している。多くのセンターが介護予防支援事業所として機能する中，A市では社会福祉士が中心となり相談担当者会を開催している。この会議を通じて，センター，行政担当者，在宅介護支援センター，障害者相談センター（身体，知的，精神）の相談担当者による連携を図り，個別のケースの対応へとつながっている。また，虐待に関する勉強会を立ち上げ職員の資質の向上を図るとともに，具体的な事例に対しては，行政担当者を含めたケース検討会を開催し，緊急措置を対応している。

センターは設置されて日が浅く，そこで働く職員も試行錯誤しながら膨大な業務に忙殺されているのが現状である。センターが地域の中で，本来の目的である地域包括ケアの中核機関として機能できるかどうかは，そこで働く職員の努力だけでなく，関係機関がセンターをどう育て，活用していくかにかかっていると言える。特に，その設置の責任主体である市町村の役割は大きい。

第11章　高齢者の生活を支える今日的施策①
―― 地域で支える ――

はじめに

　高齢者が地域社会の中で，いきいきと自立した生活を確保することが求められている。加齢に伴う心身機能の低下のみならず，ライフサイクルにおける子育て終了や仕事からの退職など，高齢期はより一層地域と結び付き，関わりを持って生活することが必要となる。

　しかし，他章で詳しく触れているが，高齢者を取り巻く環境は高齢者にとって住み続けることを難しくしている。例えば，一人暮らし高齢者の孤独死である。

　本章では高齢者を地域で支えるための方策について，「住む」ということに着目して論を進めたい。今日まで，我々は「住む」ということについて，あまりにも当然のことと考えているのではないか。また，社会福祉の領域においても，ほとんど「住む」ことについては議論がなされていないのが現状である。社会福祉においては住宅問題としての議論が行われ，特に，1990年代以降は高齢化に伴う在宅福祉サービスの展開の中で，如何にして在宅で生活し続けるかということを命題に，住宅の物理的障壁に対応する経済的な支援として住宅改造費助成制度が実施された。

　そして，介護保険制度導入後は，住宅改修費の支給がサービスメニューに盛り込まれ，社会福祉からは，住宅の支援や具体的な援助方法について研究が蓄積されている。さらに，近年は，「居住福祉」という言葉にもあるように「住む」ということを，より幅広く捉え議論もされている。

在宅福祉や地域福祉の推進が叫ばれ，地域社会を基盤として社会福祉サービスの展開がなされている。生活当事者としての高齢者は地域において，住み慣れた土地や伝統，人間関係など長年の生活の中で培ってきた背景を持ち続け生活している。そこで「住む」ということについて，今一度考え，生活における意義や意味について考察し，それを基に高齢者を地域社会で支えていくためのあり方について考えることにしたい。

第 1 節　高齢者が地域において生活すること

1）　高齢者にとって「住む」こととは──「住」の意味づけ──

　今日の社会福祉の実践理念においては，如何に住み慣れた地域社会においてそれぞれが生活の主体者として権利を行使し，暮らし続けるかということが問われている。その中で，生活基盤，社会福祉の基盤としての住宅のあり方について，社会福祉領域から指摘がなされている。

　さて「住む」ということについて，我々はどのように考えているであろうか。日常的に考えれば「住む」ことは当たり前のこととして，意識的に捉えることはほとんどない。しかしながら，今日のわが国においてホームレスと呼ばれる路上生活者やネットカフェ難民と呼ばれる若者が存在しているのも事実である。二つの例は，その本質は違えども，「住む」場所，定住する場を持っていないことには変わりない。

　「高齢者になったら，どこで誰と住むのか」と「住む」ことについて頭を痛めている人は多い。

　内閣府の『住宅に関する世論調査（平成16年）』を見ると，「同じ住宅に住み続けたいか」との問いに「住み続けたいと思う」が60.3％，「どちらかと言えば住み続けたい」が21.3％で約8割の人が今の住まいに住み続けたいと考えている。特に「住み続けたいと思う」とする人の割合は，60歳代，70歳以上で高くなり，持家の人が多くなっている。

　さらに「住み続けたいと思う」理由を見ると，「地域の生活環境に馴染んでいるから」が40.2％，「地域の人とのつながりを大切に考えているから」が28.7％，「家族の思い出がつまっているから」が13.8％，「先祖代々のもの，苦労して所得

したなど，強い思い入れがあるから」が8.4％となっている。

「住む」という行為は，ただ「寝る」「食べる」だけの場所でなく，人間発達の諸段階に対応した，さまざまな生活行為の行われる場であり，その生活行為を支える地域社会の資源が不可欠となる。それと同時に，居住地（居場所）は，そこに住む人と地域社会との関係により，コミュニティを形成している。特に地域に密着した生活様式を持つ，高齢者，児童等にとっては，日常の何気ない会話や行為が，生活を支える上で大きな役割を果たしている。

このように，「住む」ということは，住まいを中心にして生活を営む中で地域社会の人々と関わり，絆を深め，思い出や記憶という人生の歴史的な事実を刻み続けることに他ならない。

しかし，加齢に伴う心身の機能低下は誰もが避けて通れない。まして，高齢期における転居などの環境の変化は，高齢者の心と身体に大きな影響を与えてしまう。そのため，介護が必要となっても可能な限り自宅で生活し，あるいは，地域の中で，今までの家庭的な雰囲気のある住環境を確保することが必要となる。

田端光美は，イギリスを中心とするヨーロッパ諸国が，福祉国家として，「住宅」を国民生活の基盤として保障してきたことを例に挙げ，日本において「住宅」が社会福祉の基盤としての社会的認識を欠き，住宅政策が社会政策の一環に位置づけられてこなかったと指摘している。そして，「住宅」の社会福祉的意義を，①住宅はすべての人々の生活基盤として一人ひとりの発達を保障する，②「生活の質」を高める基本的要件としての意義，③福祉施設サービスの水準を規定する，の三つに集約している[1]。

このように，「住む」という行為の前提となる住宅の確保は，戦後の著しい住宅不足に対応するため，住宅の量的拡大が民間を中心に実施されてきた歴史がある。しかし，近年では，如何にして住宅の質的向上を目指すのかといった政策転換がなされ，「住」の豊かさに関心が高まっている。社会福祉においても，在宅福祉の推進やコミュニティ・ケアにおいて，より一層，「住」の意義や意味について生活との関連の中で，検討されなければならない。

2） 生活の前提としての「住まい」

次に，生活の前提としての「住まい」について検討したい。前節において，

「住む」ことについて見たが、「住む」という行為は、そこに「住み続ける」ための物的な装置である「住宅」を確保し、居所を定め、生活を営むことになる。

森岡清美は、生活とは、欲求主体（生活主体）の反復的・継続的・欲求充足過程と規定し、基本的・日常的な生命維持に関わる諸欲求から衣食住に関する生活資材獲得という目標が設定されるとしている。[2] すなわち、生活主体である我々が日常生活を継続していく根本にある欲求から、衣食住の優先的な確保を示している。

また、生活は必需的な生活基盤機能と、その上に展開される生活創造機能に分けられ、特に、生活基盤機能は、人間の生理的再生産に関係する必需的部分であり、①食機能、②健康維持機能、③衣装機能、④住機能、⑤移動機能がある。[3] これらの生活基盤機能は、生存にとって不可欠な機能と考えられる。

森岡の言う生活資材としての衣食住の３要素において、衣食は生活の消費過程の対象となる消費財として位置づけられる。これらは、外部調達し賄うことが一般的である。例えば、衣（服）は、自らの手によって製作することはほとんどないであろうし、また、食（料）の調達も自給自足の生活をしていれば別だが、ほとんどのものを身近なスーパーや商店、百貨店で購入し、賄っている。しかし、「住」は耐久消費財として位置づけられるが、「住」を確保するための消費過程に伴う経済的な負担は、「衣食」とは比べられないほど大きい。

家計の中において、住生活を営むために必要な費用を住居費と呼ぶが、その内訳は持家、借家という所有関係によって異なる。持家では土地家屋取得費、住宅ローンの支払い、修繕・維持費、その他にも固定資産税など、税金も支出しなければならない。また、分譲マンションでは、管理費や修繕積立金等の維持管理費が必要となる。一方、借家についても家賃・地代、修繕・維持費等が支出される。これら住居費の負担が生活に与える影響も考えなければならない。

このように、「住」を確保し、生活を営むことは、我々の生活欲求や生理的再生産には欠かすことのできないものであるが、その取得と維持には相当な困難が伴う。住宅を不動産として購入する際には、「家は一生の買い物」と言われるように、生活における位置づけは重い。また、賃貸住宅等への入居についても、月々の収入に占める家賃の割合も高いことが多い。特に、高齢者における住宅の取得や賃借は、高齢者であるがゆえ、賃貸住宅を貸してくれない等の高齢者特有

の住宅問題が発生している。

　また,「住」をどこに構えるかについて,我々の生活自体が影響を受けることも少なくない。すなわち,居住地,住所地の自然環境,地理的環境をはじめ,その土地固有の伝統文化や風習,風俗を「住む」ことによって共有することが求められる。さらに,近年の平成の大合併でも議論になったが,我々の最も身近な行政体である市町村が合併することにより,広域化が進み住民の生活が見えにくくなり,行政サービスが低下しかねないと危惧されている。特に,社会福祉の観点から言えば,介護保険の第1号被保険者の保険料や児童に対する医療費補助などは,市町村等の基礎自治体によって異なる。

　さらに基礎自治体における地域,あるいは地区等の居住者の特徴も影響する。田園調布や芦屋等の高級住宅地と称される所では,生活者の価値観や地区特有のコミュニティが形成されている所もある。

　我々がある土地に住を構え,生活を営む過程では,以上のようなことも生活自体に影響を与える。そのため,「住」というハードの面ばかりを強調し,そのハードの内部で営まれるソフトな部分と,地域社会の構成員としてのつながりや役割を担っていることを見逃してはならない。

　特に,社会福祉からのアプローチは,ソフト（在宅サービス）の提供・支援において,サービス利用者がどのような住宅に住んでいるのかというハードの部分の特徴とともに,住まいにおいて,どのように住んできたのかという,「住み続ける」中での生活の有り様,すなわち,住生活の歴史について理解し,支援していくことが求められる。

第2節　高齢者の住をめぐる問題と居住

1) 高齢者の住生活問題

　わが国において,住をめぐる問題として一般的に捉えられるのは住宅問題であろう。この住宅問題は,高度経済成長期以降,都市部への人口流入に伴う住宅不足,すなわち,住宅の量的問題として取り上げられた。近年では,マンションの耐震構造の偽装問題や老朽化した住宅に住む高齢者への住宅リフォーム問題など,消費者問題が指摘されている。また,記憶にも残っている阪神・淡路大震災をは

じめ，近年頻発している地震という自然災害が我々の生活基盤機能の一つである住機能を脅かし，住み続けることを断念せざるを得ない状況をもたらしている。これらの問題は，生活者である住人の生活自体を脅かしかねない問題であるにもかかわらず，その力点は住宅のハード面，すなわち，住を確保することに注がれている。これは，人間生活における住宅の位置づけの重さと，その重要性を物語っている。

しかし，そこでは震災前の生活を如何に取り戻し，改めて住み続けるかということについては，あまり議論されていないように思われる。確かに震災後の新たなコミュニティの創生や，新たな住まい方の模索がされている。しかし，生活支援のあり方については，子どもから高齢者まで環境適応の度合いや居住地において，どのように生活を築いてきたかという住生活史を反映できるような方策まで検討されていると言えるであろうか。

特に，高齢期において，転居や呼び寄せ老人など，住み慣れたところから移動することによる環境適応が困難であることへの指摘がなされている[4]。これらのことから，震災後の仮設住宅において，近隣とのつながりが断絶されたこと等による孤独死も後を絶たない。

高齢者の住まいをめぐる問題は，「高齢になって介護などが必要となった時に自宅に住み続けられるか」という老後の介護問題から出てくることが多い。特に，高齢者世帯や独居高齢者の増加によって，老後生活と介護との関係によって，どこで，誰と，どのように老後を過ごすかということに関心が集まる。

これは，高度経済成長期以降の核家族化等による家族の介護機能の低下や老親の扶養意識の変化等の社会的な要因と加齢や障害に伴う個人的な身体機能の低下による「住まいづらさ」に起因する生活課題が住宅の建築構造やその広さ等，日本の住宅事情に反映されたものとなっている。

また，高齢者という特性も住まいを確保することにおいて困難をもたらす。すなわち，高齢のために借家を借りられないという社会的な差別の問題も生じている。

前述のように多くの高齢者は，「今の住まいに住み続けたい」と考えている。しかし，団塊の世代と呼ばれる若年層以降の世代では，「介護専門の公的施設に入居する」や「公的なケア付き住宅に入居する」といった施設入所ニーズも増加

している。

　住まいは生活の基盤であり，生活の場となる。高齢者にとっては，福祉・介護の基盤ともなるのである。そして，人間の成長発達，あるいは地域社会における構成員として，さらに人間として生き，生活を営むための基本的な条件となる。

2） 高齢者の住生活の諸相と居住の困難性

　高齢者の住宅問題は，加齢に伴う心身機能の低下や疾病，障害，または一人暮らしになるといった従前の生活を円滑に行うことができなくなることから浮かび上がり，その結果，在宅生活の継続を目的とする住宅改修や在宅介護の利用，施設への入居などの住宅に起因するニーズが出てくる。

　以前より住宅の不備等の理由により，「自宅があっても帰ることができない」という病院に長期間入院する等の「社会的入院」を誘発し，社会問題として指摘された[5]。また，老人ホーム等への入所理由として「住宅事情」が上位にあり，「自宅があっても住み続けることができない」という居住の困難性も指摘されている[6]。高齢者はどのような思いや気持ちで現在の住まいに住み，生活を営んでいるのであろうか。

　内閣府の『高齢者の住宅と生活環境に関する意識調査（平成17年）』によれば，住宅で困っていることについて，住宅の老朽化や住宅構造，造りが使用しづらいとしている割合が上位を占めている。また，台所，便所，浴室など，水回りの設備が使いづらいとする割合も8.3％である。これを年齢別に見ると85歳以上の人が10.5％と他の年齢より増加していることが明らかとなっている（図11-1）。

　しかし，注目しなければならないのは，「何も問題点はない」としている割合が約6割と最も多いことである。

　調査対象であった高齢者の疾病や障害等によっても異なるが，高齢期において日本住宅の構造的問題と和式の生活様式の齟齬が指摘され，高齢者の住宅内での事故が他の世代よりも多いことが明らかなように，住宅の物理的な問題が高齢期の生活を脅かしている。その中で，生活者である高齢者自身が，問題について認識していない現状がある。住み慣れた家で，使い親しんだ間取りや家具等の生活用品に囲まれて現状に不満がないという主観的な認識が落とし穴になっていることも指摘しなければならない。

171

図11-1 住宅で困っていること（複数回答・%）

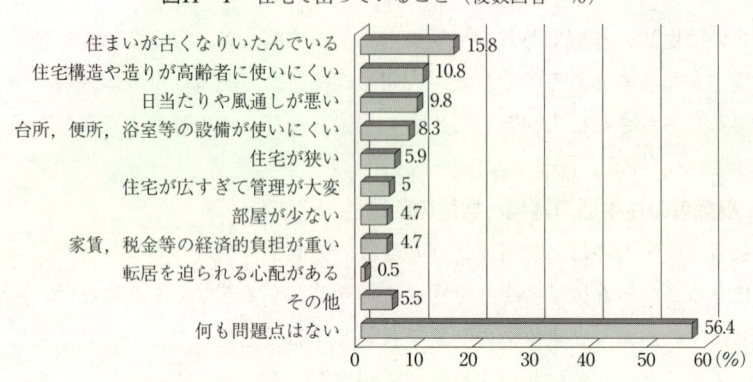

- 住まいが古くなりいたんでいる 15.8
- 住宅構造や造りが高齢者に使いにくい 10.8
- 日当たりや風通しが悪い 9.8
- 台所，便所，浴室等の設備が使いにくい 8.3
- 住宅が狭い 5.9
- 住宅が広すぎて管理が大変 5
- 部屋が少ない 4.7
- 家賃，税金等の経済的負担が重い 4.7
- 転居を迫られる心配がある 0.5
- その他 5.5
- 何も問題点はない 56.4

出典：内閣府「高齢者の住宅と生活環境に関する意識調査」平成17年度．

図11-2 高齢者の居住歴と住宅の建築時期（%）

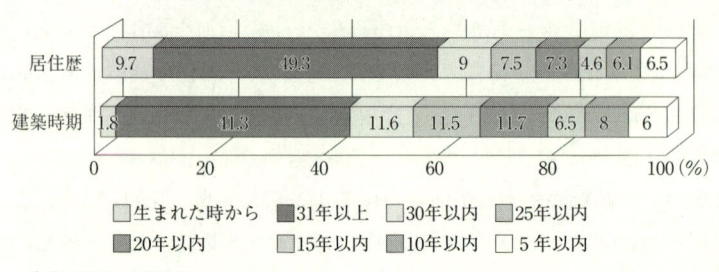

	生まれた時から	31年以上	30年以内	25年以内	20年以内	15年以内	10年以内	5年以内
居住歴	9.7	49.3	9	7.5	7.3	4.6	6.1	6.5
建築時期	1.8	41.3	11.6	11.5	11.7	6.5	8	6

出典：図11-1と同じ．

図11-3 虚弱化したときの居住形態

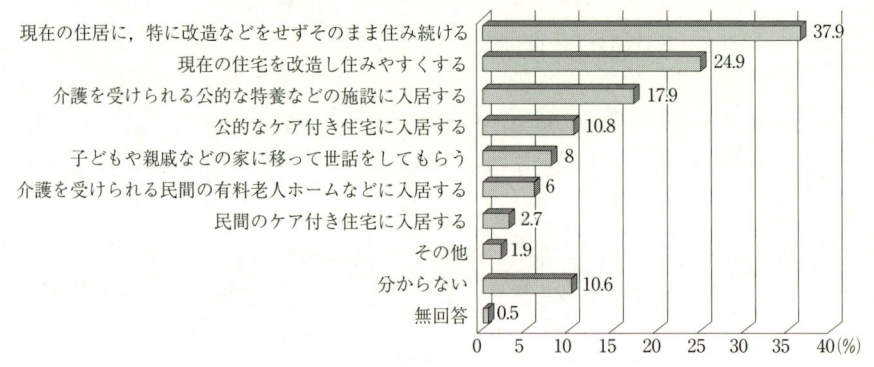

- 現在の住居に，特に改造などをせずそのまま住み続ける 37.9
- 現在の住宅を改造し住みやすくする 24.9
- 介護を受けられる公的な特養などの施設に入居する 17.9
- 公的なケア付き住宅に入居する 10.8
- 子どもや親戚などの家に移って世話をしてもらう 8
- 介護を受けられる民間の有料老人ホームなどに入居する 6
- 民間のケア付き住宅に入居する 2.7
- その他 1.9
- 分からない 10.6
- 無回答 0.5

出典：図11-1と同じ．

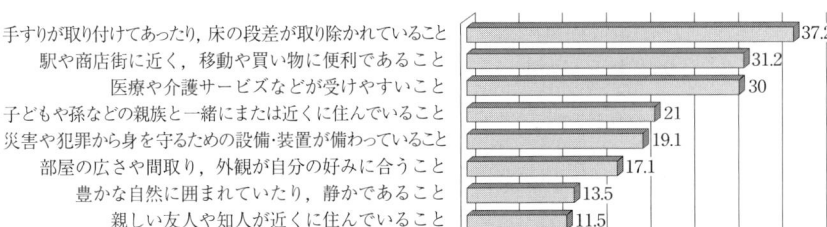

第11章　高齢者の生活を支える今日的施策①

図11-4　高齢者の住宅と住環境の優先度（％）

- 手すりが取り付けてあったり，床の段差が取り除かれていること　37.2
- 駅や商店街に近く，移動や買い物に便利であること　31.2
- 医療や介護サービスなどが受けやすいこと　30
- 子どもや孫などの親族と一緒にまたは近くに住んでいること　21
- 災害や犯罪から身を守るための設備・装置が備わっていること　19.1
- 部屋の広さや間取り，外観が自分の好みに合うこと　17.1
- 豊かな自然に囲まれていたり，静かであること　13.5
- 親しい友人や知人が近くに住んでいること　11.5
- 近隣の道路が安全で，歩きやすく整備されていること　10.8
- 趣味やレジャーを気軽に楽しめる場所であること　4.8
- ペットと一緒に暮らせること　2.3
- 職場が近かったり，現在の職業に適した場所に面していること　0.8
- その他　3.8
- 特にない　20.2
- 無回答　1.9

出典：図11-1と同じ。

　次に，高齢者の居住歴と住宅の建築時期であるが，約6割の高齢者が30年以上同じところに住んでいることが分かる。生まれた時からという人も約1割おり，多くの高齢者が長い期間，同じ住宅に住んでいることが分かる。また，住宅の建築時期であるが，一般的に住宅等の耐用期間は25年と言われ，生まれた時からと30年以内までをあわせると54.7％となり，半数以上の高齢者が老朽化している住宅に住んでいることが分かる（図11-2）。

　また，虚弱化した時の居住形態であるが，「現在の住居に，特に改造などはせずにそのまま住み続けたい」が37.9％と最も高く，次いで「現在の住宅を改造し住みやすくする」が24.9％，「介護を受けられる公的な特別養護老人ホームなどの施設に入居する」が17.9％となっている。特に，75歳以上では，「現在の住居を特に改造などはせずにそのまま住み続けたい」とする割合が高く，年齢が低くなるほど「現在の住宅を改造し住みやすくする」割合が高くなり，「公的なケア付き住宅に入居する」の割合も高くなっている（図11-3）。

　さらに，高齢者の住宅と住環境の優先度を見ると，「手すりが取り付けてあったり，床の段差が取り除かれている」といった住宅のバリアフリーに関することが最も多く，次に「駅や商店街に近く，移動や買い物に便利であること」といった地域社会へのアクセスビリティ，利便性，「医療や介護サービスなどが受けや

すいこと」といった医療・福祉ニーズへの要望が多い。他の項目を見ると家族や友人知人との交流，自然環境の豊かさ，都市環境の整備や治安の良さ，趣味やレジャーといった余暇生活が充実できることを挙げている。すなわち，生活における優先度は，住まいを中心として居住生活が円滑に進むよう環境整備を求めていることが分かる（図11-4）。

3） 高齢者と居住

　我々は「住む」という行為について，「住宅」「住居」「住まい」，「家（いえ・うち）」「居住」等の言葉を使用している。一般的に日常生活において「住宅」と聞くと建物の構造等のハードの側面の意味を思い浮かべることが多い。一方，「住まい」や「家」という使い方をすると「住宅」というハードの側面よりも，より深くそれぞれの人間の住宅内における生活模様が映し出されたものとして捉えられ，ソフト面に重きがおかれる。しかし，それぞれを厳密に分けて考えることは少ない。

　一番ヶ瀬康子は「住宅」「住居」「居住」の三つを次のように分類し，それぞれ異なる捉え方をしている。[7]

　　住宅——人が住むための家屋。ハード面の要素が強い。
　　住居——家屋を含めて住んでいる状態。ソフト面も加わるが，家屋内の状態に
　　　　　とどまる。
　　居住——ある場所に住むこと。それにおいて生じる住み心地や居心地を含めて
　　　　　捉える。

　また，諸外国におけるそれぞれの言葉の意味づけは，どのようになされているのであろうか。それは，「Home」と「House」の意味合いの違いから見ることができよう。

　ミーンズ（R. Means）とスミス（R. Smith）は「home」の意味を，さまざまな人や幅広い社会集団，地域社会との関係のようなものとし，そこでは自分自身の考えやアイデンティティをさらけ出し，プライバシーを保持し，身を守り，空間を個人のものにできる場所としている。また，活動の基盤となり，体を作り守るようなもの，さらには両親との関係において教育やしつけを受ける場所と位置づけている。特に，高齢者においては，プライバシーを保持する場所としての重要

性を述べている。[8]

　次に、「居住」という言葉であるが、社会福祉の領域においては、その定義や意味づけについて、定まったものはないのが現状であろう。

　山本美香は「居住」を「生活構造としての側面を有するものであり、『場』や『空間』といったハード面のみならず『社会関係』、『意識』、『時間（継続性）』といったソフト面から構成されている」[9]としている。すなわち、ハードとソフトの双方が整備されてこそ「居住」が成立するのである。

　2006（平成18）年に公布、施行された住生活基本法における、「住生活」の用語解説を見ると、「国民生活のうち、住むことに関することである。いわゆる国民生活の三要素である「衣食住」の「住」に係るものであり、住宅そのもののみならず、自然災害に対する安全性やコミュニティの形成など地域における住環境の形成、交通サービスや福祉サービスなどの居住サービスを含んでいる」[10]とされている。

　すなわち、「居住」は住宅を中心とし地域社会の都市環境や自然環境、交通サービスなどのハードの側面だけを指すのではなく、地域コミュニティという幅広い空間を含み、それと同時に、地域社会で生活する人と人との関係の継続性（ネットワーク）や、そこで生活する人のアイデンティティの保持等を含み、安心と安全が確保されるものとして捉えることができる。

第3節　高齢者の居住における「空間」「場所」と「居場所」

1）人間生活における「空間」「場所」「居場所」の意味

　居住とは、地域コミュニティという幅広い空間を含み、そこでの人間関係の継続性と、個人としてのアイデンティティの保持を含むものとして捉えることができる。その「空間」には、「場」や「空間」等の概念で示すことができる、目に見えないものが存在している。

　我々の生活は、地域あるいはコミュニティと言われる空間との結び付きによって成立している。空間なくしては生活自体が成り立たないのである。我々が住み慣れた地域社会において安心して生活を維持し続けることは、空間における「場」や「居場所」等の定点の連鎖・連続性によって成立している。

環境心理学的な観点から，人間と環境の関連性を概念化したレヴィン（K. Lewin）は，認知により媒介された物理的環境や，その環境が生み出すさまざまな外的事象と認知者自体を含めた空間を「生活空間（life space）」と呼んでいる。そして，この生活空間は心理学的環境（E）と生活体（P）との2領域から成立するとし，「行動（B: behavior）＝人間（P: person）×環境（E: environment）」であると規定し，人の行動は人と環境を含む生活空間内の諸領域の相互関係から生じると主張した。[11]

また，我々の生活行動は，物理的環境をはじめとして生活を取り囲む諸環境の関係において生じ，我々の生活自体に大きな影響を与えるものである。

ボルノウ（O. F. Bollnow）は，言語史上の示唆から，「体験されている空間（生活空間）＝われわれの生活がそこでいとなまれている，現実的な具体的空間」という概念を使い，「Raum（ラオム）［空間］」「Ort（オルト）［場所・地点］」という語を切り口に人間と空間の関係性を論じている。[12]

「Raum（ラオム）［空間］」とは，「家屋の部分としての室という意味で，部屋や小部屋，台所やその他の『いろいろな部屋』を包含する上位概念としての室という意味である。したがって，住居が構成されている諸単位をあらわす」としている。

そこでは空間的連関における「Ort（オルト）［場所・地点］」について，以下のような解釈をしている。すなわち，「オルトには常に点的なものがある。オルトは指し示すことができるものである。それは空間内の固定した一点，とりわけ，地表上の固定した一点をあらわしている。しかし，この概念は特に集落の意味に，つまり，人間の居住地をあらわすものにせばめられた。こうした意味で所番地，居住地，出生地などの語が存在する」としている。そして，オルトは，「常に一定に布置され，そして正確に固定されている特定の地点」としている。

また，「Stelle（シュテレ）［位置・箇所］」を「ある事象の確定された所在地」としている。このように，人間の発達形成において，自らが自らを認識し，歴史的な形成によって確立することに「空間」や「場所」「居場所」が機能していると考えられる。

2）「社会的居場所」と「人間的居場所」

　地理的経験の現象学的基盤について研究しているレルフ（E. Relph）は、『場所の現象学』で、「人間的であるということは、意味のある場所で満たされた世界で生活することである。つまり人間的であるということは、自らの場所を持ち、また知るということである」としており、人間生活における「場所」の重要性を提起している[13]。

　また、哲学者の務台理作は、その著書『場所の論理学』で「場所の規定」を次のように述べている。「場所の規定として最も根本的なものは、場所的につつむことと、つつまれることとの関係である。普通にものをつつむと云えば、これを外からつつむのであって、風呂敷で書物をつつむとか大気が地球をつつむとかは勿論のこと、類概念が種概念をつつむと云っても矢張り外からこれをつつむのである。併し場所的につつみ・つつまれるとは、つつむものがつつまれるものを自らの中に映し、また反対に、つつまれるものの中につつむものが映されるという関係に於いて、相互にその中へ浸透し、かくてその映す関係がひるがえる。つつむものがつつまれるものになり、つつまれるものがつつむものになる[14]」としている。さらに、「場所の自己同一に於いて、場所が場所へ自己を映すことと、場所の力率の表現としての個体の中へ場所が映されることは、厳密に対応する[15]」とし、場所的対応と場所的自己同一との関係を「場所に於いて、個体が個体として特殊性を維持しながら、しかもその普遍性を確立できるのは、場所的対応を持つからである[16]」とし、場所的対応におけるアイデンティティの確立と保持の重要性を指摘している。

　レヴィンが位置づけている「生活空間」を住宅という物理的環境を中心に考えると、我々の行動は、住宅のハード的側面とその中で営まれる生活から構成される「私的生活空間」と、それを取り囲む「公的生活空間」との関係性により規定される。この「私的生活空間」は、「個人空間」として置き換えることができよう。

　「個人空間」は、①なわばり制、②密集、③プライバシーの特性を持っている[17]。①なわばり制は、社会的関係上の混乱や無秩序を規制し、安全性を確保すると同時に個人空間と外的空間との社会適応調整の機能を有している。②密集は、人間の知的発達や成長、心身の健康など人間関係の維持において機能している。③プ

ライバシーは，外的空間からの社会的な抑制や制限から私的な生活領域を確保することにより，自己を解放し，「個」を見つめ直すという，基本的欲求を満たすものである。

　三本松政之によれば「場所」には空間性と社会性があり，それぞれを「場所の持つ空間性とは，人間が日々の生活を送る上での具体的な行動や諸活動が営まれる物理的・空間的な生活環境として捉えられる側面である。場所の社会性とはこのような空間性の上に成立する社会的な関係性の側面である」と捉え，空間性と社会性という両方の要素の関わりの中で，個人にとっての意味ある場所，居場所が確保されるとしている。[18]

　場所の空間性とは，例えば，自宅を中心にした日常生活行動圏が，どのような自然や都市環境にあり，その空間において，商店，学校，職場，銀行，友人宅など日常生活がどのような「定点」により構成されているかと言った物理的・空間的な配置として見ることができる。さらに，場所の社会性とは，例えば，商店における店員との交流，地域住民や学校，職場等における人間関係などを指すことができる。しかし，このような「場所」があれば良いということでもない。それぞれの「場所」において，高齢者自身が持ち合わせている資質や能力を発揮することができ，自分の存在が他人によって必要とされることが必要なのである。すなわち，「場所」における高齢者自身の主体性や地域社会における参画が問われる。

　日常生活は，「寝起きをする場，食事をする場といったごく限られた空間＝住居を意味するわけではなく，その人の日常的な空間，場であって，人が地域生活や社会生活を送る上での拠点，立脚点であり，そこを基地として人は自らの暮らしを創り，人生を送ることができることを意味している」と言う。[19]

　高齢者が日常生活を送る公的空間において，自分の存在を社会的関係の中で主体的に表現する中で，他者から受け入れられる，必要とされる存在となることができる「場所」，すなわち，「社会的居場所」が必要なのである。さらに，自宅という私的空間において営まれる家庭生活や個人生活でも，プライバシーが保障され，アイデンティティが確保されることにより，自分であることを実感できる場所，すなわち「人間的居場所」も必要となる。

　このように，高齢者が日常生活を継続・確保するためには，日常生活行動圏に

おける活動・参加の「場所」を確保し，そこでの社会的・人間的「居場所」が確保されることが必要となる。

第4節　高齢者の住生活の再建と地域生活支援

1）高齢者の住生活の再建

　高齢者が地域生活を営み，その生活を支える前提としての居住について見たが，現実問題として高齢期において「住宅」というハードの側面と，その中で営まれる「生活」というソフト面の相互作用から生み出される住生活問題を，どのように解決，緩和するのかその具体策が検討されなければならない。

　介護保険制度が導入され，個人資産と目されていた住宅に対して「住宅改修費の支給」という形で保険給付が行われるようになり，手すりや段差の解消等を行う住宅改修や住宅リフォームが盛んに実施されるようになった。しかし，在宅ケアにおいて，住宅が確保され，「段差の解消」や「手すり」等のいわゆるバリアフリーの設備を整備することにより，高齢者の自立促進や家族，訪問介護員等，マンパワーの介護負担軽減が図られれば高齢者の日常生活の継続が可能となるものではない。

　高齢者自身の心身機能の低下や疾病，障害の度合い，さらには介護者の変化等による介護力の低下等，日々変化する状況に適切に対応することが求められる。すなわち，住みやすい住まい方や加齢に伴うハード面の修正，居宅サービスの調整など高齢者本人と家族の状況に応じた形で住生活自体を改めて作り直す作業が必要となる。また，転居による住まいの変化についても，長年住み続けた家を出て新たな環境に適応するためには，一から新しい生活を地域の中で作り上げなければならない。このように高齢期に住まいを中心に生活し続けるため，生活の再構築作業を連続して行うことになる。

2）地域生活支援における住生活の再建

　高齢者の地域生活の支援では，その生活の場となる「在宅」と「施設」という従来の二者択一的な展開では，居住を確保することは困難となる。すなわち，「地域」という生活空間において，居住の場を確保するかが問われなければなら

ない。すなわち、人間的居場所と社会的居場所を相互に行き来し、生きがいのある生活が確保されなければならない。

仮に自宅内での移動が可能となり外出しようとしても、一歩外に出れば、至る所に段差や坂があり、道幅が狭く舗装されていない道もある。また、交通機関が利用できない、店舗がバリアフリー化されていないため入店もできない場合もある。また、施設生活においても、集団生活における「個」の確保や本来の住まいの役割が求められる。

在宅における支援の一つとして、住宅改善による居住環境整備がある。既存住宅の住宅改善には、①予防的効果、②自立促進効果、③行動変容効果、④新たな介護機器がもたらすサービスの変化、⑤介護費用の軽減効果、等がある。[20]

在宅福祉サービスとしての住宅改善は、訪問介護員（ホームヘルパー）が自宅に訪問してオムツ交換や家事等を行う訪問介護やデイサービスセンター等に利用者自らが通い、日常生活の世話や機能訓練等のサービスを受ける通所介護等とは異なる。すなわち、住宅改善を施すことによって、新たな住宅での生活に適応できるように、今までの生活様式を根本から見直し、新しい生活様式へと生活自体を再構築する必要があるということが、支援における特徴として挙げられる。そのため、単に住宅改善により物理的な環境への身体的な適応を念頭に置くだけではなく、その物理的環境が生活自体に、どのように影響をもたらすのか等についても考慮する必要がある。

次に、施設においては、在宅における住宅改修や福祉用具の活用といった個別的な対応を行うことは、「施設」という居住特性から見て困難である。社会福祉施設における居住環境の規定は、それぞれの施設の設備基準などの根拠となる「最低基準」や「設備及び運営に関する基準」によって定められている。また、それぞれの施設の居室における居室定員と面積を見ると、住まいの形態により居住の規定は異なる。特に1人当たりの居室面積には大きな差異がある。

「個室・ユニットケア」を特徴とする新型特別養護老人ホーム（以下、新型特養）では、介護保険の理念にもなっている自立支援を目指し、「生活の場」としての施設が集団処遇型のケアから脱却し、個人の自立と尊厳が確保されるケアを目指している。新型特養で採用している「個室・ユニットケア」の意義は、①入居者は個性とプライバシーが確保された生活空間を持つことができること、②個

表11-1　施設生活における居住空間・領域

個人スペース	個人的空間（個室）PRIVATE-ZONE	入居者個人の所有物を持ち込み管理する空間・領域	アイデンティティとプライバシーの確保	ユニット（生活単位）10名前後
	準個人的空間 SEMI-PRIVATE ZONE	個室（PRIVATE-ZONE）の近く（外部）にあって複数の入居者が利用する空間・領域	人間的居場所	
公共スペース	準公共的空間 SEMI-PUBLIC ZONE	多数の入居者を対象とし，施設内における集団かつ規律的な生活が営まれる空間・領域	集団や社会との交流・社会参加の確保	
	公共的空間 PUBLIC ZONE	入居者と地域住民の双方に開かれ，地域社会との交流が可能な施設内の空間・領域	社会的居場所	

出典：厚生労働省全国介護保険担当課長会議資料，資料№5「施設整備の考え方について」 平成13年9月13日。児玉桂子編『高齢者居住環境の評価と計画』中央法規出版，1998年，218頁を参考にして筆者作成。

室の近くに交流できる空間を設けることにより，他の入居者と良好な人間関係が築け，相互の交流が進むこと，③自分の生活空間ができ，少人数の入居者が交流できる空間もあることで，入居者のストレスが減ること，④家族が周囲に気兼ねなく入居者を訪問できるようになり，家族関係が深まることにもつながること，⑤インフルエンザ等の感染症の防止に効果があることである。

高齢者にとって施設が「生活の場」としての役割を担っていくためには，アイデンティティが保持され，プライバシーが守られる人間的居場所が確保されるとともに，集団や地域社会との交流・社会参加が継続的に確保される社会的居場所でなければならない（表11-1）。

3）　高齢者の居住生活支援

高齢者の地域居住を可能とするためには，家や施設といった住まいを整備すれば良いものではない。すなわち，日常生活行動圏における都市基盤等の環境整備も欠かすことはできない。また，高齢化の状況は，地域・区域によって大きな偏りがあり，一般的には大都市圏よりも，地方圏の高齢化が著しい。大都市圏や地方中心都市では，都市近郊に高度経済成長以降に開発されたニュータウンにおいて，施設等の老朽化と陳腐化によって高齢化が極度に高くなっている。すなわち「オールドタウン化」が進行している。

このような現状に対して，国土交通省は，建築物や交通施設等における高齢者等の利用への配慮として，「高齢者，身体障害者等が円滑に利用できる特定建築物の建築の促進に関する法律（1994（平成6）年）」（ハートビル法）を制定し，不特定多数の者が利用する建築物におけるバリアフリー化を義務づけ，また，「高齢者，身体障害者等の公共交通機関を利用した移動の円滑化の促進に関する法律（2000（平成12）年）」（交通バリアフリー法）を基に，公共交通機関や交通結節点のバリアフリー化を急速に進めてきた。なお，ハートビル法と交通バリアフリー法は，2006（平成18）年に統合され，「高齢者，障害者等の移動等の円滑化の促進に関する法律」となった。

特に，虚弱高齢者等に対しては，日常生活行動圏が狭くなる傾向があるために，徒歩圏を中心とした社会参加と交流が可能となる機会を確保することが求められる。そして，安心で安全に生活できる防災や防犯に対処できるようしなければならない。

高齢者は地域の中で孤立することなく，地域住民の一員として日常的に地域と関わることが重要である。そのためにも地域コミュニティの維持と再生が求められる。

高齢者が生活全般において快適に暮らせる環境の実現には，高齢者の居住問題，医療・社会福祉の問題，社会参加等の問題と，それに関わる施設立地や移動等の総合的な施策展開が必要となる。

高齢者の居住生活支援は，地域社会において「住まい」を中心として「場所」，「居場所」が確保され，それを結ぶ社会・文化・移動・情報等のアクセスが保障されることである。そして，高齢者一人ひとりが人的ネットワークを広げていく機会を保障し，自らの日常生活を実現することにほかならない。

まとめ

本章では，高齢者の生活を地域で支えるというテーマを「住む」ということを切り口に整理，検討してきた。

高齢者は地域社会という生活空間の中で住み続け，生活を営んでいる。その生活を営む際の拠点（居所）になるのが，「住まい」となる。「住まい」は，その物

第11章　高齢者の生活を支える今日的施策①

理的な建物としての住宅と、住宅の中で営む家庭生活によって成り立つものである。

核家族化が進行し、今後ますます高齢者世帯、高齢者の一人暮らしが増加する中で、安全で安心できる「住まい」が確保されることが地域社会で生活する高齢者にとって重要となるのは言うまでもない。さらに生活者一人ひとりが自らの「居場所」を確保し、そこで自分らしく、いきいきと活動でき、人間的・社会的な関係を維持、発展させるような施策展開が求められる。

高齢者を地域で支えることは、「住まい」を中心とし、同心円状に広がる日常生活行動圏における公共交通機関や建物の利用などアクセスが保障されなければならない。

我々は、生活の拠り所となる「住まい」の意義・意味を再度認識し、地域社会における居住の意味づけを社会福祉における援助・支援の中に盛り込んでいく必要があるのではないだろうか。

●●●●●●●●●●●●●

▶注

(1) 住宅問題研究会・日本住宅総合センター編『住宅問題事典』東洋経済新報社、1993年、242-243頁。
(2) 森岡清美『家族周期論』培風館、1973年、329-341頁。
(3) 同前書、329-341頁。
(4) 「特集　呼び寄せ高齢者『月刊総合ケア』第10巻第10号」、医歯薬出版、2000年。
(5) 早川和男・岡本祥浩『居住福祉の論理』東京大学出版会、1993年、184-211頁。
(6) 同前書、184-211頁。
(7) 鈴木晃・岸本幸臣『講座　現代居住2 家族と住居』東京大学出版会、1996年、21頁。
(8) R. Means & R. Smith, *Community Care-Policy and Practice*, 2nd ed., Macmillan Press, 1998, pp. 168-173.
(9) 山本美香「地域福祉と『居住』―高齢者の居住継続のあり方を求めて」『社会福祉学』第41巻第2号、日本社会福祉学会、2001年、74頁。
(10) 国土交通省住宅局住宅政策課監修、住宅法令研究会編『逐条解説　住生活基本法』ぎょうせい、2006年、61頁。
(11) 菅俊夫『環境心理の諸相』八千代出版　2000年、66頁。
(12) O. F. ボルノウ、大塚惠一・池田健司・中村浩平訳『人間と空間』せりか書房、1978

年，32-39頁。
⒀　E.レルフ，高野岳彦訳『場所の現象学』筑摩書房，1999年，26頁。
⒁　務台理作『場所の論理学』こぶし文庫，1995年，11頁。
⒂　同前書，12頁。
⒃　同前書，12頁。
⒄　菅俊夫　前掲書，73-75頁。
⒅　三本松政之「高齢者と居場所」『現代のエスプリ別冊生活文化シリーズ3　現代人の居場所』至文堂，2000年，195頁。
⒆　太田貞司『地域ケアシステム』有斐閣，2003年，115頁。
⒇　児玉桂子編『高齢者居住環境の評価と計画』中央法規出版，1998年，16-17頁。

▶参考文献
鈴木晃・岸本幸臣『家族と住居』東京大学出版会，1996年。
鈴木敏彦・飛永高秀・早坂聡久『障害をもつ人たちの居住環境』一橋出版，2002年。
朝倉美江編『高齢社会と福祉』ドメス出版，2004年。
大田貞司編「新版高齢者福祉論」光生館，2007年。
三好明夫・西尾孝司編「高齢者福祉学」学文社，2007年。

第12章　高齢者の生活を支える今日的施策②
―― 施設の在宅化 ――

はじめに

　日本の高齢者施設は，今日，そのあり方に大きな変化を迎えている。大規模施設から小規模施設へ。郊外から市街地へ。そして，施設型から家庭的なものへと変わりつつある。これらの代表的なものがグループホームや宅老所と言われるもので，ここ数年で施設数も飛躍的に伸びている。グループホームや宅老所は利用者が10名以下であり，きめ細かいケアを提供することができる。このような動きとともに，大規模施設の中でも，ユニットケアが行われるようになる等，家庭的な雰囲気の中での支援を如何に提供するかということが，大きなテーマとなっている。また，こうした施設の動きの中で，介護老人福祉施設で死を迎える高齢者も増加している。本章では，施設の在宅化としての宅老所，認知症高齢者ケアのグループホームに焦点を当てながら，高齢者の終末期ケアをどのように考えたら良いのか，施設におけるターミナルケアの実践を考えていきたい。

第1節　高齢者と施設

　要介護高齢者の生活を支えるためには，社会福祉施設は欠かせない。高齢者施設に入所してしまうと，今までの生活とは縁が切れ，家族が介護を手伝いたいと思っていても施設職員に任せるようになり，面会が減ってしまうこともあるなど，利用者が家族や地域から孤立してしまうことも多かった。しかし，ユニットケア

を実践する高齢者施設も増え，地域での生活の継続性を考えること，家族と利用者の関わりを改めて見直す施設も増えている。

1） 介護老人福祉施設におけるユニットケア
(1) ユニットケアとは

　ユニットケアは，数十人単位を一つの集団として介護するのではなく，10人程度の小集団に利用者を分け，一つのユニット（生活単位）として，大型施設でも家庭的な雰囲気の中で生活するという考え方である。つまり，施設の中で普通の暮らしを意識した生活が送れるようにケアをすることである。

　ユニットケアは，介護職員が利用者一人ひとりの生活を考えたケアを行うことを可能にする。それが，利用者の普通の生活を支える基となる。施設の画一化された生活支援ではなく，ユニットごとにご飯を炊いたり，盛り付けや後片付けに利用者が参加することで利用者に合わせた食事の提供ができる。また，利用者自身が食事作りに参加することによって，食に対する意識も変わってくる。入浴に関しても，ユニットケアにすることで身体状況の把握が確実に行える。排泄も，一人ひとりの排泄周期が把握しやすくなり，自立支援に結び付けることが可能になる。利用者の一日の過ごし方についても，ユニットごとにさまざまなバリエーションを生むことができ，お茶を飲んだり，職員と一緒にお菓子を作ったりと時間の過ごし方も変わってくる。

　ユニットケアの利点は利用者の主体性の尊重にあり，利用者本位の生活・介護を目指すものである。時には，利用者が自分でできることはやってもらうため，自立支援につながりやすいところであろう。

　また，ユニットケアを行っている施設の多くは，「逆デイサービス」に取り組んでいる。逆デイサービスとは，地域の民家を借り上げ，日中利用者をその民家に連れて行き，デイサービスを行うものである。施設内だけでは社会性や近隣との人間関係までは持ち込めないため，利用者は民家で過ごすために外に出て，自由に時間を過ごし，炊事，洗濯，掃除等といった家事をこなすことで，心身の活性化に結び付ける支援である。

　最近の介護老人福祉施設は，ユニット型の介護老人福祉施設の整備が進んでいる。居室は個室が基本で，ダイニングスペースやリビングスペース，入浴設備は

利用者が共有して生活できるよう確保してあり，ユニットケアができるよう，ハード面で整えられている。

(2) **ユニットケアの効果**

10人程度の小集団という単位を考えると，認知症高齢者に効果があると思われがちであるが，実際には，経管栄養等要介護度が高い利用者にも効果が現れている。従来経管栄養の摂取時間が長時間にわたるため，利用者の離床時間が短く，変化に乏しい生活になりがちであるが，ユニットケアにすることにより，介護者が利用者と向き合う時間が増えることで，精神的ケアを意識することができ，離床方法を工夫し，利用者との非言語的コミュニケーションに答えられるようになる等，その効果は高い。現場の声として，ユニットケアにすることで，利用者自身がやれることが増えた，介護単位を小さくすることで，深く利用者と関われるようになった，生活のパターンが多種に広がってきた等の報告が聞かれる。

このように効果の見られるユニットケアであるが，従来の介護と異なり，介護者のローテーションをユニット内で行うため，人員配置上の問題が起きるのも事実である。介護職員を固定化することにより，利用者と職員間で，より家庭的介護を可能にする一方，利用者との関係がうまくいかなくなった場合のケアは難しく，利用者と職員との関係性も重要である。

また，介護職員自身が，自分のユニットに責任が持てる体制作りが必要である。つまり，ユニットケアは職員を各ユニットで固定するため，1人のケアワーカーの裁量が増え，職員の質が重要になる。さらに，利用者間のトラブルや少人数ということで起きる力動関係も，職員が意識的に関わり配慮することが必要である。

(3) **従来型特別養護老人ホームのユニットケア**

新しい介護老人福祉施設は，個室を基本とし，リビング，ダイニングのスペース等のハード面が整った中でのユニットケアが行われている。しかし，平成14年以前からある多くの特別養護老人ホームは，4人部屋等の多人数居室を基本とした集団生活が営まれている。こうした従来型の施設でも，工夫を重ねながらユニットケアを行っている施設もある。従来型の施設での4人部屋を2部屋つなぎ，8人部屋を1つのユニットとして空間を確保しているところもある。カーテンやパーテーションを仕切りに使うことで，個人の空間を生み出し，そこに，個人的な家具や日常生活品を持ち込むことで，個室に近い空間を確保したところもある。

また，施設内にソファーを多用する施設もあり，それにより，家庭的な雰囲気を持ち込み，ゆったりと話せる場の提供を試みたケースもある。建物のハード面は新しくできないため，職員のケアにも工夫が見られ，具体的には，職員が利用者の部屋に入る時には必ず「お邪魔します」と声をかける。居室のドアに表札を付ける。食事の場所を自由に選択できるように変え，排泄は随時，入浴は小単位で実施，地域のボランティアを積極的に受け入れる等である。
　このように，従来型の施設でも工夫次第ではユニットケアを行うことは可能である。実際に試みることで，自立度の比較的高い利用者が職員と深く関われるようになったり，ADL（日常生活動作）の一時的低下の見られた利用者の回復が早くなったり，職員の見守り，観察の意識が高まる等の成果が挙げられる。

2）宅老所

　宅老所という言葉がよく聞かれるようになった。宅老所は法的根拠が無く，民間独自の社会福祉サービスとして提供されている施設である。そのため，統一された定義は無いが，概ね宅老所とは，高齢者等が住みなれた地域で生活できるよう，介護保険サービス等の既存制度の範囲では手が届きにくい部分に，きめ細かく対応した独自の社会福祉サービスを提供している施設として捉えることができる。
　宅老所の特徴は，一軒の民家を改修して，より家庭的な雰囲気の中でサービスを提供することにある。宅老所の多くは，住み慣れた地域の中にあり，多くのボランティアが関わっていることもあり，地域で高齢者を支える施設と見ることもできる。
　宅老所が提供しているサービスは，さまざまであるが，「通う」「泊まる」等が基本としてあり，対象者も高齢者に限らず，障害者や児童まで幅広く受け入れている等，介護保険制度外の自由さが確認できる。利用定員は10名程度としているところが多く，利用者一人ひとりの生活リズムに応じた，きめ細かなサービスが提供されている。

第2節　認知症高齢者にとってのグループホーム

1） グループホームとは

　福祉先進国であるスウェーデンで，認知症高齢者へのケアが言われるようになったのは1970年代である。1982年にストックホルムの郊外に普通のアパートを5戸利用してグループホームが作られた。1985年には，グループホームの先駆的存在である，バルツァゴーデンがスウェーデン中部の地方都市モータラにおいて発足した。バルツァゴーデンの基本的な方法は，日常生活の中で，認知症高齢者の残存能力を具体的に刺激し，それにより認知症高齢者の昔の記憶を蘇らせ，現実への適応を修正するというものである。6～8人が生活単位とされた。これは家庭的雰囲気を維持するとともに，この人数が，認知症高齢者にとってお互いの存在が影響を与えあう，グループダイナミクスの効果を挙げるには最適数であるという実践の成果に基づいている。また，普通の見慣れた一軒家での生活で認知症が和らぎ，その人らしい生活が送れるということも分かった。1992年のエーデル改革によって国の特別補助金の対象とされたことによってグループホームは急激に発展した。グループホームとしては，個室が基準で8～10人で生活し，各部屋にシャワー，トイレ，キッチンが設備され，独立した機能を持っている。また，利用者の日常生活の支援から余暇活動まで，ニーズに合わせて24時間交代で職員が対応している。

2） 日本におけるグループホーム

　認知症高齢者向けグループホームができたのは1990年代になってからである。1997年に制度化され，2000（平成12）年に介護保険法によって居宅介護サービス，2006年からは地域密着型サービスに認知症対応型共同生活介護として位置づけられた。認知症高齢者は集団の中で画一的にケアを受けた生活では，不安を感じる。そのため，認知症高齢者の個々の生活を重視し，残された能力を最大限に活用できる環境を提供することが必要になる。こうして，グループホームは，残された能力を最大限に活用し，安定した生活を可能にする施設となった。
　グループホームの特徴は，家庭的な環境の中での共同生活において，入浴，排

泄，食事等の生活上の介護を行い，利用者の有する能力に応じた自立生活が営めるように支援することである。利用対象者は要介護状態の認知症高齢者で，定員は5名から9名以下である。

　サービス内容は，認知症状のある利用者の心身の状態に応じて，食事，入浴，排泄等の介護サービスの提供である。原則として，それらのサービスは，利用者と介護従事者が共同で行う。認知症高齢者は，家庭的な生活環境の中で，介護従事者と食事，清掃，洗濯，園芸，買い物，農作業，レクリエーション，行事等を共同で行う。利用方法は要介護認定を受け，利用者と事業者が契約を結ぶ。グループホームには，食堂，浴室，台所があり，職員は日中利用者に対し3対1の割合で位置され，ゆったりとした時間の中で利用者とともに過ごしている。

　グループホームが施設でありながら在宅に近い支援ができる理由は，個室のため，部屋が私物で飾られ，利用者の好みでアレンジが可能なためである。食事作りや掃除など，援助者の助けを借りながらできることはする。このあたりが，施設でありながら家庭に近い環境を利用者に提供できるところである。

　認知症は，その症状の出方に個人差があり，10年以上の長い経過をたどって進行していく人が多く，そのような経過の中で，在宅ではなく入所という形をとりながら，グループホームは認知症高齢者の居場所として施設ではなく，居宅サービスとして位置づけられている。

3）グループホームの実際

　グループホームでは，1日のプログラムが決まっていないのが特徴である。基本的・生物学的な生活リズムに合わせた生活ができるようにケアを行う。生活が乱れたり，生活を変えないケアが続けられる。多くのグループホームでは，利用者がグループホームで生活する以前の生活リズムを大切にし，それに添えるような対応を試みているところが多い。

　グループホームの1日を追ってみると，朝は8時の起床，夜は9時に就寝といった予定だが，それも人によって，それぞれ違う。起きたい時間に起きて寝たい時間に寝るといったことがグループホームでは可能である。入浴も，毎日入りたい時間に入れるように工夫しているところもある。晴れの日や雨の日の生活も人それぞれで，買い物や食事作り，掃除など，その時の気分に合わせて，その人ら

第12章　高齢者の生活を支える今日的施策②

しく思い思いの生活ができるよう支えている。人によっては，長唄や三味線，ギター，囲碁や刺繍等をしている場合もある。中には，料理や洗濯物を手伝うこともある。

職員と一緒に散歩や買い物に出かけることもあるが，地域との連携がうまく取れているグループホームでは，1人で出かけられるよう工夫しているところもあった。週間スケジュールがしっかり決まっているのでなく，基本は思い思いにしたいように暮らすという所である。

認知症高齢者にこのようなケアを行うためには，支援者が認知症の特性を理解すること，利用者同士の関係等に対する専門技術の活用，近隣との付き合い等を含む近隣社会資源との連携，安全確保等の専門職としての質の高い援助が求められる。

第3節　地域の中で暮らすということ

1）施設と家族

ユニット型の個室，グループホームの個室，また，利用者にとっての個室に変わる自由な空間が確保されるようになってから，家族の関わりに変化が起きている。その一つが家族の利用者への面会が増えていることである。理由としては，家族と利用者が他の利用者に気兼ねすることなく話ができる場が確保されていることが大きい。しかし，家族が，何度も訪れる事ができるような雰囲気づくりを職員が心がけていることも重要である。職員が訪れる家族に積極的に関わることで利用者や家族の要望を早いうちに気づくことができ，信頼関係構築につながっていくのである。

介護老人保健施設に実習に行った学生のエピソードである。入所間もない認知症の芳江（仮名）さんが，朝から眉間にしわを寄せ，不安そうに食堂にいた。学生がコミュニケーションをとろうと必死になってもうまくいかず，昼食の介助中も様子が変わらず，あまり食べないまま終わってしまった。午後になり，芳江さんのご主人が見え，二人で施設の中庭でくつろいでいる様子が見受けられた。そのときの芳江さんの表情は穏やかで，満面の笑みを浮かべご主人の介助で果物を食べていた。学生は芳江さんのそのような表情を見た事が無く，とても驚いたと

191

同時に,芳江さんがとても不安だったのだと気づくことができた。そして,家族の力を改めて実感することもできた。芳江さんとご主人には子どもがおらず,二人だけの生活を続けてきた。芳江さんの認知症の症状が重くなり,ご主人は芳江さんの施設入所を決意したが,「入所後も毎日通って妻の世話をしたい」というのが入所時の施設へのお願いであった。長年連れ添ってきた夫が引き続き介助に参加することは芳江さんにとって何よりの安心と喜びにつながる。このように家族が施設にとっての協力者として関わることは,個別ケアの充実も含めとても有効である。

　家族が施設に関わることで,利用者は家族の一員としての役割を果たし続けることになるのではないだろうか。こうした支援は,利用者が在宅生活の継続性を施設に持ち込むことになり,利用者の個を大切にした支援につながるのである。

2）施設と地域

　社会福祉施設は「特別な存在」として地域から敬遠されがちである。しかし,地域住民として生活してきた人が,施設入所したからといって地域に出ないのではなく,地域の一員として存在し,地域と関わっていけるための支援が望まれる。最近では,地域との交流を図る施設が増え,利用者とともに地域に出て行くことや,地域の人を施設に招くことが積極的に行われるようになった。

　施設で地域との交流会を持つ,地域の催しに施設として参加する,地域住民とともにアクティビティを楽しむことを通して,施設が身近な存在となり,地域住民の中にはボランティアにつながる人も出てくる。利用者が近くのスーパーに買い物に行く,近くの公園を散歩することを通して近所の方との自然な会話が生まれ,顔なじみの関係となり,一緒に花を眺める姿が見られるなど,地域住民の一人としての受け入れがなされていく。

　こうした地域で生活してきた暮らしの継続を意識した支援は,その人らしい人生を支えるために必要であり,地域をキーワードに,利用者を支える施設や他機関との連携のみならず,周辺の人々とも手を取り合う姿勢が施設側に求められる。

第12章　高齢者の生活を支える今日的施策②

第4節　施設で看取るとは

1）終の棲家としての施設

　従来の特別養護老人ホームは，医療機関ではなく，社会福祉施設として発足したために，医療・看護面のサポート体制が弱いところが多く見られた。そのため利用者が発病した場合，医療機関へ移送という形が多かった。しかし，その後，医療機関との連携が重視された施設作りができるようになり，施設で亡くなる利用者も増え，施設でのターミナルケアの重要性が叫ばれるようになった。

　医療機関の場合，ターミナルケアは基本的問題であるが，緩和ケア病棟，ホスピス等の専門病棟が作られ，より専門的なケアが提供されるようになってきており，一部の医療者を中心とした関心事と言えるかもしれない。しかし，介護老人福祉施設は，お年寄りにとってすべての人の問題として，「死」を共通の課題として取り組まざるを得ない。

　介護老人福祉施設に入居する高齢者は，施設入所に際して，「終の棲家」として受け止めている場合がほとんどである。介護老人福祉施設のターミナルケアは高齢者の入所時から始まっており，医療機関のターミナルケアとは，時間的に比較にならない長期の展望に立ったターミナルケアを考えることが求められる。

2）施設でのターミナルケアの実際

　特別養護老人ホームの多くは，終末期を医療機関に委譲する場合が多い。そのような中で，施設内ターミナルケア実施のケースについて考えていきたい。
　――A施設における看取り――
　本人または家族の希望で，入所施設で最後まで生活したいという場合について，常勤の介護職，看護職，医師による救急対応も視野に入れながら，施設全体で取り組もうという姿勢がある。施設の看取りの体制としては，看取り（医療行為）を行うのは，看護職である。入所者の夜間急変では，当直の看護師に連絡し，指示に従っている。施設としては看取り体制のマニュアルを作り，そのマニュアルに従って対応する。基本的には，入所者が急変した場合，介護職は看護師に連絡を入れ，看護師から医師に連絡を取る。医師に連絡後，状況に応じて介護職から

施設長に連絡，続いて，相談員，介護士長に連絡が入るという手順である。

　施設の取り組みとしては，入所の契約時に本人・家族に現時点での終末期に関する意思を確認している。中には意思疎通の難しい利用者もいるが，できる限り本人の意思が重要と考える。その内容は，本人または家族がどのような最後を希望しているかを確認するものである。主な項目は，自然に最後を迎えるのか，自宅に迎え入れるか，施設での最低限の医療行為を行うのか，または積極的医療行為のため，病院へ転院するかを問うものである。施設でできる最低限の医療行為は，酸素吸入や点滴等である。

　利用者が施設での死を望んだ場合，家族への対応は，家族が一緒に最後を迎えることができるように，ベッドサイドに家族用の簡易ベッドを用意し，面会等で家族に悔いが残らないような支援を行う。

　この施設では，介護職は看取りについて，「治療の支えではなく，生活の支え」として捉え，終末期を施設で送ることになる入所者に対する最後のお世話として臨んでいる。また，看護職は，最初，施設での看取りに不安を感じていたが，実際に病院に比べ苦しんで亡くなる人があまりいないことから，看取りについて協力，支援している。

　看取り体制を作るためには，情報の共有を施設全体で徹底的に行うことが必要である。各専門職者間で，入所者の体調の変化や引継ぎ情報は的確にすることで，看取り体制に対する職員の不満や反発が起こらないよう心がけている。

　実際のケースで考えると，家族にとって医療行為をまったくしないことを望んでいるわけではなく，多くの家族は「施設でできるだけのことをお願いしたい」「なるべく苦しまないようにしてほしい」と希望している。そのため，施設でできる最低限の医療行為を行い，家族の希望に添えるようにしている。また，家族の意見は，入所当初に比べ入所後に利用者の状態が変化すれば，最後の迎え方に対する考えが変化することは，当然であると考えることも大事である。これにより，職員は，絶えず家族の意見を確認することを意識し，丁寧なケアにつながる。施設で看取る効果は，医療行為ができないため心のケアに重点をおいた介護である。それには家族ケアも含まれる。

　施設で看取るということは，それに関わるスタッフ個々の死に関する考え方も反映される。そのため，職員は自分の死生感を見つめることも必要である。また，

施設におけるターミナルでは，キッチン・リビング等の生活空間の提供を通して，家族・友人等に看取られて亡くなるという在宅での看取りと変わらない環境の提供が可能になる。医療行為ができない分，利用者に寄り添う精神的緩和ケアは必要になる。

3） ターミナルケアの事例を通して

　横山つね（仮名）さん87歳は，体調を崩してからは結婚した一人娘と同居して生活してきた。身体症状が悪化し，家の中での介護が困難になったことから，介護老人福祉施設（ユニット型）に入所することになった。何年か施設生活を続ける中で，横山さんの状態は少しずつ悪くなっていった。横山さんは下肢の疼痛があり，それを頻繁に訴えることが多い。横山さんからコールがなる度に薬を足に塗ることにした。横山さんに塗ってほしい場所を聞き，ゆっくりと薬を塗ることで横山さんは落ち着きを見せた。

　しかし，しばらくすると，横山さんからの痛みに対するコールが無くなった。担当介護士が，状態を聞くと痛みはあるという。横山さんは，自分が何度も職員を呼び，薬を塗ってもらうことに罪悪感を感じていたようであった。そのため，今後横山さんが職員に気遣い，痛みを我慢することがないよう職員の方から数回尋ねたり，声かけをするようにした。すると，横山さんの表情も和らぎ，話す言葉が増えていった。

　横山さんの娘さんからは，つねさんは最近自分の体調が悪くなってきていることを自覚しているようで，不安がっていると職員に伝えられてきた。娘としては，このまま，この施設で終末期を迎えさせたいという思いもあり，施設としてはその思いを汲みつつ横山さんのケア体制を作っていった。横山さんは寂しがりやで，細かいことを気にする性格である。できるだけ不安をとるために，母の頼みを聞き入れてほしいとの依頼もあった。

　その後，横山さんの体調悪化は続き，不安定さも出てきた。職員は，終末期ケアを意識し，なるべく横山さんに声をかけるよう努めるとともに，施設のボランティアに話し相手を頼む等の体制を整えていった。血尿なども見られ，看護師への連携も緊密に行うようになった。家族の面会回数も増やしてもらい，職員と家族が一緒になりながら，横山さんの気持ちが落ち着くように，ケアを続けた。特

に痛みを感じる部分にゆっくり薬を塗ることが，横山さんにとって落ち着くようであった。

　食事の時の介助でも，横山さんの納得した座り方ができるようになるまで何度も位置を調整したり，タオルで調整すると，横山さんは笑顔で「ありがとう」と語る。居室では好きな童謡を口ずさんだり，痛みがあるのに，職員に歌って聞かせてくれたりした。歌っている時の横山さんは痛みがあるにもかかわらず，満面の笑みが見られた。そして，1カ月後，眠るように亡くなった。

　このケースを考察すると，横山さんは日々下肢の疼痛に苦しんでおり，痛みにより不穏状態になることも多かった。職員は横山さんの性格を考え，痛みでコールする前に居室を訪ね，薬を塗るように支援体制を変えた。それにより，横山さんに笑顔が見られた。逆に職員が忙しくて，あまり居室に行けない時には，居室から横山さんの呼ぶ声が聞こえるため，職員とのコミュニケーション欠如が原因だと分かった。

　横山さんに必要だった支援は，第1に毎日のコミュニケーションである。横山さんの性格を理解した上で，職員から積極的に関わり，横山さんの気持ちに寄り添いながら，接する姿勢が求められた。第2に，横山さんのこだわりやライフスタイルを受け入れながら，今までの生き方を維持し，支持する受容的な支援が求められた。第3は，家族と一緒になりながら，家族と職員との両面からのケアに努めなければならないことであった。

4） 介護老人福祉施設で看取りを行う意味

　介護老人福祉施設で看取りを行うことは，場所は異なるが，在宅で死を迎えることと同じではないだろうか。施設でターミナルケアを行うためには，①医療機関との連携，②本人，家族へのインフォームドコンセント，③ユニットケアもしくは，個別の空間の確保が重要である。

　①医療機関との連携においては，看護師と介護士のみでは緊急対応には限界があり，入所者の急変時にすばやく対応できることが求められる。そのため，医療機関との連携があれば，家族も安心して施設に看取りを委ねられるのである。

　②本人，家族へのインフォームドコンセントは重要である。人間の気持ちは時

間の経過とともに変化をするものである。それを理解した上で，本人や家族の気持ちが入所時と変化していないかを確認する必要がある。
③ユニットケアに関しては，施設での看取りは「生活の場から送ること」の意味を考えなければならない。従来型の施設では個別の空間の確保は必須である。介護老人福祉施設が「終の棲家」となる利用者にとって，家族単位に近い人数で，行うケアは在宅生活に近い。利用者がユニットケアで生活し，ユニットケアの持つ，家庭的雰囲気・環境の中で死を迎える意味は大きい。

まとめ

　高齢者の看取りを考えると，本人が残りの人生をどのように過ごして生きたいのか，また，どの場所で看取られたいのか，終末期をその人らしく生きるためには，まず本人の意思を最大限尊重することが必要になる。その上で，医療体制，介護体制，家族の協力体制などの問題を整え，連携を図り，利用者の体調や状態に応じて支援していかなければならない。
　支援する場所に関しても，在宅に近い場所としての選択肢も増えてきている。人の人生の関係を支え，見守っていくため，施設だけなく，医療機関との連携を充実させ，家族とともに歩むことで，利用者や家族が望む最後を支えることができるのである。

・・・・・・・・・・・・

▶参考文献

仲村優一・一番ヶ瀬康子編集委員会代表『スウェーデン・フィンランド』旬報社，1998年。
山井和則・鳩山邦夫『グループホーム入門』リヨン社，1999年。
泉田照雄・岩崎深雪・小野寺道子・藤沢千恵子・黒岩恵里子『ユニットケアマニュアル』筒井書房，2002年。
髙橋誠一・三浦研・柴崎裕美『個室ユニットで介護が変わる』中央法規出版，2003年。
高齢者介護研究会報告書『2015年の高齢者介護』厚生労働省老健局，2003年。
平成14年度研究　調査『特別養護老人ホームにおける終末期医療・介護に関する調査研究』財団法人医療経済研究・社会保健福祉協会医療経済研究機構，2003年。
福祉士養成講座編集委員会編『老人福祉論』中央法規出版，2007年。

コラム③

高齢者のためのグループホーム

　グループホームは，特別養護老人ホーム等に代表される大規模ケアの反省の中から誕生した。それまでは認知症になってしまえば軽度も重度も関係なく，何も分からなくなってしまうと考えられ，個人の日常生活が軽視されていたからである。しかし，グループホームのように小規模の単位で認知症高齢者のペースに合わせた生活重視の支援を行うことで，認知症発症に伴う混乱を少なからず緩和できるということが認められるようになった。

　認知症高齢者への支援の中で守られるべき要点の一つは，生活の継続性を維持することだと言われる。グループホームでは家事活動を中心とした支援が行われているが，家事活動をそれまでの生活の継続性の一つと捉えるなら，家族や友人，そして住みなれた地域とのつながりもまた，その人にとって必要な生活の継続性である。高齢者が生活の中で培ってきた，さまざまな場面とのつながりを維持するよう支援していく必要があるだろう。しかし，その実践には日々の高齢者に対する支援のみならず，地域に対する働きかけが不可欠であり容易なことではない。

　認知症高齢者支援の切り札として登場したグループホームも，問題点が指摘されるようになり，現在は「通い」「泊まり」「住む」というサービスを融合させた小規模多機能型の施設が新たな注目を浴びている。しかし，いかなる形態をとろうとも，魔法のような支援があるわけではない。高齢者一人ひとりに着目し，その個別性に合わせた支援を行っていくことが，すべての基本であることに変わりはないと確信し，大きな期待を込めてこれからの実践を見守っていきたいと思う。

第13章　高齢者の生活を支える今日的施策③
──人権保障と権利擁護──

はじめに

　高齢者に対して我々は，どのようなイメージを持っているだろうか。「高齢者」と言った時と，「老人」と言った時では何かが違うのだろうか。高齢者から社会は，どう見えているのだろうか。また，今の社会にとって高齢者とはどのような存在なのであろうか。

　高齢者は，心身機能の衰えに伴い医療・介護といったケアが必要になる。さらに，それだけではなく，社会生活の側面においても，若年者と比べて数々のリスクにさらされる傾向が強い。その一方，わが国の高齢化は世界最速レベルで進んでいる。2005年の国勢調査では，65歳以上の老年人口は20.2％，すでに5人に1人が高齢者となっており，50年後の2055年には2.5人に1人が高齢者であるという時代の到来が予測されている(1)。

　この未曾有の超高齢社会において，高齢者が社会の一員としてその主体性を発揮して生活していける社会となるためには，社会全体で「老い」とどのように向き合うのかを受け止め，「老い」についての価値を捉えなおす，社会の仕組みそのものを変えてゆく作業が必要である。しかし，現在の高齢者の立場は，いまだ弱者であり庇護すべき対象としてのマイノリティの立場に置かれていると言わざるを得ないであろう。本章では，わが国の現状では高齢者がどのような立場に置かれているか，高齢者の人権の観点から見直すこと，さらに，高齢者の利益（権利）を守るとはどういう意味を持つのか，そのために必要な考え方について検討

した上で、現在の社会福祉における具体的なシステムや方法を概観する。

第 1 節　高齢者の置かれている社会的立場

「老い」について、社会はどのように見てきたのだろうか。歴史的にも現代においても「嫌老」と「賛老」の両面の見方があると言われているが、根本は「嫌老」であるとされている。[2]例えば、神仙的イメージを持った「翁（おきな）」や、ご意見番のような存在として描かれる近世の「ご隠居」等は、「賛老」の例であろう。その一方で、各地に「姥捨て」伝承が見られたり、儒教では年長者を敬うと言われているが、それはあくまでも「賢老」として描かれる徳を積んだ老人が敬われるにすぎず、「タテマエの敬老」「ホンネの嫌老」という側面が見えてくる。

「新しさ」と「若さ」に価値を見出す産業社会では、「自立性」「社会的有用性」が追求されるべき価値となった。

高齢社会にどう向き合うかという問題は、「加齢」「老化」を社会がどう捉えるか、「（要介護）高齢者の自立」をどう考えるかという問題であると同時に、我々に対しても「老いとは何か」「老いを受容できるか」という問題を突きつける。政策やマーケットからあてがわれる「老い」のイメージは、受動的なものがほとんどであるが、未曾有の超高齢社会に明るい見通しを見出すには、このようなネガティブな「老い」の捉え方を転換し、老いへの前向きな挑戦ができるかどうかが課題である。しかし、それは容易ではない。まずは現状の高齢者の社会的地位・立場を整理してみよう。

1）　働く高齢者

高齢者のイメージというと、要介護高齢者の印象が強く想起されるが、実態はそうではない。わが国の高齢者の実際の就労率の高さは、国際的に見ても他の先進諸国と比較して非常に高い水準にある。[3]厚生労働省の高年齢者就業実態調査（2004年）によると、男性の場合、就業者の割合は、55～59歳で90.1％、60～64歳で68.8％、65～69歳で49.5％となっており、60歳を過ぎても多くの高齢者が就業している。しかし、高齢者をめぐる雇用情勢はやや改善は見られるものの、一度離職すると再就職は困難をきわめ、65歳まで働ける場を確保する企業も24％にと

どまっており（厚生労働省『就労条件総合調査』2005年），年齢に関わりなく働ける社会の実現には程遠い。さらに，公的年金の支給年齢が段階的に65歳に引き上げられることも，60歳以降の生活を支える家計には，大きな不安要因となっている。

このような状況の中，2004（平成16）年6月に改正高年齢者雇用安定法が成立し，企業に，①定年の引き上げ，②定年退職後に再雇用，③定年制の廃止，のいずれかを実施するように義務づけた。また，企業が求人で年齢制限をする場合には，理由を明示することを義務化した（2004年12月）。しかし，現実には非正規雇用や短時間労働等により，賃金は低く抑えられる実態がある。

2） 社会的制限を受ける高齢者

高齢者は，心身機能の衰えやそれに伴う否定的評価や偏見のため，不当な扱いを受けることがある。前述の雇用についても，定年という年齢によって就労の機会を失うという，社会参加が制限されている例と言える。その他，社会的制約には以下のようなものがある。

(1) 持ち家のない高齢者はどこに住むか──住宅確保の困難性──

これまでは，年老いた老親は子どもとの同居となる形態が中心であったが，子どもとの同居率は年々下がっており，将来の同居志向も減少傾向にある。しかし，子どもの独立等を機に，便利な賃貸住宅への住み替えを考えようとしても，年齢を理由に入居を断られるケースが後を絶たない。不動産流通近代化センターの調査（1997年）では，民間賃貸住宅の家主の5割が入居資格を限定，うち6割が単身の高齢者であることを理由に入居を断っており，夫婦など高齢者のみの世帯でも約4割が拒否されていた。その理由は，「住宅管理上の問題」「家賃滞納の可能性」「病気・事故・死亡の場合の対応」等である。

今後は高齢者世帯や単身世帯が増加することが見込まれ，賃貸住宅の需要は高まると予想される。政府は2001（平成13）年に高齢者居住法（「高齢者の居住の安定確保に関する法律」）を制定し，高齢者向けの住宅の効率的供給の推進と，高齢者の入居を拒まない住宅の情報を広く提供する仕組みの整備を図ることとし，バリアフリーと緊急通報装置が義務づけられている高齢者向け優良賃貸住宅制度（通称「高優賃」）を創設した。しかし，補助金を負担する自治体財源の厳しさ，貸し出しに消極的な業者の傾向などから，普及が思うように進まないために，さらに

2005年12月から高齢者専用賃貸住宅制度（通称「高専賃」）を追加整備している。

(2) 運転免許の年齢制限

高齢者の関わる交通事故の増加が社会問題となっている。交通事故による総死者数に占める高齢者の割合は41.4％であり，他の年齢層に比較して著しく高い。また，高齢運転者による死亡事故，すなわち高齢者が加害者側になる事故も，若者等の他の年齢層による事故が大幅に減少しているにもかかわらず，年々増加し続けている（10年前の1.24倍）（以上『警察白書平成17年版』）。ちなみに運転免許を持つ人は全国で約7,880万人，うち65歳以上は977万人に上り，10年前の２倍となっている（『警察白書平成18年版』）。

1998（平成10）年の道路交通法改正によって，70歳以上の免許更新には「高齢者講習」が義務づけられ，運転適正検査等を受ける。しかし，身体機能の衰えに対する自覚を促すまでで，更新の可否には直結せず，高齢者自身も「まだ自分は大丈夫」と考える人がほとんどで，免許の自主返納制度により，実際に返納された例はわずかである。また，生活の「足」として車が不可欠の地域もあり，代替の方法が無いと通院など必要な外出にも支障が生じてしまう場合も多い。

2002（平成14）年の道路交通法改正では，認知症患者の免許の取り消し等の処分が可能になり，71歳以上の運転免許証の有効期間は一律３年（他の年齢層は最長５年）となった。しかし，高齢者の心身機能の個人差は非常に大きい。標識の工夫などで事故が減った例もあり，運転者が安全に運転を継続できる仕組みづくりや，運転者自身の意識変革，代替交通手段の確保等，社会全体での取り組みが必要となっている。

高齢者の心身機能の衰えは不可避であり，宿命的なものである。しかし，個人差も大きく，一律に年齢のみで社会参加が阻害され，排除されることの是非は問われなければならない。高齢であることによって，むやみに住む場所や移動に社会的制限（制度的なものばかりでなく人々の意識の中にも）があることは，高齢者の人権の観点からも，あってはならないものである。

(3) エイジズム

ある年齢集団に対する否定的偏見や差別のことをエイジズムと言う。レイシズム（人種差別）やセクシズム（性差別）と並ぶ近・現代社会における課題であるが，エイジズムへの対応が最も遅れている。現在も高齢者は，弱者であり庇護し世話

する存在であり，社会的コストがかかる存在であり，良くて「いたわる」対象であり，そして高齢者が増えることは社会問題として扱われる。高齢者を保護するサービスはある。しかし，多くは高齢者を労働から切り離した存在として見ている。例えば，美術館等の文化施設の割引，交通機関の割引，税金の優遇，要介護となった人への介護サービスはもちろん，就労支援といってもシルバー人材センター等の生きがい対策的な対応が中心である。

エイジズムの対語としては「プロダクティブ・エイジング」が提唱されている。[4] そこでは高齢者を社会的な弱者・依存者・重荷として見るのではなく，生産的な存在であるとする。高齢者を社会的関係性を含み，本質的な意味で社会を豊かにすることを担う存在として捉える考え方である。高齢者をネガティブな位置づけに閉じ込めておくままでは，これからの超高齢社会に，明るさを見出すことはできない。要介護高齢者や認知症の高齢者も含めて，高齢者の自立をどう考えるか，高齢者に対する認識，老いるということへの認識が問われている。社会性や市民性を持った高齢者の位置づけは，高齢者自身の人権にとっても当然のことなのである。

3） 被害者となる高齢者

判断能力や心身機能が衰えたことによって，一方的に犯罪被害や災害被害に遭うリスクも高くなる。特に，昨今では「リフォーム詐欺」や「振り込め詐欺」その他悪質な訪問販売等のターゲットになりやすい。

①悪質な業者からの被害

【悪質リフォーム 4人逮捕　全国5,000人，115億円被害　詐欺容疑で警視庁】

うその説明で高齢者らに不要な住宅リフォーム契約を結ばせ，金をだまし取ったとして，警視庁生活経済課は30日，東京都内にあったリフォーム会社「サムニンイースト」（現・リプロ）の元営業担当者ら 4 人を，詐欺と特定商取引違反（不実の告知）の疑いで逮捕した。同社はグループ数社とともに，2002年以降，34都府県の約5,400人とリフォーム工事を契約。約 3 年間の売上げは全体で約115億円に上る。同課は売上げの大半が不要な工事だったとみて追及する（『山陽新聞』2005年 6 月30日付）。

国民生活センターによると判断力が不十分とされる70歳以上の人が契約トラブ

ルをめぐって寄せた相談は2006年度は5,456件で，2001年度の2倍近くに増えた。

特定商取引法では判断力が不十分な人と，訪問販売契約を結ぶことを禁止し，クーリングオフ制度を設けている。また，消費者契約法によって契約の取り消しが可能である。しかし，悪質業者への制裁は十分ではない。特定商取引法による違反業者に対する2006年度の行政処分は，全国で72件にとどまっている。

②家族との利害対立

【認知症高齢者の財産被害「加害者」半数が親族　全社協調査】

認知症（痴呆症）の高齢者が受けた預金引き出し等の財産被害の半分は，子どもなど親族によるものだった。各地の社会福祉活動を支援している全国社会福祉協議会（全社協）のアンケートで，こんな実態が浮かび上がった。アンケートは昨年11，12月に実施。無断での預貯金引出や不動産処分などの財産被害が確認された約700例の「加害者」を調べたところ，子どもが34.5％と最多。きょうだい（4.4％）やその他の親族（7.8％）等と合わせると，親族が49.9％。友人や近隣住民も15.0％あり，訪問販売などの悪質商法による被害は23.2％だった。個別ケースでは，①唯一の親族のめいが5,000万円を自分の事業に流用，②義理の妹夫婦が土地と建物に根抵当を付け800万円を借り入れる等の高額被害も見られた。

全社協は「身内による被害は見極めが難しい上，本人に被害の認識がなく救済できないこともある。実際の被害はもっと広がっている可能性が高い」としている。また，各地の社協のスタッフ（専門員）が被害を指摘しても，世話をしてもらっているという負い目から，高齢者本人が加害者との関係を絶つのを拒む例が多いという（『日本経済新聞』2005年9月15日付）。(5)

③災害弱者となる高齢者

風水害や震災，火災などの災害において，被害者の多くが高齢者となっている。

2005年中の住宅火災による死者1,220人（自殺等を除く）の内，65歳以上の高齢者は691人（56.6％）と半数を超えている（『消防白書平成18年版』）。

2005年の台風14号の死者・不明者は27名に上ったが，そのうち19名が65歳以上の高齢者であった。車も無く何キロも離れた避難所に行けない，厳重に戸締りをした室内で，避難勧告の広報車の呼びかけも聞き取れない。停電で情報が途絶える，といった状況の中で逃げ遅れたり被害に遭ってしまう。また，昼間は高齢者が一人で自宅にいることも多い。

さらに，新潟県中越地震（2004年10月）では，地震の直接被害のみならず，被災後の生活における心身の負担やショックによって，長期にわたって死者が出たことが知られている。

救助が必要な人ほど，近隣との関係が希薄になっている場合が多く，地域や近隣のネットワークの中での仕組みづくりや対応が求められている。

4） 孤立する高齢者

高齢になるにつれて，社会的ネットワークが希薄になることが指摘されている。退職までは，主に学校や会社など組織に所属することによって，社会的ネットワークを維持している。高齢期に入ると，そうした組織を通じての社会的ネットワークの構築ができなくなり，家族や親族，友人や地域との関係を見直すことで，新しいネットワークを意識的に構築していかなければならない。しかし，地縁的な古い共同体は崩れており，近隣との付き合いを失った高齢者は交流を絶ち，閉じこもりがちになってしまうことが多い。介護サービスなど個人単位のサービスでは日常的な「孤立」を防ぐことにはつながらず，地域ぐるみの取り組みが必要となる。

【都営・旧公団住宅「孤独死」400人超】

東京都内の都営住宅と都市再生機構の賃貸住宅（旧都市基盤整備公団住宅）の一人暮らし世帯で，2004年度中に計410人が自宅で誰にも看取られずに「孤独死」していたことが，明らかになった。1日に約1.12人が死亡している計算になる。8割近くは65歳以上の高齢者で，遺体発見まで3カ月放置されていたケースもあった。都会の大型団地で暮らす高齢の単身者が，孤立化の様相を深めている実態が浮かんだ（『日本経済新聞』2006年5月7日付）。

65歳以上の一人暮らし高齢者は，2005年には男性105万人，女性281万人，高齢者人口に占める割合は，男性9.8％，女性19.0％となっている。全世帯に占める高齢者の一人暮らし世帯は8％であり，一人暮らし高齢者世帯の増加が顕著である。その原因としては，未婚率や離婚率の上昇，配偶者との死別後でも子と同居しない人の増加が挙げられる。2025年にはすべての都道府県で，若者層も含め一人暮らし世帯の割合がトップになり，65歳以上の一人暮らしか夫婦だけの世帯も，全世帯の20％を超えると推計されている（国立社会保障・人口問題研究所）。

単身あるいは高齢者夫婦のみでの生活は，子どもとの同居を選択せず，ある意味では高齢者のみでの自立生活を選択することでもある。そのような人々を社会がどう支えていくかが問われている。

5）　介護を受ける高齢者

65歳以上で要介護者，または要支援者と認定された人は，2005年で417.5万人，高齢者人口の16.6％である。そのうち，介護保険サービスの受給者は341.9万人で（『高齢社会白書平成19年版』）高齢者人口の約13％である。

①施設内虐待

【特養入居者に性的暴言】

東京都東大和市の特別養護老人ホーム「さくら苑」（入居定員80人）で，男性職員が認知症の女性入居者に性的な虐待発言をしていたことが，女性の家族による録音テープで明らかになった。施設側は家族に謝罪するとともに職員らを処分。東京都は虐待が繰り返されていた可能性もあるとして近く立ち入り調査する（『朝日新聞』2006年8月6日付）。

【入所者をオリに拘束】

千葉県浦安市の介護施設で，入所者をペット用のオリに閉じ込めたり，両腕に金属の手錠をかけてベッドに拘束するなど虐待をした疑いがあることがわかった。（中略）施設側は毎日新聞の取材に，手錠やひもによる身体拘束を認めたが「オリには（入所者が）自分からふざけて入った」と説明している（『毎日新聞』2007年2月20日付）。

②家庭内での虐待

【高齢者　同居でも独居——砂漠の家庭で立ちすくむ——】

一人暮らしに比べ，家族と同居している高齢者は安心，と周囲から思われがちである。しかし家族仲の悪さや互いの無関心から，食事や生活がまったく別だったり，ずっと独りぼっちの状態の「家庭内独居老人」は少なくない。深刻な場合だと，介護放棄といった高齢者虐待につながるケースも出ており，専門家の間では懸念が広がっている。「早くお父さんのところに行きたいよ」。92歳のミヨさん（仮名）は，こんな愚痴をホームヘルパーにこぼす。お父さんとは，7年前に亡くなった夫のことだ。60代の息子夫婦との同居は30年に及ぶ。息子の妻と仲が悪

かったミヨさん。夫の葬式をめぐって息子とも犬猿の仲に。ミヨさんが暮らす離れには台所や風呂があり，食事や風呂，洗濯は別。廊下で息子夫婦の暮らす母屋とつながっているが，会話も互いの行き来もない。話し相手は，ホームヘルパーのみだ（『日本経済新聞』2005年10月27日付）。

　わが国の高齢者は，欧米諸国と比較すると，配偶者以外には子との関係が，親戚・友人・近隣に比べて極端に重視される傾向があると言われている[(6)]。

　しかし，子どもと同居でも，子ども世帯とは暮らしも家計も別という高齢者が増えており，家族と同居していても1人で食事をとる「孤食」状態にあったり，「家庭内独居」の状態にある高齢者が少なくないことも指摘されている。たとえ一人暮らしや高齢者世帯ではなく，家族が同居であっても，高齢者個々に必要な社会的支援が確実に届くような配慮や仕組みが必要とされている。

第2節　人権保障と権利擁護の考え方

1）人権保障とは

　人権とは，人が生まれながらにして持っている権利であり，国家権力や国法によって侵されることのない権利である。人権と対置されるのは「国権」だが，立憲国家は，人が人らしく生きるための条件として国民の基本権を憲法によって保障している。国家と国民個人の関係を定めたものが憲法である。人権には大きく分けて自由権，社会権，参政権がある。自由権の保障のためには参政権が不可欠であり，かつ社会権の裏づけがあって実効性を持つものになるとされる（表13-1）。

　人権保障は，国家責任による国民の基本権の保障の問題として取り扱われる。しかし，国民のどのような利益を，どの程度保障するのかということは，時代の社会・国民が判断するものであり，その時代の人々の考え方によって左右されるものでもある。近年主張されるようになったプライバシー権や，肖像権，自己決定権などは，憲法第13条の幸福追求権が根拠になるとされている（図13-1）。

2）権利擁護とは

　権利擁護とは，元来の法律専門用語ではなく社会福祉の領域から発生した用例

表13-1 人権の種類

自由権	個人の自由な意思決定や行動を保障するための権利 思想の自由、信教の自由、表現の自由、職業選択の自由など
社会権	人間に値する生活ができるように、国家の積極的な配慮や作為を求める権利。生存権、教育を受ける権利、勤労権など
参政権	国家の方針決定に参加する権利 選挙権、被選挙権など

出典：阿久澤麻理子・金子匡良『人権ってなに？ Q&A』解放出版社、2006年を参考にして筆者作成。

であり、紛争解決など権利の所在に決着を付けるためのものと言うより、守られるべき権利を擁護し、自己決定を支える支援行為を指す。すなわち、その人に認められている当然の権利行使を支援することである。

権利擁護という言葉を使用する時、一般的な利用者支援と強調点に違いがあるとすれば、尊重すべき「利用者の利益」が法的裏づけを伴う「利用者の権利」として再構成できるかという点にある。利用者はどのような権利を有するのか、その権利が現実に生きた権利として守られるために、どのような根拠による活動が必要であるのかといった点を重視する。

この場合の擁護すべき権利とは、憲法の保障する人権に相当する利益から、日常生活において必要な広い範囲の利益が含まれていると考えられ、支援に関わる者には、利用者のあらゆる権利性を、敏感に感じ取る力量が求められる。ただし、社会福祉専門職の行う権利擁護は、社会福祉サービスの適切な利用の促進に関わるものが中心であり、具体的な紛争解決領域（裁判）は、原則として法律専門職の業務範囲であるという認識が必要である。

権利擁護の根底にあるのは、「自己決定権の尊重という理念に基づき、本人の法的諸権利について、本人の意思ないしは意向に即して過不足なく支援すること」[7]である。決して代理権行使を本旨とするものではない。たとえ重度の要介護者であっても、できるだけ本人の意思を汲み取ろうとすることが大切である。社会福祉専門職にとって権利擁護とは、「そのこと自体が目的概念ではなく、エンパワメントすなわち、本人が自立して自分らしく生きる力を高めるための手段」[8]なのである。

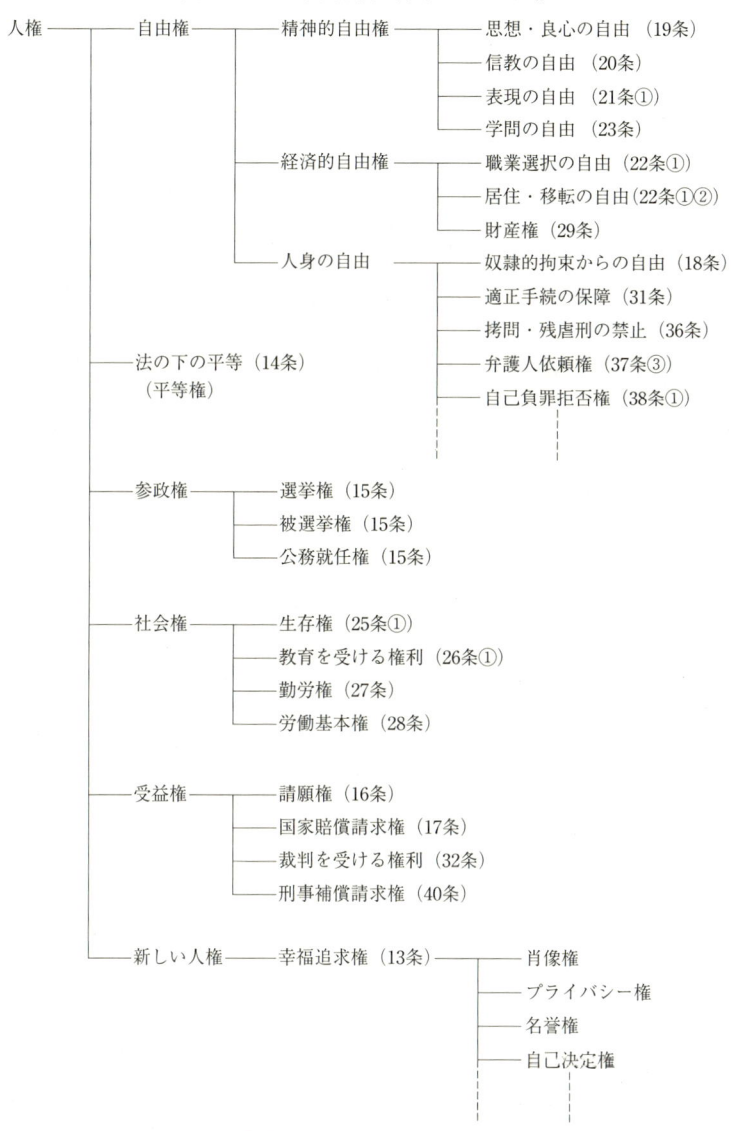

第13章　高齢者の生活を支える今日的施策③

図13-1　日本国憲法が保障している人権

- 人権
  - 自由権
    - 精神的自由権
      - 思想・良心の自由（19条）
      - 信教の自由（20条）
      - 表現の自由（21条①）
      - 学問の自由（23条）
    - 経済的自由権
      - 職業選択の自由（22条①）
      - 居住・移転の自由（22条①②）
      - 財産権（29条）
    - 人身の自由
      - 奴隷的拘束からの自由（18条）
      - 適正手続の保障（31条）
      - 拷問・残虐刑の禁止（36条）
      - 弁護人依頼権（37条③）
      - 自己負罪拒否権（38条①）
  - 法の下の平等（14条）（平等権）
  - 参政権
    - 選挙権（15条）
    - 被選挙権（15条）
    - 公務就任権（15条）
  - 社会権
    - 生存権（25条①）
    - 教育を受ける権利（26条①）
    - 勤労権（27条）
    - 労働基本権（28条）
  - 受益権
    - 請願権（16条）
    - 国家賠償請求権（17条）
    - 裁判を受ける権利（32条）
    - 刑事補償請求権（40条）
  - 新しい人権
    - 幸福追求権（13条）
      - 肖像権
      - プライバシー権
      - 名誉権
      - 自己決定権

出典：阿久澤麻理子・金子匡良『人権ってなに？　Q＆A』解放出版社，2006年，24頁。

3） 権利擁護が必要となる背景

権利擁護が注目されるようになった背景としては，以下が挙げられる。

①社会福祉サービスの主な給付方法が，措置から契約へと方式を変更した。

②判断能力が低下した人々は，権利を有していても，権利侵害や不利益を受けやすく，サービスを十分に活用できなかったり，虐待を受けたりする可能性がある。

③判断能力のある人でも，情報の非対称性，代替施設や選択肢が無いために，弱い立場におかれやすく，言いたいことも言えない可能性がある。

やはり「契約」が給付方法に取り入れられたことは大きく，そのため，判断能力の有無が法的に問題になり，支援の必要性が増大した。また，判断能力が低下していれば当然権利侵害を受けやすく，判断能力があっても弱い立場におかれることが多い。

「契約」とは，①法律行為であり，②権利の発生原因の一つである。また，民法においては，③有効に法律行為を行える能力（"行為能力"＝判断能力）が必要，とされている。(9) しかし，社会福祉サービスの利用者は判断能力が不十分だからこそ支援が必要という場合も多く，本人の自己決定を支援するための権利擁護が必須となった。

利用者の権利を守る活動自体は措置の時代からあったが，当時，社会福祉サービスを受けることは利用者の権利ではない（反射的利益）とされていたため，主に人権レベルの個人的な権利侵害と闘うための「救済・回復」を目的とした権利擁護活動が中心であった。これに対し，契約の時代の権利擁護は，社会福祉サービス利用にあたって利用者の自己決定に基づいた権利義務関係を適切に形成できるよう，利用者を支えるために必要不可欠な活動として，クローズアップされている。

4） 権利擁護の多元的なシステム

(1) 法制上の権限授与に基づくもの

権利擁護の中でも必需的または基礎的なもの，全国どこでも常に用意され，権利侵害からの救済が必要な時に対応できるようなシステムである。家庭裁判所や社会福祉協議会，国民健康保険団体連合会などの団体が実施主体となっている。

例としては成年後見制度，日常生活自立支援事業（旧・地域福祉権利擁護事業）等がある。

(2) ボランタリーなもの

独立の個人または団体が行い，個々人の権利擁護のみならず，広く問題発掘や政策提言なども行う活動である。本人自身による活動（知的障害者の「ピープル・ファースト」等）と，専門家が中心になって行う権利擁護活動（各職能団体が行う権利擁護活動等）等がある。

わが国における高齢者の当事者運動は，障害者の当事者運動に比べて，かなり遅れをとっている。唯一の団体としては1980年に「（社）呆け老人をかかえる家族の会（以下，家族の会）」が，家族同士の励ましや助け合いを目的として発足し，実態調査や政策提言等を行ってきた。2004年10月に国際アルツハイマー病協会の大会が京都で開催され，オーストラリアで認知症と診断され国際アルツハイマー病協会の理事に就任した当事者から「本人参加」の推進の訴えがあり，家族の会は認知症本人の思いや考えに注目した支援に取り組むことを決めた。名称も2006年6月に「（社）呆け老人をかかえる家族の会」から「（社）認知症の人と家族の会」（国際名：Alzheimer's Association Japan ＝日本アルツハイマー病協会）に変更し

```
                認知症本人会議　アピール文
 1．仲間と出会い，話したい。助け合って進みたい
 2．私たちのいろいろな体験を情報交換したい
 3．仲間の役に立ち，励まし合いたい
 4．認知症のために何が起こっているか，どんな気持ちで暮らしているか分かってほしい
 5．認知症を早く診断し，これからのことを一緒に支えてほしい
 6．いい薬の開発にお金をかけ，優先度の高い薬が早く必要
 7．私は私として生きていきたい
 8．私なりの楽しみがある
 9．どんな支えが必要か，まずは，私たちに聞いてほしい
10．少しの支えがあれば，できることがたくさんあります
11．できないことで，だめだと決めつけないで
12．当たり前に暮らせるサービスを
13．自分たちの力を活かして働きつづけ，収入を得る機会がほしい
14．家族を楽にしてほしい
15．私たちなりに，家族を支えたいことを分かってほしい
16．家族に感謝していることを伝えたい
17．仲間たちへ。暗く深刻にならずに，割り切って。ユーモアを持ちましょう。
                              2006年10月17日　本人会議参加者一同
```

た。

　その他，2005年，認知症の人とその家族を支え，見守り，ともに生きる地域を築いていく運動を推進することを目的に各界有識者と関連団体によって「認知症になっても安心して暮らせる町づくり100人会議」が発足した（家族の会も支援組織の一つ）。そのキャンペーンの中で，本人ネットワーク支援委員会が発足。2006年10月に，わが国初の「認知症の人　本人会議」が開催された。以後，認知症の当事者による社会的な発言は少しずつ増えているが，本人会議の参加者7名中4名は，職場や地域に配慮し名前を出せない現実もある。

第3節　権利擁護の具体的な仕組み

　権利擁護は前節で見たように，多様な主体・方法により提供される。まとめると，以下のように整理できる。

　①本人の自己決定を支えるもの　⇒　成年後見制度，日常生活自立支援事業
　　　　　　　　　　　　　　　　　（権利擁護を直接の目的とする制度）
　　　　　　　　　　　　　　　　ケアマネジメント（支援の過程）
　②権利侵害からの予防　⇒　情報提供の仕組み，第三者評価，オンブズマン
　　　　　　　　　　　　　　地域包括支援センター
　③権利侵害からの救済　⇒　苦情解決制度，高齢者虐待防止法，各種法的救済

　ここでは公式にシステム化された権利擁護，すなわち法律や制度化されたもののうち，①成年後見制度，②日常生活自立支援事業，③苦情解決制度，④高齢者虐待防止法について，その概要に触れてみる。

1）成年後見制度

　成年後見制度とは，1999（平成11）年の「民法の一部を改正する法律」によって成立した，法定後見制度及び任意後見制度という，成人を対象とした二つの代弁的監護制度である。

　法定後見制度は，法律の定めに従って家庭裁判所によって選任され，代理権等の権限を付与された成年後見人等が，本人の権利擁護を行う。これに対し，任意

表13-2 法定後見制度の類型

I	後見類型：事理弁識能力を欠く状況にあること（7） →包括的財産管理権・代表権（859），本人の行為の取消権（9）	
II	保佐類型：事理弁識能力が著しく不十分であること（11） →一定の行為に関する同意権・取消権（13），家裁による代理権の付与（876の4）	
III	補助類型：事理弁識能力が不十分であること（15） →家庭裁判所による一定の行為に関する同意権（17），代理権の付与（876の9）	

注：上段は判断能力の程度，下段は代弁者に与えられる権限，（ ）内は民法の条文。
出典：平田厚『高齢者福祉サービス事業者のための苦情・トラブル・事故の法律相談』清文社，2007年，68頁。

後見制度は，本人との契約により選任され，代理権を付与された任意後見人が本人の権利擁護を行う制度である。

法定後見制度には本人の判断能力の低下の程度によって，三つの支援類型があり，それぞれ「後見」類型，「保佐」類型，「補助」類型という（表13-2）。一般的に能力低下の程度が著しい場合は「後見」類型，軽度であれば「補助」類型となり，法定後見人に与えられている権限が変化する。

任意後見制度は，法定後見制度のように判断力が無くなってから申し立てを行うのではなく，判断力が十分あるうちに，認知法等の障害によって判断力が不十分になった時の財産管理を委任しておくものであり，後見人を本人自身が選任できる点が特徴である。任意後見人は，友人や弁護士，法人など誰でも良い。被後見人が判断能力が不十分になった時に，申し立てに応じて家庭裁判所が任意後見人監督人を選択し，そこで任意後見人の後見が開始され契約の効力が発生することになる。

2） 日常生活自立支援事業（福祉サービス利用援助事業）

判断力が不十分な認知症高齢者，知的障害者，精神障害者を対象として，福祉サービスの利用援助（契約等）・日常的な金銭管理・重要書類の預かり，等を行う制度である。

都道府県社会福祉協議会を実施主体とし，利用者本人と区市町村社会福祉協議会が契約を締結して具体的なサービスを提供する。

相談から契約締結などは区市町村社会福祉協議会の専門員が行い，生活支援員が契約内容に沿って定期的に利用者を訪問し，介護サービスの契約の手続きに同

席したり，小口の現金を銀行窓口から払い戻したり等のサポートをする。1回1,000円程度の利用料がかかる。本制度の特徴として，契約締結に必要な最低限の判断能力が必要であり，まったく欠く場合は成年後見制度につなげる等の対応が必要である。

なお，2007年4月より，地域福祉権利擁護事業から日常生活自立支援事業に名称変更になっている。

3） 苦情解決制度

社会福祉法には，苦情解決制度として二つのものが定められている。
①社会福祉事業者自ら構築する苦情解決体制（苦情解決の努力義務）
　ガイドラインによって，苦情受付担当者，第三者委員，苦情解決責任者を置くこととされている。
②苦情解決にあたる運営適正化委員会が都道府県社会福祉協議会に設置される→中立的な立場による事業者と利用者の紛争解決

運営適正化委員会は，利用者などに対する助言や事情調査を前提として「あっせん」という紛争解決の場の設定をするものである。

その他の苦情解決制度として，国民健康保険団体連合会による不服申し立て・介護保険審査会が，介護保険法に規定されている。

4） 高齢者虐待防止法

正式には「高齢者虐待の防止，高齢者の養護者に対する支援等に関する法律」と言う（2005（平成17）年11月成立，2006（平成18）年4月施行，3年後に再検討）。

この法律で，「高齢者虐待」とは，①身体的暴行，②著しいネグレクト，③著しい心理的虐待，④性的虐待，⑤経済的虐待，の五つとされている。

この法律の意義としては，早期発見の重要性を定めたこと，養護者の支援について定めたこと，養護者によるもののみならず，施設内虐待も対象としていること等が挙げられる。

第4節　専門職の果たすべき役割

　社会福祉専門職として利用者に関わる時，具体的にどのような配慮が必要になるのかを知るため，利用者がどのような権利を有するのか理解していなければならない。ここでは，社会福祉専門職が理解しておくべき利用者の権利について確認する。

1）利用者の権利の理解
(1) 適切なサービスを受ける権利
　利用者が契約を締結してサービスを受けるということは，利用者はその契約を根拠にサービス事業者に対して適切な水準・質のサービスを請求する権利を有することになる。適切な水準とは，まず最低基準を満たしたものであることが前提となり，これらを上回る条件で契約に合意した場合は（例えばユニット型の個室)，その契約に定める基準を満たすサービスを請求できる。

(2) 利用を拒否されない権利
　サービス利用者は，サービスを請求できるばかりでなく，正当な理由なくサービス提供を拒否されないという権利を持っている。正当な理由とは，定員を超える場合や，申込者がサービス提供実施地域以外であること等である。それ以外の，例えば抱える問題が複雑である，介護の手間がかかる，身元引受人がいない，等の理由で断ることがあってはならないとされている（介護保険各サービスの人員，設備及び運営に関する基準に「提供拒否の禁止」あり。例えば特別養護老人ホームの場合は厚生省令第39号第4条の2)。

(3) 拘束・虐待からの自由
　利用者は，身体の抑制や拘束，虐待を加えられない自由の権利を当然に有する（憲法第13・18条)。本人の意向に反して抑制・拘束・虐待を加えることは，民法上の不法行為にあたるのみならず，刑法上の犯罪行為である。

(4) プライバシーの権利
　利用者はサービスを受けている間，事業者に対してプライバシーを尊重するように要求できる（憲法第13条)。最近は空間のプライバシーのみならず，情報のプ

ライバシーも重要となっている。情報のプライバシーについては，個人情報が厳重に管理されているか，人目に触れるところに放置されていないか，他機関や第三者に情報を提供する場合に，何故それが必要か説明を受けた上で同意の確認をしているか等が問題となろう（個人情報保護法等）。

(5) 呼称・羞恥心・肖像権の権利

利用者をあだ名で呼ぶ等，呼称は個人の人格を軽視するような呼びかけにならないように注意が必要である。また，入浴・排泄などの羞恥心が起きる状況に対しても，設備面・ケア面での配慮が必要である。また，利用者自身の写真などを無断でパンフレットに掲載する等の行為は，肖像権の侵害にあたるので注意が必要である。

(6) 財産管理をめぐる権利

人は，自らの財産（預貯金等）を自分で管理する権利を有している（憲法第29条）。在宅・施設を問わず，利用者の日常的な金銭管理や財産管理を適切に行うにあたっては，利用者の意思に基づいた委任契約が必要となる。そうでない場合は，むやみに預かってはいけない。本人の意思能力が不十分な場合は，成年後見制度や，日常生活自立支援事業等を活用しなければならない。

(7) 苦情解決・不服申し立てをめぐる権利

具体的なケアの内容に関する苦情・不服に関しては，サービス事業者の側に適切な解決の義務があり（社会福祉法第82条），当事者同士の話し合いで解決が不可能な場合は，都道府県社会福祉協議会の運営適正化委員会による解決を求めることができる。また，介護保険サービスについては，国民健康保険団体連合会での苦情解決を求めることができる。介護事故などによる権利侵害については，損害賠償を求めて通常の裁判として出訴する方法もある。

2） 支援過程における利用者の重要な権利

(1) 情報を得る権利

利用者は，サービス利用をめぐって必要な情報を求める権利を有しており，市町村及びサービス事業者は，利用者の理解できる方法で情報を提供する努力義務を負っている（社会福祉法第75・76条）。また，契約上，意思決定を左右するような重要な情報を提供されずに行った同意は，原則として有効な同意とならない。

第13章　高齢者の生活を支える今日的施策③

表13-3　権利擁護が必要となる状況とは

権利擁護が必要となるのはこんなとき	具体的な支援の例
①本人に大切なことが知らされなかったり、理解できるように丁寧に説明がなされなかったりする場合	①必要な情報を提供する。本人が理解できるように工夫して、繰り返し説明する
②詳しいことがよくわからないためにお任せ状態で、サービス提供者の言うがままになっているような場合	②同①。気兼ねせずに質問したり、希望を発信してよいことを伝える
③要望を言うことはわがままだと思っているために、我慢しているような場合	③自分の意見や要望を述べることはわがままではなく、当たり前のことであることを伝える
④「お世話になっているのだから」「これくらいの不満は我慢しなければ」「他の人に比べればまだましなほうだ」とサービス改善の要求を抑えてしまっている場合	④同③。要望を聞き入れ改善することが、サービスの質を向上されることになることを伝える
⑤本人の意思が軽視され、家族や介護者の意見が優先されてしまう	⑤本人の真意の確認と代弁。家族への説明など関係調整
⑥利用者が不利な状態でサービス提供事業者と契約を交わされている場合	⑥介護サービス契約内容の確認と事業者に対する改善要求。場合によっては苦情解決システムへのつなぎ
⑦本人の了解なく資産を他者に搾取されている場合	⑦法的救済システムへつなぐ。成年後見制度の活用
⑧充分な判断ができないために消費者被害を被ったり、必要なサービスを利用することができないような場合	⑧権利侵害状態からの救済。成年後見制度の活用
⑨意図的か無意識かを問わず、身体的、精神的、性的に不適切な扱いを受けている場合	⑨介護サービスの調整、成年後見制度の活用、場合によっては、市町村の措置権発動依頼
⑩必要な社会資源が地域にない場合	⑩社会資源の開発・創造

出典：池田恵利子・谷川ひとみ著『ケアマネジャーのための権利擁護ガイド』中央法規出版，2006年，17頁より一部改変。

　社会福祉サービスの提供に関わる専門職は、利用者が不利益を被ることが無いよう、適切かつ十分な情報を提供しなければならない。

　利用者にとっては相談の段階のみならず、サービス実施の段階、苦情処理の段階等、すべての場面において新しい情報が必要となる。その意味では情報の権利は、サービス利用のすべてのプロセスを通じて継続的に保障されなければならない権利と言える。

(2) 選択（同意）の権利

　利用者の自己決定につながるものとして欠かせないものに選択（同意）の権利

がある。サービス提供の根拠となる「契約」は，この同意によって成立する。客観的にみて必要なサービスであっても，本人がその必要性を理解し同意していなければ，契約は成立しない。

同意には，サービスの利用契約に対する同意と，それに基づいて提供される個々の介護行為に対する同意の2種類がある。利用者主体のサービスを具現化するためには，契約時の同意のみならず，サービス実施の節目で，利用者自身の同意を丁寧に確認していくことが不可欠である。

利用者を具体的に支援するにあたっては，その人の権利が守られているかどうかについて，漠然としたイメージではなく具体的に把握できる必要がある。権利擁護が必要な場面については，表13-3のような整理がある。

3) 社会福祉専門職としての留意点

最後に，社会福祉専門職として権利擁護を担う際に，特に注意すべき点を以下に挙げる。「専門職」として，また「社会福祉の専門家」として，自覚しておくべきことと言える。

(1) 利用者の自己決定を支援する

利用者の自己決定は，さまざまな要因によって阻害される可能性がある。利用者と家族の意向にずれがある時は，本人の真意を確認・代弁し，家族等との利害や関係の調整を行う必要がある。

また，専門職によるパターナリズムは，利用者自身の自己決定を損なう行為であることを常に念頭においておかなければならない。支援する側とサービスを受ける側は，必ずしも対等とは言えず，情報の非対称性もあることから，どうしても専門職が優位に立ちやすい。専門職的権威を持つ「強者」としての存在を意識化しなければならない。例えば，ケアプラン作成にあたり，専門職同士で如何に良いプランを立てられたと自認しても，家族や利用者本人の意思をしっかりと汲んでいるかどうか，本来はこれが最も重要である。

(2) 1人で抱えこまずに連携する

権利擁護の問題は，特に権利侵害に及ぶような内容であればあるほど，支援者1人だけの関わりだけでは改善されないこと，解決されないことが多い。社会福祉専門職が対応できる範囲を超えず，専門機関や法律の専門家につなぐ等の方法

を適切に取る必要がある。社会福祉専門職は広い意味で権利擁護活動のうちの，一部を担っていることを認識することが重要である。志田民吉は以下のように述べている。

「社会福祉専門職にとって大切なことは，裁判対策（紛争化した場合の事後的対応）ではなく，むしろリスクマネジメントを含む，その人権（相当の利益）侵害の発生を防止するための努力（人権思想の福祉サービスへの反映，福祉サービスの利用促進）にこそ，その本体があるものと理解しなければならない。この意味で，社会福祉専門職は，人権思想の理解と福祉の臨床において遭遇する各種の利益ごとの適切な取扱の理解，そしてその適切な手続きの保障に努力しなければならない[10]」。

まとめ

高齢者の社会的立場は，心身機能の衰えとともに，社会的にも脆弱なものとならざるを得ない現状がある。権利擁護を実践するには，憲法による人権保障と，個別の法に定められた利用者の権利を理解することが不可欠である。

「私のことは私が決める」と，障害者が権利を勝ち取るために主張してきたことが，高齢者にとっては当たり前とは言いがたい。どうしても家族がサービスの決定権を握ることが多く，ともするとケアプランはすべて専門家任せになりがちである。本人の当事者性という意味では，当事者も専門家も，最も意識の変革が遅れている領域とも言えるだろう。

高齢者は誰もがいずれ当事者になる存在であるが，逆に，若年者にとっては同じ年代に当事者がいないことから実感を持って理解することが最も難しい存在である。むしろ，個々人の中には，加齢に対する嫌悪，アンチエイジング志向が根深くある。今後の超高齢社会への展望を見出すためには，高齢者は社会的な負担であり弱者であるというネガティブな見方からのパラダイム転換が求められている。

▶注
(1) 国立社会保障・人口問題研究所の将来推計人口（『社会保障統計年報平成18年版』）に

よれば，日本の老年人口の推計は，2013年には25.2％で4人に1人を上回り，2035年に33.7％で3人に1人を上回り，50年後の2055年には40.5％，すなわち2.5人に1人が老年人口となる（出生中位・死亡中位推計の場合）．
(2) 長沼行太郎『嫌老社会―老いを拒絶する時代―』ソフトバンク新書，2006年，50頁．
(3) 60歳から64歳の男性の労働力率は，アメリカで57.0％，ドイツで37.7％，フランスで19.0％となっているのに対し，日本では70.7％（ILO, *Year Book of Labour Statistics*／総務省統計局「労働力調査」2004年）．
(4) R. N. バトラー，岡本祐三訳『プロダクティブ・エイジング』日本評論社，1998年，1-7頁（序章）．
(5) 本記事中の「アンケート」は「地域福祉権利擁護事業における権利侵害事例に関する調査研究報告」（2005年3月）によるもの．
(6) 安達正嗣『高齢期家族の社会学』世界思想社，1999年，111頁．
(7) 平田厚『高齢者福祉サービス事業者のための苦情・トラブル・事故の法律相談』清文社，2007年，204頁．
(8) 谷川ひとみ・池田恵利子『ケアマネジャーのための権利擁護実践ガイド』中央法規出版，2006年．
(9) 民法第1編総則・第2章第2節「行為能力」の項など．
(10) 志田民吉編著『臨床に必要な人権と権利擁護―福祉臨床シリーズ7―』弘文堂，2006年，31頁．

▶参考文献

E. B. パルモア，鈴木研一訳『エイジズム―高齢者差別の実相と克服の展望―』明石書店，2002年．
中西正司・上野千鶴子『当事者主権』岩波新書，2003年．
「知っていますか？高齢者の人権一問一答」編集委員会編『知っていますか？高齢者の人権一問一答』解放出版社，2004年．
全国社会福祉協議会編『高齢者の虐待防止・権利擁護の実践』全社協ブックレット2，全国社会福祉協議会，2007年．

索　引

あ　行

アクセシビリティ…………………………… 173
アセスメント………………………………… 99
アルツハイマー病…………………………… 122
生きがい………………………………… 98, 154
医師…………………………………………… 112
一般扶助主義………………………………… 55
医療行為……………………………………… 194
医療ソーシャルワーカー……… 110, 155, 159
インフォームドコンセント………………… 196
エイジズム…………………………………… 203
演出性集団精神療法………………………… 130
エンパワメント………………………… 107, 208

か　行

介護協力者…………………………………… 161
介護支援専門員………………………… 109, 152
介護の意味…………………………………… 15
介護福祉士…………………………………… 111
介護負担……………………………………… 88
介護報酬……………………………………… 72
介護保険制度のねらい……………………… 45
介護保険の改正……………………………… 47
介護保険の実施状況………………………… 64
介護保険法…………………………………… 63
　　――等の一部を改正する法律案……… 65
　　――による施設サービス……………… 71
　　――の目的……………………………… 45
介護問題……………………………………… 87
介護予防………………………………… 48, 73, 98
介護予防マネジメント……………………… 93
過剰な受診…………………………………… 58
家族介護……………………………………… 89
　　――の限界……………………………… 62
家族機能……………………………………… 156
家族による虐待……………………………… 140
価値…………………………………………… 106
家庭的介護…………………………………… 187

家庭的な生活環境…………………………… 190
家庭的な雰囲気……………………………… 188
家庭内での虐待……………………………… 206
家庭内における高齢者虐待に関する調査… 23
環境整備……………………………………… 181
環境適応……………………………………… 170
看護師………………………………………… 113
技術…………………………………………… 106
虐待・孤独死問題を捉える視角…………… 136
虐待行為の分類……………………………… 140
虐待者のパーソナリティ…………………… 141
虐待事例……………………………………… 138
　　――や孤独死事件の事例分析………… 137
逆デイサービス……………………………… 186
急性期入院医療……………………………… 43
居住…………………………………………… 174
居住環境整備………………………………… 180
居宅サービス………………………………… 95
苦情解決・不服申し立て…………………… 216
苦情解決制度………………………………… 214
グループホーム……………………………… 189
苦しみの構造………………………………… 32
ケア…………………………………………… 111
ケア・カンファレンス……………………… 43
ケア概念の基点……………………………… 32
ケアマネジメント…………………………… 109
ケアワーク…………………………………… 111
契約…………………………………………… 210
権威性………………………………………… 143
健康格差……………………………………… 14
現象学的アプローチ………………………… 125
権利擁護………………………………… 207, 210
　　――活動……………………………… 211
後期高齢者医療制度………………………… 40
後期高齢者医療の在り方に関する基本的な考え方………………………………………… 41
公共性………………………………………… 70
拘束…………………………………………… 215
交通バリアフリー法………………………… 182

221

高年齢者雇用安定法	201
高齢化社会	3
高齢期の特性	23
高齢者，障害者等の移動等の円滑化の促進に関する法律	182
高齢者，身体障害者等が円滑に利用できる特定建築物の建築の促進に関する法律	
→ハートビル法	
高齢者，身体障害者等の公共交通機関を利用した移動の円滑化の促進に関する法律	
→交通バリアフリー法	
高齢社会	3, 200
高齢社会対策基本法	48
高齢社会の正のイメージ	7
高齢社会の負のイメージ	6
高齢者虐待の防止，高齢者の養護者に対する支援等に関する法律（高齢者虐待防止法）	49, 66, 214
高齢者専用賃貸住宅制度	202
高齢者の意識の変化	7
高齢者の医療の確保に関する法律	39
高齢者の医療費	152
高齢者の居住の安定確保に関する法律（高齢者居住法）	201
高齢者保健福祉推進十か年戦略（ゴールドプラン）	60
国民皆保険・皆年金	56
個室	187
孤独死	144, 205
──の問題性	145
──への対応	146
孤独死防止センター	145
コミュニティ	167
コミュニティケア	96
孤立	205
今後5か年間の高齢者保健福祉施策の方向（ゴールドプラン21）	61

さ　行

サービス評価基準	83
災害弱者	204
財産管理	216
財政安定化基金	41
在宅医療	44, 153
在宅介護	89
在宅介護支援センター	77, 91
在宅ケア	157
在宅生活の継続性	192
在宅福祉サービス	96
在宅ホスピス	160
在宅療養	153
在宅療養ケア	161
三世代家族	7
四箇院	53
自己決定	218
施設介護	70
施設経営	72
施設内介護予防	75
施設内虐待	140, 142, 206
施設内の風通し	82
死の受容	24
死亡原因	26
社会参加	98
社会資源の活用	99
社会的居場所	177
社会的入院	171
社会的ネットワーク	205
社会福祉サービス供給組織の多元化	92
社会福祉士	108
住環境	173
住居	174
住生活基本法	175
住生活史	170
住生活問題	179
住宅	174
住宅改修	179
住宅政策	167
住宅問題	169, 171
周辺症状	30, 124
終末期医療	44
住民参加	148
就労率	200
恤救規則	54
主任介護支援専門員	109
情報	216
ショートステイ事業	90

索　引

職員の定着……………………………78
所得……………………………………14
自律…………………………………107
自立支援……………………………107
新型特別養護老人ホーム……………78
人権…………………………………207
　　──の立場……………………136
人権保障……………………………207
新高齢者保健福祉推進十か年戦略
　（新ゴールドプラン）……………60
身体機能の低下………………………26
身体の変化……………………………25
新予防給付……………………………65
信頼関係構築………………………191
心理の特性……………………………29
心理療法……………………………123
スーパービジョン…………………115
ストレス………………………………29
住まい………………………………167
住む…………………………………166
生活…………………………………168
生活課題………………………………32
生活環境……………………………166
生活基盤機能………………………168
生活協同組合の役割…………………12
生活空間……………………………176
生活行動……………………………176
生活支援…………………………16, 88
生活創造機能………………………168
生活の場……………………………181
生活問題……………………………138
生活様式……………………………180
精神的緩和ケア……………………195
精神保健福祉士……………………109
成年後見制度…………………114, 212
税の負担率……………………………5
接遇……………………………………79
前期高齢者医療に係る財政戦略……45
専門職性……………………………105
専門職制度…………………………105
戦略的見守り………………………126
　　──の過程……………………127
喪失体験…………………………23, 30

組織化と支援………………………149
存在論によるアプローチ……………33

た　行

ターミナル期…………………………24
ターミナルケア……………24, 144, 193
退職者医療制度………………………39
宅老所………………………………188
他職種の連携…………………………44
地域関係の形成……………………147
地域支援事業……………… 66, 75, 93
地域包括支援センター…………49, 93
地域密着型サービス…………………95
小さな政府……………………………4
チームアプローチ…………………114
知識…………………………………106
中核症状…………………………30, 124
中間集団論……………………………11
長期在宅療養………………………157
超高齢社会…………………………2, 6
デイサービス事業……………………90
同居率…………………………………7
統合感の獲得…………………………22
特定疾病………………………………27
特定商取引法………………………204

な　行

2015年の高齢者介護～高齢者の尊厳を支える
　ケアの確立に向けて～……………64
日常生活行動圏……………………178
日常生活自立支援事業……………213
日常生活自立度………………………28
任意後見制度………………………213
人間関係の脆弱さ…………………145
人間的居場所………………………177
認知症…………………………………30
認知症患者の免許の取り消し……202
認知症高齢者の日常生活自立度……30
認知症高齢者の有病率……………122
認知症体験の語り部………………129
認知症定義…………………………120
認知症デイサービス………………130
認知症有病者数……………………119

223

脳血管性認知症……………………122

は 行

ハートビル法………………………182
パターナリズム……………………218
パッチシステム……………………148
人手不足……………………………73
被保険者……………………………46
福祉国家……………………………4
　──の再編成論…………………10
福祉コミュニティ…………………13
プライバシー………………………215
プロダクティブ・エイジング……203
ベーシック・インカム……………11
包括的な支援体制構築……………139
法定後見制度………………………212
ホームヘルパー…………………112, 131
ホームヘルプサービス事業………90
保険基盤安定制度…………………41
保険給付の範囲……………………47
保健師………………………………113
保険者………………………………46
保険料………………………………47

ま 行

まちづくり政策……………………12
看取り………………………………193
　──体制…………………………194
問題行動……………………………33

や 行

薬物療法……………………………123
ユニット（生活単位）…………78, 186
ユニットケア………………………186
要介護状態…………………………27
要介護の原因………………………26
要支援状態…………………………28
養老施設……………………………55

ら 行

利用者の権利………………………208
老人医療費支給制度………………57
老人医療費無料化…………………58
老人家庭奉仕事業…………………90
老人福祉施設………………………56
老人福祉増進の責務………………38
老人福祉法…………………………37
　──等の一部を改正する法律（福祉関係八法改正）………………………………60
　──による施設サービス………76
　──の目的………………………38
老人保健医療対策…………………57
老人保健施設………………………59
老人保健福祉計画…………………91
老人保健法………………………39, 59
労働条件……………………………141
老老介護……………………………62

執筆者紹介 （所属，執筆分担，執筆順，＊は編者）

＊小松　啓（聖隷クリストファー大学社会福祉学部教授，第1章・第5章・第8章）

小松尾 京子（鹿屋市社会福祉協議会，第2章・第7章・コラム②）

＊春名　苗（聖隷クリストファー大学社会福祉学部准教授，第3章・第4章）

山口 尚子（神奈川県立保健福祉大学保健福祉学部准教授，第6章）

藤津 幾代（元・しずおか健康長寿財団介護実習・普及センター・コラム①）

吉浦　輪（中部学院大学人間福祉学部准教授，第9章）

丹野 眞紀子（大妻女子大学人間関係学部准教授，第10章・第12章）

飛永 高秀（長崎純心大学人文学部専任講師，第11章）

辛嶋　龍（脳リハビリネットワーク，コラム③）

田口 美和（YMCA福祉専門学校，第13章）

《編著者紹介》

小松　　啓（こまつ・けい）

1939年　宮城県に生まれる。
1962年　東京女子大学文理学部卒業。
1968年　米国ピッツバーグ大学社会福祉大学院修士課程修了。
1998年　東洋大学大学院社会学研究科社会福祉学専攻修了（社会福祉学博士）。
現　在　聖隷クリストファー大学社会福祉学部教授。
主　著　『介護従事者の精神保健』一橋出版，1999年。
　　　　『ホームヘルプにおける援助「拒否」と援助展開を考える』（共著）筒井書房，1999年。
　　　　『家族による介護―その光と影―』一橋出版，2001年。
　　　　『在宅支援の困難事例と対人援助技法』（共著）萌文社，2007年。

春名　　苗（はるな・みつ）

1972年　兵庫県に生まれる。
2001年　関西学院大学大学院社会学研究科社会福祉学専攻修了（社会福祉学博士）。
現　在　聖隷クリストファー大学社会福祉学部准教授。
主　著　『在宅介護支援センターの活用―地域包括支援センターへの移行に向けて―』中央法規出版，2006年。
　　　　『社会福祉士国家試験完全対策　必修事項と範例問題』（共著）みらい，2007年。

シリーズ・ベーシック社会福祉　第5巻
高齢者と家族の支援と社会福祉
――高齢者福祉入門――

2008年3月30日　初版第1刷発行　　　　　　　　　検印廃止

定価はカバーに
表示しています

編著者	小松　　啓
	春名　　苗
発行者	杉田　啓三
印刷者	江戸　宏介

発行所　株式会社　ミネルヴァ書房
607-8494　京都市山科区日ノ岡堤谷町1
電話代表　(075)581-5191番
振替口座　01020-0-8076番

© 小松啓・春名苗，2008　　共同印刷工業・藤沢製本

ISBN978-4-623-05048-2
Printed in Japan

シリーズ・ベーシック社会福祉
Ａ５判・平均200ページ

1 社会福祉の理解
──社会福祉入門──
北川清一・遠藤興一編　予価2000円

2 社会福祉の支援活動
──ソーシャルワーク入門──
北川清一・久保美紀編　予価2000円

3 子どもと家庭の支援と社会福祉
──子ども家庭福祉入門──
北川清一・小林理編　予価2000円

4 障害のある人の支援と社会福祉
──障害者福祉入門──
志村健一・岩田直子編　予価2000円

5 高齢者と家族の支援と社会福祉
──高齢者福祉入門──
小松啓・春名苗編　予価2000円

──── ミネルヴァ書房 ────

http://www.minervashobo.co.jp/